中国名村志文化工程

Culture Project of Local Records of China's Famous Villages

黄里村志

LOCAL RECORDS OF HUANGLI

安徽省淮北市相山区曲阳街道黄里村志编纂委员会　编

方志出版社

Publishing House of Local Records

图书在版编目（CIP）数据

黄里村志 / 安徽省淮北市相山区曲阳街道黄里村志编纂委员会编．-- 北京：方志出版社，2017.12

（中国名村志丛书）

ISBN 978-7-5144-2738-7

Ⅰ.①黄… Ⅱ.①安… Ⅲ.①村史—淮北 Ⅳ.①K295.45

中国版本图书馆 CIP 数据核字（2017）第 290851 号

·中国名村志丛书·

黄里村志

编　　者：安徽省淮北市相山区曲阳街道黄里村志编纂委员会
责任编辑：朱　姝

出 版 人：冀祥德
出 版 者：方志出版社
地址　北京市朝阳区潘家园东里 9 号（国家方志馆 4 层）
邮编　100021
网址　http://www.fzph.org
发　　行：方志出版社图书经销中心
电话　（010）67110500
经　　销：各地新华书店
排　　版：北京纺印图文设计制作有限公司
印　　刷：北京中科印刷有限公司

开　　本：787 × 1092　1/16
印　　张：16.75
字　　数：294 千字
版　　次：2017 年 12 月第 1 版　2017 年 12 月第 1 次印刷

ISBN 978-7-5144-2738-7　**定价：**136.00 元

◉ 序一

连绵不断地编修地方志是中国独有的优秀文化传统，承担着赓续文明、传承文化的重任。保存至今的8000余种、10万余卷历代方志，蕴含着传统文化基因和海量文化信息，既是中华优秀传统文化的重要组成部分，又是传承、彰显中华优秀传统文化的重要载体。

在各种类型的地方志编纂中，村志编纂古已有之，但从未进入国家层面的地方志编纂序列。新中国成立以来，党中央、国务院高度重视包括村志编纂在内的地方志工作，出台了重要文件。中央领导发表了重要讲话、作出了重要批示。习近平总书记高度重视包括村志编纂在内的地方志工作。2004年10月，他在担任浙江省委书记时到江山市凤林镇白沙村考察，看到村民编纂的《白沙村志》，鼓励村民把村志继续编纂下去。2014年4月，刘延东副总理在与第五次全国地方志工作会议部分会议代表座谈时指出："要结合发展的新形势，加强对地方志包括部门志、行业志、专题志、乡镇村志编纂的业务指导和服务。"2015年8月，国务院办公厅印发的《全国地方志事业发展规划纲要（2015—2020年）》，正式将中国名村志文化工程列为主要任务之一。2017年5月，中共中央办公厅、国务院办公厅印发的《国家"十三五"时期文化发展改革规划纲要》指出："完成省、市、县三级地方志书出版工作。开展旧志整理和部分有条件的镇志、村志编纂。"可以说，村志编纂迎来了历史上的最好时期。

农业、农村、农民"三农"问题，是数千年来影响中国社会发展最核心的问题。中共中央高度重视"三农"工作，从2004年起，连续13年，每年的中央1号文件都聚焦"三农"。中共十九大报告更是提出"农业农村农民问题是关系国计民生的根本性问题，必须始终把解决好'三农'问题作为全党工作重中之重"，特别是提出了"乡村振兴战略"，这是中国共产党在中国特色社会主义进入新时代后，对农村发展问题所做出的准确把握和与时俱进的战略应对，是建设中国特色社会主义强国战略的重要组成部分。改革开放近40年来，在党中央、国务院高度重视社会主义新农村建设的新形势下，各地涌现出一大批历史文化名村、经济强村、新农村建设示范（试点）村、美丽乡村和特色村，成为先进生产力和先进文化的代表。客观记录中国农村全面建成小康社会的进程，向后人展示在中国共产党领导下农村千年未有的巨变，是地方志工作者肩负的光荣而重大的历史使命。编纂中国名村志丛书，是记载当代中国农村发展变革的重要途径。

文化寻根，寻的是其发展的源头和根基。村落是中国传统文化的根基所在。农村的生产生活方式、社会规范、宗族文化、宗教文化、民风习俗、传统节日、民间艺术等，无不镌刻着中国人独特的民族性格，这就是家国情怀、文脉绵延、精神归属。在快速城镇化进程的冲击和开发性破坏下，大量传统村落面临消亡的危机，村落蕴含的历史文化信息也流失殆尽，抢救性保护刻不容缓。编纂中国名村志丛书，是保存村落历史文化信息，抢救、保护村落文化最好的方式。

一方水土养一方人。家乡的山水草木、村间小巷、乡俗民情会在每个人心头留下深刻的烙印，这就是故土情结。而村落的形成与发展离不开人的活动。编纂中国名村志丛书，通过记述村落建筑、名门望族来追溯村落的历史；通过记述村落规模、布局、人口、物产等反映人口来源、宗族兴衰、生活习惯、文化背景、宗教信仰、经济发展等，体现环境与人相互影响、相互作用、相互发展的既矛盾又统一的关系；通过记述戏剧、音乐、舞蹈、美术、文学、手工技艺等文化形式，展示百姓在长期的生产生活实践中摸索和总结出的智慧结晶，强化人们沟通感情的纽带。编纂中国名村志丛书，是传承乡俗、诉说乡音、记住乡愁、纾解乡思，激活历史传统、唤起共同文化记忆、塑造共同心灵认同的重要文化工程。

中国名村志文化工程以践行文化自信、传承中华文脉、彰显时代发展为己任，以打造全国地方志系统的重要品牌为目标，在体裁运用、篇目设置、资料选择等方面进行大量的创新，突出“名”和“特”，拣选各个名村中最值得记述、最具有代表性的人、事、物，予以浓墨重彩的描画，从而形成系列的、高质量的、可读性强、雅俗共赏的地方志读本，让地方志紧接地气、贴近百姓，让地方志成果进入寻常百姓家，让人民群众共享地方志成果，让越来越多的人从地方志中感知传统、历史和记忆，成为传统村落和传统文化的守护者，成为中华优秀文化的传承者。

是为序。

中国社会科学院院长
中国地方志指导小组组长　王伟光
2017年11月

◉序二

习近平总书记指出："让居民望得见山，看得见水，记得住乡愁。"这句富有诗意的重要论述不仅唤醒了中国人城镇化建设过程中对于人和自然关系、人和历史关系的思考，同时也引发了学界对"乡愁"进一步进行文化意义解读的兴趣。从本质上看，乡愁是一种源自主体体验的情感，隐含了一种人们带着乡愁追寻自我生存与生命意义、追寻诗意栖居的精神家园的美学思辨。同时，这种追寻自我生存的主体逐渐转向大众群体，乡愁也由传统单一的"文化乡愁""爱国情怀"演变为对于"理想家园"的精神追求。

中国有近60万个村庄，约有5000个古村落，被住房城乡建设部和国家文物局界定的传统村落就有1561个。随着中国城镇化步伐的加快，乡村的版图日渐凋敝，大批农村青壮年劳动力走进城镇，融入了新的生活。然而，每逢传统佳节，那种挥之不去的离愁别绪挟裹着亿万农民工，又融入了返乡的滚滚洪流。这是乡愁的情愫牵动着他们，是故乡的山、故乡的水、故乡的老屋、故乡的小吃在牵动着他们，是故乡家家户户的楹联和口口相传的故事，以及只有在隆重的传统佳节才有的古老的民风习俗在牵动着他们。

文化可以体现一个民族、一个国家、一个社会的重量与体温，这是文化的力量之所在，而村落是传统中国的根脉所系，乡土社会是最能够体现中国传统文化特征的地方。梁漱溟曾指出："中国文化是以乡村为本，以乡村为重，所以中国文化的根就是乡村。"我曾在《建设社会主义新农村的理论与实践》一书中指出，在新农村建设的过程中，必须"保护和发展有地方和民族特色的优秀传统文化，创新农村文化生活的载体和手段，满足农民群众多层次、多方面的精神文化需求"，而编纂村志尤其是实施中国名村志文化工程就是一个重要举措。实施中国名村志文化工程，编纂中国名村志丛书，以最基层的村落为研究对象，寻根传统村落的历史，梳理村落的发展脉络，以唤起人们的归属感和认同感，探索新型城镇化和社会主义新农村建设过程中，如何留住乡音、乡风、乡思，继承传统文化精华，挖掘丰富历史智慧，是贯彻落实中央城镇化工作会议精神和中共十九大提出的“乡村振兴战略”的重要举措，是当前和今后一个时期全国地方志工作者的重要工作。

虽然村落文化正在日益远离当下生活，但我们可以抓住诸如基本村情、文物胜迹、古村保护、特色文化、旅游名胜、村域经济、风土民情、村民生活、新农村建设、艺文杂记、名人与名村等关键内容，通过志书的手法来诠释乡村文化的精华。我们如实记录着村落里的人和事，以及青山绿水、小河大树、袅袅炊烟，力争以最完整、最原真的方式呈现村落的前世今生。我们要为“迷失”的人留住乡村文化的根脉，让人们难以割舍的乡愁得以慰藉和释放。

中国名村志文化工程将触角伸向那些极具代表性的村落，它们有的历史悠久、名人辈出，有的经济腾飞、重获新生，有的风景秀丽、景观独特，有的地处边陲、神秘莫测……我们挖掘中国不同类型村落的发展之路，为探索新型城镇化和社会主义新农村建设的发展经验、发展模式、前进道路提供历史智慧和现实借鉴。因此，打造以重在表现乡村嬗变为主旨的中国名村志丛书十分必要和迫切，这是一项功在当代、利在千秋的文化工程。

近年来，随着中国经济社会的发展和国际地位的提高，越来越多的人想要认识中国、了解中国、研究中国。在这样的形势下，乡村是不可或缺的一环，我们要集中讲好发生在乡村的故事，向世界呈现一个多元的、立体的中国。乡村历经岁月变迁的风雨，见证着改革开放的步伐，寄托着数代中国人的情感。发生在乡村的故事无疑是血肉丰满的、震撼人心的、引起共鸣的。我们应该有这个自信能够讲好乡村故事，讲好中国故事，描绘出中国的底色，“让每一个中国人都能在地方志中找到自己的位置”。

可喜的是，越来越多的有识之士认识到了这一点，加入到保护、传承、发展村落文化的队伍中来。仅就编纂中国名村志丛书来看，第一批的申报范围就涵盖包括香港特别行政区在内的 32 个地区，申报数量高达 70 余部。“直笔著信史，彰善引风气，为当代提供资政辅治之参考，为后世留下堪存堪鉴之记述”，这是我们的初心和使命。希望中国名村志文化工程的实施，能够带动更多的人关注中国乡村文化，为社会主义文化强国建设作出更大的贡献。也希望越来越多的名村都来融入继承中华文化传统、颂扬中华传统文化的活动中，让正能量更多地润泽温暖人们的心灵，让更多的人“记得住乡愁”！

是为序。

中国社会科学院副院长
中国地方志指导小组常务副组长　李培林
2017 年 11 月

◉ 中国名村志文化工程专家委员会

名誉主任 徐匡迪

主　　任 王伟光

常务副主任 李培林

委　　员（按姓氏笔画排序）

毛其智　叶裕民　李　铁　李善同　杨保军　柳　拯

倪鹏飞　魏后凯

◉ 中国名村志文化工程学术委员会

主　　任 李培林

常务副主任 冀祥德

副 主 任 刘玉宏　邱新立

委　　员（按姓氏笔画排序）

于伟平　王　晖　王铁鹏　巴兆祥　田　嘉　苏炎灶

李　江　李孝聪　张大伟　张英聘　陈泽泓　陈　强

◉ 安徽省淮北市相山区曲阳街道黄里村志编纂委员会顾问、编审

顾　　问　刘成典　史五一　张继玲

编　　审　章慧丽　张　红　陈钦贵

◉ 安徽省淮北市相山区曲阳街道黄里村志编纂委员会

主　　任　张继玲

副 主 任　丁仰振　张　红　郭剑英　丁建华　丁阳阳　张长生　丁卫东

委　　员　丁腾飞　丁亮亮　张　晴　李　峰　丁　力　丁在炎

◉ 安徽省淮北市相山区曲阳街道黄里村志编纂委员会编辑人员

主　　编　丁仰振

主　　笔　丁在炎

编　　辑　刘曼旬　樊俊田　许福昌　张　丹　董　杨

李　劲

摄　　影（按姓氏笔画排序）

丁　威　马平原　王士凤　王　文　冯广天　李素英　李　松　李　彪

宋　华　朱成文　张峻岭　陈元启　陈文骁　陈庆松　陈志峰　陈龙万

陈钦玉　杨爱民　邹　昱　邱玉田　武克金　郭剑英　赵雪华　韩云峰

魏峰伟

资料顾问（按姓氏笔画排序）

丁在杰　丁仰义　丁仰太　丁仰俭　丁　金　丁光冉　丁怀光　王红英

牛立云　李守信　田志学　张祖青　徐成俊

网箱养鱼（2006 年）　　邱玉田　摄

◉ 中国名村志丛书凡例

一、以马克思列宁主义、毛泽东思想、邓小平理论、“三个代表”重要思想、科学发展观、习近平新时代中国特色社会主义思想为指导，坚持辩证唯物主义和历史唯物主义的立场、观点和方法，存真求实，全面、客观、系统记述我国村落发展变化进程和改革开放成果，传承和抢救乡土历史文化，激发爱国爱乡情怀，为探索中国特色新型城镇化建设、社会主义新农村建设的发展经验、发展模式、前进道路提供历史智慧和现实借鉴。

二、为全面反映入志事物发展脉络，各志上限尽量追溯至事物发端；下限一般断至各村志启动编修年份，个别重大事项可延至搁笔。

三、记述地域范围以下限年份的行政辖区为主。为体现名村在更大区域内的意义，可以从更开阔的区域视野记述与该村相关的内容。

四、统一采用纲目体，设类目、分目、条目三个层次。横排门类，纵述史实。除《中国名村志丛书基本篇目》要求的必设类目外，其余类目根据各村实际，依照突出时代特色、地方特色的原则自行安排。

五、综合运用述、记、志、传、图、表、录等各种体裁，以志体为主。

六、除引用文字和附录文献资料外，统一使用规范汉字及现代语体文记述体。记事坚持秉笔直书、述而不作，只记事实，不作评论，寓观点于材料之中。行文力求朴实、严谨、简洁、流畅、优美，具有较强可读性。

七、人物部类遵循“生不立传”原则，人物传主按生年排序，只选录对本村发展有重大影响的人物，不面面俱到。

八、所需数据一般采用政府统计部门数据，无政府统计部门数据时选用主管部门正式提供的数据。

九、数字用法、标点符号、计量单位分别执行国家标准《出版物上数字用法》（GB/T 15835—2011）、《标点符号用法》（GB/T 15834—2011）、《国际单位制及其应用》（GB 3100—1993）和《有关量、单位、符号的一般原则》（GB 3101—1993）。历史上使用的计量单位，如斗、石、里、尺、磅、华氏度等，在引文时可照录。考虑到社会使用习惯，全书中亩不统一换算，1 公顷＝ 15 亩。

十、自中华民国成立后的纪年，均使用公元纪年。志中所称“解放前（后）”，以当地解放日为界；“新中国成立前（后）”，以中华人民共和国成立日 1949 年 10 月 1 日为界；“改革开放前（后）”，以中共十一届三中全会召开的 1978 年 12 月为界。本志“×× 年代”，凡未加世纪者，均指 20 世纪的年代。

十一、为节省篇幅，避免重复，本志采用条目互见法。参见条目的表示形式为：参见本志“×× 类目 · ×× 分目 · ×× 条目”。

十二、对旧志、古籍中的繁体字、冷僻字一般用简化字或通用字替换，易引起误解的则保留。

十三、记述各个历史时期的党派、机构、职务、地名等，均以当时的名称为准。对频繁使用的名称，首次用全称，其后用简称。

十四、各村志需要单独说明的事项，均在各自编纂始末中记述。

黄里村在中国的位置

黑龙江省
哈尔滨
吉林省
长春
沈阳
辽宁省
内蒙古自治区
呼和浩特
北京市
北京
天津市
天津
河北省
石家庄
太原
山西省
济南
山东省
郑州
河南省
黄里村
相山区
安徽省
合肥
江苏省
南京
上海
上海市
杭州
浙江省
武汉
湖北省
南昌
江西省
长沙
湖南省
福建省
福州
台北
台湾省
台湾岛
钓鱼岛
赤尾屿
广东省
广州
香港
香港
澳门
澳门
东沙群岛
海口
海南省
海南岛
西沙群岛
永兴岛
中沙群岛
黄岩岛
南沙群岛
曾母暗沙
新疆维吾尔自治区
乌鲁木齐
甘肃省
兰州
宁夏回族自治区
银川
青海省
西宁
陕西省
西安
西藏自治区
拉萨
四川省
成都
重庆市
重庆
贵州省
贵阳
云南省
昆明
广西壮族自治区
南宁
黄河
长江
渤海
黄海
东海
南海
图例
北京 首都
天津 省级行政中心
未定 国界
省、自治区、直辖市界
特别行政区界
名村所在县级区域
名村
1：32 000 000
审图号：GS（2017）3697号

黄里村在安徽省的位置

1：3 060 000

审图号：GS（2017）3697 号

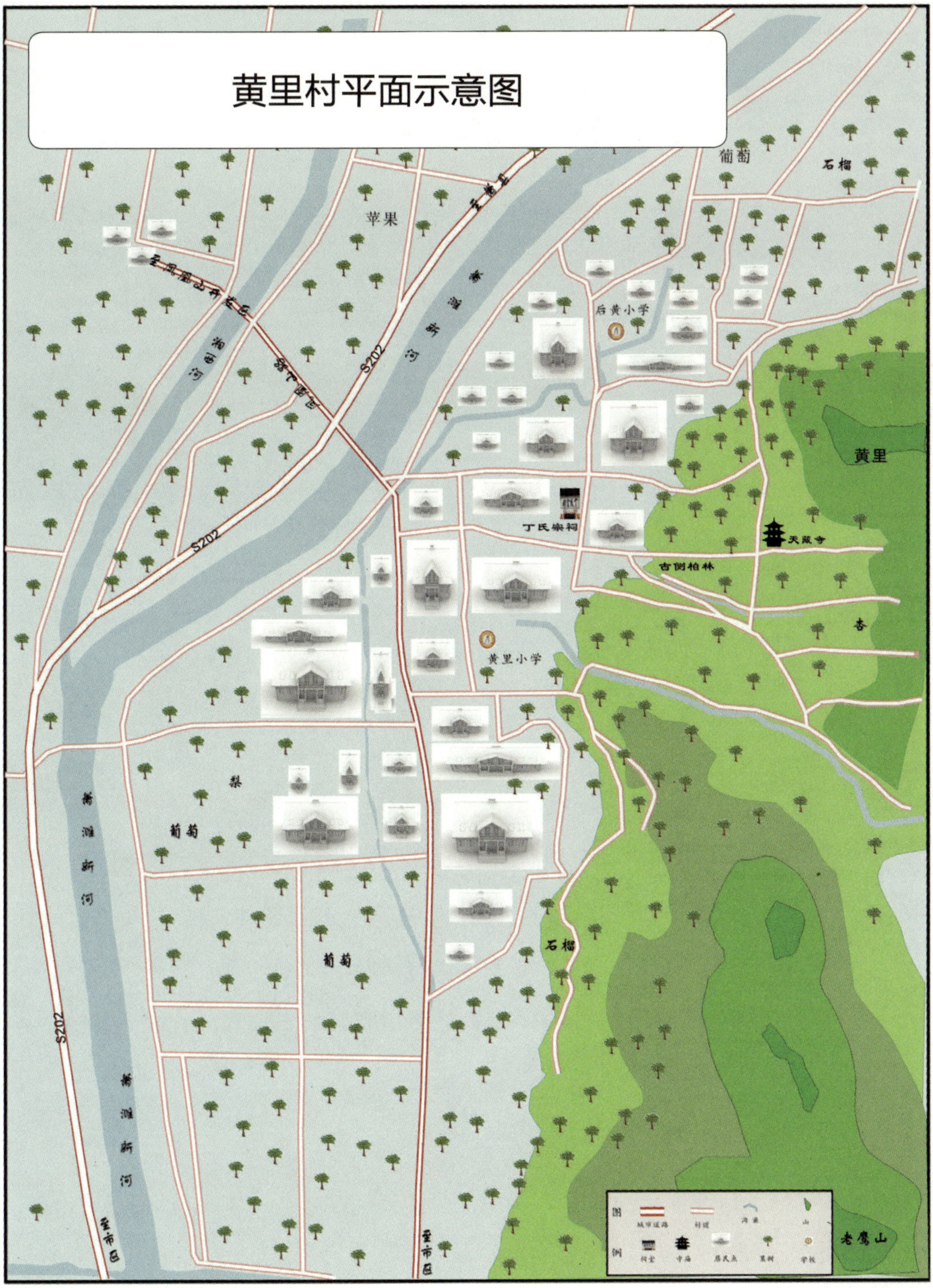
黄里村平面示意图
苹果
葡萄
石榴
后黄小学
黄里
丁氏宗祠
天藏寺
古侧柏林
杏
黄里小学
S202
梨
葡萄
葡萄
蓄洪新河
蓄洪新河
石榴
至市区
至市区
老鹰山
图例
城市道路
村道
沟渠
山
祠堂
寺庙
居民点
果树
学校

徐尊诚 制作

黄里村风光（2017 年）

韩云峰　摄

黄里春色（2008 年）

陈元启　摄

潍河捕鱼（2007 年） 邱玉田 摄

黄里杏花节游人如织（2017 年） 武克金 摄

黄里软籽石榴荣获 2013 年中国国际农科会名优特产品金奖　　邱玉田　摄

2016 年，黄里笆斗杏被确定为国家农产品地理标志登记产品　　邱玉田　摄

◉ 目录

生态黄里

黄里村为安徽省淮北市相山区曲阳街道下辖村，与淮北市市区一山之隔，依山傍水，萧濉新河及202省道沿村西贯穿南北。

这里是千年古村，历史悠久。秦汉时期，人烟鼎沸，民风淳朴。清朝，为相城乡八大集之一。

这里有千年古刹天藏寺，佛音袅袅。康熙《宿州志》载：天藏寺有隋大业中断碑。

这里有百年果园，名扬四海。明清石榴、笆斗杏，漫山遍野；清汤菠菜，碧绿青翠，清乾隆时期被选为贡果。

这里金戈铁马，战火硝烟，曾经是淮海战役主战场。相山自北峰蜿蜒西折，突起一峰，昔人尝避乱于此，名为寨墙山。1948年12月，华东野战军粟裕登山顶观察战况，将军亭、将军碑林建于此处。

这里绿水青山，风景如画，是AAAA级相山风景区的后花园。千年古树，银杏、唐槐、古侧柏，巍峨挺拔。2011年，入选第五批“安徽省生态村”。

黄里是安徽省淮北市曲阳街道下辖自然村。秦汉时期，人烟鼎沸；明清时期，富庶繁华；淮海战役，硝烟弥漫；人文荟萃，古迹众多；环境优美，为安徽省生态村。

◉ 一

黄里村位于淮北市西北部，村东部隔相山风景区与市区相邻，北部与宿州市萧县的徐里村、周洼、杨小洼接壤，西部与淮北凤凰山经济开发区的丁圩孜、河北村、张宋庄、小任庄相连，南接曲阳街道办事处的任井村。截至2015年年底，总面积约11平方千米，户籍户数4076户、户籍人口数13540人。全村有46个姓氏，以丁姓、田姓、程姓、李姓、南姓、张姓、高姓、牛姓、徐姓人口居多。

黄里村距江苏沛县50千米，同根同源，建置同属一类。先秦以前，黄里境域属楚地。秦统一六国，以相邑置相县，属泗水郡。黄里境域属相县。北齐天保七年（556），废相县为相城乡，并入符离县。元至元二年（1265），黄里为宿州所辖。清朝，黄里集为相城乡八大集之一。1912年，黄里属宿县。1950年，置濉溪县，黄里村属濉西区渠沟乡。1952年11月，增设黄里乡。1961年，设黄里人民公社，后并入钟楼人民公社。1980年12月，黄里人民公社更名为任土楼人民公社。1983年4月，任土楼人民公社改称为任土楼乡。1992年3月撤区并乡，黄里村改属相山区渠沟镇管辖。2011年，黄里

山清水秀（2010 年） 邱玉田 摄

村划归相山区曲阳街道办事处，撤销村建制，设后黄、黄里、下街、前黄 4 个社区，有 16 个村民小组。

黄里村境内地层隶属于华北地层区淮河地层分区中的淮北小区范畴，为标准的北相地层，地层时代为古生界寒武系、奥陶系。地势东高西低，村东部有十几座山，是相山的西延部分，南北狭长，绵延约 7000 米。凤凰山、拖拉山与市区北部的相山、鹰山、老虎山等山体相连。黄里村境内的山的山势、山体独特，有缓坡、陡壁以及三处山隅，群峰叠嶂、风景秀丽，最高峰寨墙山海拔 327.9 米。村境大部分属于近代黄泛冲积平原，土壤质地主要有潮土和棕壤土。萧濉新河、湘西河穿境而过，山环水绕。

黄里村地处中纬度地区，该村的气候属于暖温带半湿润季风气候。气候温和，日照充足，雨水适中。四季分明，春秋季明显短于冬夏季，年平均气温 14.8℃。全年主导风向为东南风，冬季主导风向为东北风。适宜种植粮食、经果林等。

黄里区位优势明显，交通便捷。101 省道在黄里和萧县徐里村交界处会入 202 省道，由西向东经过黄里境内共 2000 米；202 省道由北向南从村西穿过，过境 7500 米。黄里距江苏省徐州市 63 千米，距高铁淮北北站 10 千米。东距京台高速 20 千米；南距泗许高速 30 千米；西距济祁高速 30 千米；北距连霍高速 20 千米。

黄里资源富集。矿产资源主要为石灰岩，分布在黄里村东南的相山山脉，储量丰

早春杏树（2015 年）　　宋华　摄

富，品位高、杂质少，是生产水泥、石灰、毛石、石子的建筑原材料。黄里有野兔、野猪、刺猬、松鼠、黄鼠狼和狐狸等野生动物上百种；有斑鸠、花喜鹊等鸟类 24 种；有蛇、青蛙、蟾蜍、蜥蜴等两栖爬行类 24 种；有鲤鱼、草鱼、鲫鱼、鲇鱼、青鱼、鲢鱼等鱼类 17 种。有杨树、柳树、椿树等乡土树种近 20 种；有梨树、葡萄树、石榴树、杏树、桃树等经济树种十多种；有薄荷、面条菜、蒲公英等可食用花草二十多种；还有各类杂草植物数十种。另有柴胡、野菊花、麦冬、小茴香等可入药植物花草近 40 种。

◉ 二

黄里历史悠久，林木葱郁，文物古迹众多。村东有寨墙山、刘山头、妈妈山、黑山、程山、犁子山、石佛峪、桃山峪、葛拉峪等十几座山峪。寨墙山的山顶地势较为平坦，有人工垫垒的平台 3 处；山顶南部、北部、西部都有石墙基址遗存，相传是寨墙。淮海战役期间，华东野战军在青龙集一带围歼杜聿明部队时，粟裕曾经登临寨墙山，用望远镜观察地形和战况。建于春秋时期的天藏寺饱经沧桑，燃灯古佛天然石佛像供在寺内，形神肃穆。佛像之上的三块砖是后墙，前墙砌石大约七米，成为一处殿堂，故有“三砖高的庙，一丈二尺高的佛”的说法。天藏寺前的千年银杏树闻名遐迩，至今仍留有“深山藏古寺，白果镇乾坤”的楹联。远处连接天藏寺的崎岖山路，犹如一条龙盘桓在相山之上。每月的农历初一、十五都有香客到此上香礼佛。还有每年都举办的规模宏大的古庙会更是人山人海，人们在庙会期间祭神、购物，进行各种交流活动。山下的石佛峪，过去麇鹿成群，桃红柳艳。白云洞、祭雨台、凤凰山“量日古晷”、天然钟乳石溶洞等几十处景观隐逸在山中。漫山遍野的花草树木，显得格外幽静。

黄里既有令人流连忘返的人文景观，又有让人陶醉的自然原生态风光。它依山傍水，素有“淮北市后花园”之美誉，是城市天然的大氧吧，越来越成为人们生态观光和休闲旅游的好去处。它是钟灵毓秀的风水宝地，是远离世俗喧嚣的“杏花源”。成片的杏园、石榴园、柿子园、葡萄园、苹果园，春季杏花、桃花、梨花次第绽放；夏季树木翠绿如滴，清凉舒适；秋季彩林遍野，果香四溢；冬季寒风凛冽，松柏傲然挺立，别有一番情趣。黄里村东部还有皖北地区罕见的面积最大、株数最多的古柏树群，占地 3.6 公顷，树龄都在 300~600 年之间，树干挺拔，参天覆地，华盖连绵，生机盎然。2017 年 3 月 13 日，央视新闻频道特别节目《春天里的中国》摄制组到黄里采风，直播黄里杏花盛开的美景。

杏园喜获丰收（2016 年）　　马平原　摄

黄里景区依托AAAA级相山风景区的自然资源，包括地形地貌、自然水系、山体、植被及自然景观等，以保护自然、保护生态为目的，努力建设一个具有自然特色的生态旅游区。2006年，相山区渠沟镇组织编制《淮北市黄里旅游风景区规划》。2007年，黄里作为淮北市生态旅游项目，编制《瓜果黄里，山水家园》概念规划。根据2010年10月《安徽省淮北市相山风景区旅游发展总体规划（2010—2020）》，黄里景区是其重要组成部分。2016年，组织编制《淮北市黄里风景区建设项目》及概念性规划，项目占地面积约10平方千米，主要建设内容有景区大门、景区游客中心（次中心）及停车场、山体绿化、道路建设、河道治理、古柏林、凉亭、观景台、花世界、天藏寺景区修复等，努力建设“城山一体化、景区一体化”AAAA级旅游景区。

◉ 三

黄里村基础设施完备，宜耕宜林宜居。新中国成立后，黄里村在里山河上建成北大桥、西桥、里山河闸，及湘西河上的2座水漫桥。1983年后，加大基础设施建设力度，道路、桥梁、供电、供水等设施逐渐完备。村民个人修建了通往石佛峪、天藏寺的砂石路。1989年8月，修建环山路2000米，建设振兴桥、惠民桥2座桥以及蓄水800立方米的水塔1座，护林房4处。1998年12月20日，后黄村新桥至前黄村交界处约1000平方米的水泥路竣工。1999年，村委会决定全面禁止开山采石。2002年6月，淮北市人民政府发布通告，在黄里封山育林；7月，规划安排绿化黄里山场。

新中国成立前，黄里村民吃水、菜园浇水都依靠水井。为解决吃水问题，黄里村先后打井72眼。1955年，华东地质局三二五队、煤田地质勘探公司第三勘探队为勘探煤田打一口井。1956年，加强农田水利建设，挖井34眼。1969年7月，打小眼机井28眼。20世纪70年代初，因坐落在黄里村附近的淮北发电厂大量使用地下水，井水水位不断下降，群众吃水困难。1980年起，前黄、后黄等处挖掘30~60米的机井，同时利用淮北发电厂的两眼备用深水井，维持村民用水。90年代，村民吃水则要到外村去拉，严重影响了正常生活。2013—2015年，先后建成启用两口深水井，深度均在300米左右，村民用水需求得到保证。

村内田间道及生产路之前多为土路，下雨天道路泥泞，几乎无法通行。后在相山区人民政府的主持下，陆续修通丁圩孜土公路、环山路、天藏寺东登山石阶、天藏寺水泥路、萧濉新河东岸水泥路、后黄村主街道等道路。

2008 年，黄里村开始注重生态建设，制定并实施《相山区渠沟镇黄里生态村建设规划实施方案》。按照“高起点规划，高标准建设，高效能管理”的原则，创建良好的投资环境，营造舒适的居住条件，对全村的道路、供水、供电等各项村政设施建设进行全面规划，并针对脏、乱、差的现象进行大力整治。先后建成村内 4 条水泥路，并对其他村内道路路面进行硬化。2008 年起，新建、扩建村委会、社区居委会等办公场所，建设村民活动中心、村级社会服务中心、文化活动中心、远程教育室、计划生育服务室等。加大村庄绿化整治力度，美化民房，修整下水道，种植行道树。每年组织清理河道、沟渠的杂草、污泥、废物等。按照“河边柳、路边花、房前屋后经果林”的要求，大量种植树木和经果林。在美化环境的同时，增加了村民的经济收入。渠沟镇投资 20 万元，恢复黄里村受损供水管网及部分配套设施 2000 米。大部分村民使用太阳能、电能、沼气、液化气等清洁能源，清洁能源普及率达 85% 以上。2010 年，以“清洁乡村、美化家园”为切入点，大力开展农村环境卫生清洁工程，修建存放垃圾周转箱和垃圾箱，基本覆盖全村每个角落，并对所收集的垃圾进行无害化处理。全村的居住和生活条件得到极大的改善，生态环境大为改观。2011 年，黄里村被评为“省级生态村”。2013 年，黄里社区第一书记丁仰振出资 100 多万元，陆续修建了桥头六角凉亭、和谐路、水冲厕所等，完善黄里社区的基础设施建设。

截至 2015 年，黄里村村庄面积由原来的 2 平方千米外扩到约 11 平方千米，北到宿州市萧县徐里村界沟，南至凤凰城小区，延绵 7.5 千米。村内主要道路全部实现硬化，卫生、体育、娱乐等基础设施基本健全。2016 年，为配合黄里打造国家 AAAA 级风景区建设，相山区人民政府在黄里实施农村道路畅通工程近 5 千米，改善村中道路交通状况。

◉ 四

黄里土地肥沃，物产丰富。果蔬的栽培历史悠久，至今仍流传着“黄里石榴笆斗杏，清汤菠菜都进贡”的说法。老濉河西岸为淤黏土区，是农作物主要种植区。村东为红土山坡荒地，适宜经果林种植。

黄里是中国软籽石榴基地，相传始栽于南宋，有 2000 多年的栽植历史。明嘉靖年间，吴梦骞所著《随年》一书中对黄里石榴有“颜色鲜美、气味芬芳、粒大籽软、汁甘而浓”的记载。清朝，石榴是宫廷贡品，也是全国珍奇果品之一。中华民国时期，有成龄石榴树 12 万余棵，石榴远销南京、上海等地。1958 年秋，黄里石榴被安徽省林业厅鉴定为全省石榴佳品，被寄往北京向中共中央报喜。1966 年，销售到我国香港、澳门地区。黄里石榴曾被安徽省农业展览馆作为地方优良果品连年展出。20 世纪 80 年代，由于开山采石损毁一些石榴树，时有石榴树不足 6 万棵。1999 年，黄里大力发展石榴经济，改造老石榴园 2000 亩，建设优质高效益石榴园 3000 亩。至 2015 年年底，改良扩植的黄里石榴已近万亩。2001 年，在首届中国石榴主产区科技协作会上，黄里石榴被评为优质果。2002 年 12 月，注册“黄里”牌商标。2006 年，黄里石榴被中国绿色食品发展中

万亩石榴林（2013 年）

心认定为绿色食品 A 级产品。2013 年，黄里软籽石榴荣获中国国际农科会名优特产品金奖。2014 年，获淮北市知名商标认证。2015 年 1 月，获安徽省著名商标认证。

黄里笆斗杏同黄里石榴可谓是姊妹果，栽培历史悠久。笆斗杏的发源地是陕西临潼，原本口味并非如此。当年黄里丁姓祖上颇有资财，好走南闯北搜罗各地奇珍异果，栽植于自家园中。曾在临潼品尝此杏之后，就决定将此树移栽自己园中。为使笆斗杏口味更佳，富户出身的技师丁仰斋又将本地杏树品种与之嫁接，形成今天口味独特的笆斗杏。笆斗杏个大，形状似笆斗，果皮光滑，色红黄，肉质厚，香味浓，酸甜适口。杏树主要栽植在渠沟镇前黄村、后黄村、山坡沿地，以及村民宅院的房前屋后。1962 年，种植面积达 1200 亩。2010 年，面积达 2000 亩。后由于荒山治理，种植面积不断扩大。2015 年，笆斗杏种植面积约 3000 亩。

冯广天　摄

黄里是盛产蔬菜的地方。黄里菠菜的优点是叶片肥大、肉质厚，不涩不染汤。民间有顺口溜称，“苗桥的白菜，瓦子口的葱，黄里的菠菜一茂青”。新中国成立前，村里的好地多用来种菜，共集聚七大块菜园地 200 多亩。20 世纪 40 年代，黄里菠菜远销江苏省徐州，安徽省蚌埠、宿县，以及河南省永城。特别是春节前后，黄里人端着木炭火盆，在雪窟下挖菠菜，景象尤为独特。1950 年土地改革后，家家户户都分有或多或少的菜园地。1958 年成立人民公社以后，大队将土地划归各生产队管理，每个队都有 20 多亩的大菜园。这一时期，蔬菜种植发展较快。1980

年以后，分田到户，生产队的菜园被拆分，村民盖新房也占用不少原来的菜园地，菠菜等蔬菜的种植面积逐渐缩小。

◉ 五

黄里的教育文化事业较为繁荣。早在 1919 年，黄里就建有私塾，1925 年宿县州试时，前 13 名全部为黄里的学生。二十世纪四五十年代，方圆十几里的学龄儿童依然到该私塾求学。民国时期宿县督学丁仲选、中国工农红军独立师副师长丁茂修、原上海市劳改局局长丁仰军，幼年时均在该校就读。黄里小学为普通中学输送了大量的优秀学子。如今，黄里小学有四层教学楼，有现代化的教学设施，图书室、电脑室、操场等俱全。50 年代初期，黄里村戏剧爱好者成立黄里梆剧团，唱响了十里八乡。文化宣传队、篮球队常年活跃在群众身边，丰富了百姓生活。1954 年，黄里篮球队获第一届濉溪县农联篮球赛第一名。80 年代末至 90 年代初，看大戏、听说书、祭祖等传统文化逐渐淡出人们的视野，听广播、看电视、打扑克、搓麻将、看电影等新休闲娱乐方式得到广泛接受，村民一度单调的文化生活渐渐变得丰富多彩。进入 21 世纪，黄里人逐渐接受城市的休闲娱乐活动，妇女们跳起了广场舞，中老年人做起了中老年保健操。2014 年，建立黄里社区文化站。2015 年，举办首次元宵节联欢会。随着电脑及互联网的普及，网上游戏、网上聊天、网上观影等成为村民休闲生活的组成部分。

黄里卫生医疗事业基础较好。新中国成立前，黄里村依靠几个自学成才的郎中，利用黄里村的草药资源，为黄里百姓免去了流行疫病的痛苦。50 年代初，利用原火神庙的房子建立黄里诊所，方便村民就医。村妇王文华按新法为产妇接生，大大降低了黄里村新生儿死亡率。截至 2015 年年底，黄里社区等 4 个社区卫生室全部达到规范化标准。全面实施新型农村合作医疗，村民参合率 100%，黄里实现医保全覆盖。但在村级医疗、防疫、保健方面，还远未满足村民的需求，发展空间依然很大。

新中国成立初期，村民生活水平不高。直到 20 世纪 80 年代农村实行家庭联产承包责任制后，村民生活水平才有了较大程度的提高，衣食住行得到极大改善。一部分村民穿上了毛料服装和西服套装，95% 以上的家庭建起砖瓦房。1988 年后，不少村民建造楼房，有的还在城市购买商品房。拥有各种大型农机，施工机械，农用三轮车、四轮车的家庭占到了全村的三分之一。家家都有彩电，冰箱、洗衣机、热水器、空调、电脑等被广泛使用，移动电话得到普及。1980—1985年，黄里人均收入翻了两番。1997年，人均纯收入增加至2000元左右。到2000年后，农村税费改革以及农村综合改革激发了农民生产的积极性，耕地逐渐改成果园，加上少数农民成为养殖专业户以及不少剩余劳动力到城里打工，特别是近年黄里人到就近的淮北凤凰山经济开发区务工，人均年收入增加到6000多元。2015年，人均年收入达7000多元。生活质量逐渐变好的黄里人的消费观念开始走向多元化，档次逐渐上升，逐步由温饱向小康过渡。

◉ 六

黄里山川秀美，人杰地灵。清朝时涌现大批忠义之士。据古籍记载，有忠厚老实、乐善好施的丁瑜，有孝老敬亲的沭阳训导丁煋，有临危不惧、威武不屈的丁南，有泽被乡里、义薄云天的丁长庚，有忠厚仁义、坚贞不屈的丁广中，有文采飞扬、耿直善良的丁鸿磐，有精忠报国、保一方平安的丁训庄等。民国以后，有萧、宿、永三地农民运动领袖丁茂修，有捐资修寨、舍财抗匪的丁训钠，有在自家院中用斧头砍死日本兵的木匠金明月，有积极创办实体、乐善好施的田学珍，有精通园艺、造福黄里的丁仰斋，有无私奉献、不辞辛劳的王文华，有热爱家乡、支持抗日的丁仰宽。乡里贤达，不胜枚举。黄里丁氏一门，为人忠义，家学绵延，春风化雨，传承中华民族优秀美德。历史上，也有不少文人雅士到黄里游览。明朝两任知县、一任知府宿州人徐学益，被黄里美景所吸引，留下著名的“桃花生客屐，鹿子忆僧衫”的佳句。

1948年12月底，淮海战役第三阶段，华东野战军指挥部驻扎在相城（今淮北市人民政府驻地）近10天。相城西、北、东北三面环山，比较隐蔽。西南距淮海战役总前委驻地小李家，西北距杜聿明驻扎的青龙集、陈官庄地区各20多千米，指挥作战比较方便。华东野战军在青龙集一带围歼杜聿明部队时，粟裕、张震等曾登临寨墙山山顶，远察青龙集、陈官庄地区战场，酝酿围歼杜聿明部队作战计划。后顺山脊从饮马池下山，粟裕在相山庙召开高干会议，研究作战方案，制定华东野战军第十四号令。

黄里氏族文化底蕴深厚。明朝初年，明朝政府先后18次组织从山西南部向华北、江淮地区移民。黄里村几个较大氏族均是在这一时期迁徙至此定居下来的。其中，田氏家族于洪武元年（1368）由山西迁徙至黄里；牛氏家族于明朝洪武二年（1369）由陇西地区迁到黄里；丁氏族人先从山东阳谷迁至蒙城北檀城集，又于明朝天顺年间（1457—

1464）由蒙城迁到黄里；张氏家族也是在明朝迁徙至黄里。程氏家族属宿州程氏族系，由宿州迁到黄里。李氏家族于明朝弘治年间（1488—1505）迁萧，其后代在石林及黄里周边一带繁衍生息500余年，已传二十三代。几大姓氏宗族均注重编修家谱，并大多延续下来。黄里最大的氏族丁氏家族每年清明节均举行祭祖仪式，族人在宗祠向祖先跪拜，到黄里古侧柏群参拜祖坟。通过祭祖活动，促进族人和睦相处、血脉相亲，形成了邻里团结、孝敬父母、勤俭守业的良好风尚。

优美的环境，丰富的物产，深厚的文化积淀，良好的家风传承，滋养着勤劳智慧的黄里人。如今，幸福的黄里人正朝着全面建成小康社会的宏伟目标开拓进取，努力将家园建设成宜居、宜业、宜游的生态园林旅游名村。

白鹭翩翩（2015年）　　宋华　摄

基本村情

黄里村为千年古村，位于淮北市相山风景区寨墙山西麓，由万丈碑处向西登至高处，可俯瞰黄里村全貌。黄里村为淮北市主城区相山区曲阳街道下辖的一个自然村，辖后黄、黄里、下街、前黄 4 个社区，16 个村民小组。黄里村村域总面积近 11 平方千米，其中耕地面积 5800 亩，山荒地 8000 亩。村内沟河纵横，阡陌交通，动植物与石灰岩等资源丰富。2011 年，黄里村被命名为第五批“安徽省生态村”。

◉“黄里”名称来历

先秦时期，“里”既是长度单位，也是面积单位，至汉朝时又成为民户编制的基本单位。据我国第一部断代史《汉书》中记载：“……在野曰庐，在邑曰里。五家为邻，五邻为里，四里为族，五族为党，五党为州，五州为乡。乡，万二千五百户也。”所谓一里，即为25户人家。汉高祖刘邦在秦朝末年曾任泗水亭亭长，管辖十里。黄里村距沛县50千米，同根同源，建置同属一类，历史十分悠久，可被称为千年古村落。

北宋建隆元年（960）至元丰五年（1082），使用“黄里”为村名。而后随着外来人口的迁徙定居，逐渐人烟繁盛。1934年，村民为防匪患挖壕筑寨，挖出一块石碑，上面刻有“黄里”二字，也说明“黄里”村名由来已久。黄里附近还有丁里、朔里、坡里、罗里、徐里等村落，印证了“黄里”自古以来就是一个地名。此外，黄里村名的由来也有“黄粒村”的另一种传说。

黄里位于淮北市西北部。辖后黄、黄里、前黄、下街4个社区。村域总面积约11平方千米，总人口13000余人。沟河纵横，阡陌交通，动植物、石灰岩等资源丰富。

◉ 区位地理

黄里村位于淮北市西北部，村东部隔相山风景区与淮北市市区相邻，村北与宿州市萧县的徐里村、周洼、杨小洼接壤，西部与淮北凤凰山经济开发区的丁圩孜、河北村、张宋庄、小任庄相连，南接曲阳街道办事处的任井村。黄里村沿凤凰山、程山、寨墙山错落分布，逶迤 5 千米，萧濉新河贯穿黄里村境。

区位交通 黄里村向南与淮北市淮海西路相接，向东穿过凤凰山隧道进入淮北市区；101 省道在黄里和萧县徐里村交界处会入 202 省道，由西向东经过黄里境长约 2000 米；202 省道由北向南从村西穿过，由后黄大桥与黄里村相连，过境路长约 7.5 千米；再向西过凤凰大桥和后黄大桥，由凤凰路、凤冠路、凤霞路依次向南与淮北凤凰山经济开发区相通。距淮北火车站 5 千米；距高铁坡里站 10 千米；距高铁萧县北站 40 千米。东距京台高速 20 千米；南距泗许高速 30 千米；西距济祁高速 30 千米；北距连霍高速 20 千米，交通十分便利。

地质地貌 黄里村境内地层隶属于华北地层区淮河地层分区中的淮北小区范畴，为标准的北相地层，地层时代为古生界寒武系、奥陶系。

生态黄里（2011 年） 李彪 摄

寒武系岩性均系滨海相碎屑岩、浅海相碳酸盐岩沉积。总厚度 730~1101 米。下统岩性为豹皮状灰岩，肝紫色页岩，含海绿石灰岩、薄层灰岩、泥质灰岩、瘤状灰岩等，是大理石的产出层位，厚 251~290 米。中统岩性有长石石英粉砂岩、砂灰岩、鲕状灰岩、白云质灰岩、灰质白云岩、白云岩，是水泥用灰岩、熔剂白云岩的产出层位，厚 322~488 米。上统岩性有薄层灰岩、白云质灰岩、鲕状含海绿石灰岩、竹叶状灰岩、含灰质白云岩、白云岩等，是水泥用灰岩、熔剂白云岩、大理石的产出层位，厚 157~323 米。本系以华北型三叶虫动物群为代表的生物门类繁多，除三叶虫外，还有头足类、笔石、腕足类、腹足类、软石螺、牙形石等。

奥陶系在境内仅发育其下统及中统的下部。下统岩性有钙质页岩、白云质灰岩、灰岩、含硅质结核灰岩、豹皮状白云质灰岩、角砾状灰岩、薄层状泥质白云质灰岩，是境内优质水泥用灰岩的主要产出层位，厚 352~521 米。中统岩性为灰质白云岩夹薄层灰岩，厚 34~41 米。本系总厚 386~562 米。生物群属华北类型，头足类以珠角石为主，还有三叶虫、腕足类、双壳类、腹足类、笔石层孔虫和牙形石等。

黄里村地势呈东高西低，坡度在 15°~20° 之间。村东有十几座山，是相山的西延部分，南北狭长，绵延约 7000 米。有寨墙山、老虎山、黄腊石山、刘山头、妈妈山、黑山、程山、相山头、拖拉山、凤凰山、石佛峪、桃峪、葛拉峪、东南峪、大长峪、小长峪、北池峪、簸箕峪、牛家峪、东大峪、鬼柳峪、黑山峪等。其中，最高峰寨墙山海拔 327.9 米。

黄里东部群峰（2016 年） 冯广天 摄

黄里村境大部分属于近代黄泛冲积平原。历史上，古睢水因鸿沟与黄河相连，因此每次黄河入淮，睢水水系均受到影响。黄里村紧靠睢水，境内土壤质地受黄河南泛影响巨大，主要为潮土与棕壤；同时因石灰岩残积、坡积物发育，还含有黑色石灰土、红色石灰土等土类。潮土系由近代黄泛沉积物所发育，具有强蚀性，其中一部分有盐化、碱化现象，占黄里土地面积的 41.01%，按距泛滥河床的远近，依次分布为砂质、壤质、黏质土壤。棕壤系境内唯一的地带性土壤，分布在石灰岩残丘外围缓坡地带，系由古河阶地上的黄土性沉积物所发育，占黄里土地总面积的 0.37%。黑色石灰土分布在石灰岩残丘中部、上部，系由石灰岩残积物所发育，所处地区石骨嶙峋，侵蚀严重，土层浅薄，系非耕作土壤，占黄里土地总面积的 2.58%。红色石灰土分布在石灰岩残丘的山麓地带，系由石灰岩残积、坡积物发育，占黄里土地总面积的 1.29%。

河流 黄里村河流纵横，主要河流有萧濉新河、湘西河，两河皆为行洪干河。

萧濉新河，为原濉河的上游河道。濉河为古代大川，被称为睢水，是鸿沟支流之一。古睢水故道春秋时源出河南陈留县西的浪荡渠，东通相县，北转至萧县与获水相连，由相县向东并为一水，古称相水（古鸿沟），即濉河下游，通泗水入洪泽湖。自宋朝以后，黄河泛滥，鸿沟淤废，终因水源短缺，河床紊乱，相县水运之利不存。清朝之濉河源出砀山县黄河古道，南流经萧县、濉溪、宿县、灵璧、泗县，至江苏泗洪县入洪泽湖，长 290 千米。1958 年冬，淮北煤田开发，将老濉河改道。北起萧县瓦子口，将岱河、龙河上段及大沙河来水截入，在距黄里村约 2 千米的平地开挖新河，占地 500 多亩，疏浚后黄至渠沟段老濉河，在渠沟至黄桥一段开挖新河。新河流经黄里村段约有 5 千米，河床底宽 63 米，河口宽 95~100 米，筑堤高 4.35~5 米，边坡 1:3，完成土方 130 万立方米。主干有大桥 3 座，小型闸 1 座。

湘西河，古称相西沟。据清光绪《宿州志》（纪健生点校本）载：一名香椿沟。两岸多香椿。北自萧（县）、宿（州）界起，南至永清集，又东南经黄里集，至渠沟集界，为洪河口入睢。长一千一百八十丈，口宽一丈二尺，底七尺，深三尺。湘西河是濉河支流，发源于萧县赵庄区九店，从黄里村汇入濉河。1951 年治理濉河时，同时治理湘西河，从黄里向上疏浚 5 千米。1957 年冬至 1976 年春，该河经过 3 次治理，达到 20 年一遇防洪、5 年一遇除涝标准。河底宽 12 米，水深达 2.5 米，边坡 1∶3，可蓄水 37.5 万立方米，灌溉 0.25 万亩。主要受益范围为前黄、后黄、黄里、下街 4 个社区，可耕地 5800 亩，主干原有桥 1 座、小型闸 2 座、排涝涵洞 3 个。因征迁开发，又在其上新建大桥 3 座。其

潍河春色（2017 年） 陈龙万 摄

中一座大桥建在湘西河汇入萧潍新河的入口处，202 省道从该大桥上经过，黄里人称该处为三叉河，该大桥于 2015 年拓宽整修后被重新命名为湘西河桥。

气候 黄里村地处中纬度地区，属于暖温带半湿润季风气候。主要气候特征是四季分明，气候温和，雨水适中。春温多变，夏雨集中，秋高气爽，冬季干冷。

春季（3—5 月）温暖，气温回升快，平均气温 14.7℃，降水量平均 160.7 毫米。天气多变，东风或东南风居多，有利于春播和越冬作物生长。雨量虽较冬季增多，但仍有"春雨贵如油"之说。

夏季（6—8 月）炎热多雨，东南风或东风居多，降水集中且强度大，日照充足，蒸发量大。平均气温 26.5℃，降水量平均 475.3 毫米，降水量超过全年降水量的一半，为喜温作物提供良好的条件。时有西南干热风发生在小麦成熟前的灌浆期，造成小麦减产。

秋季（9—11 月）凉爽，降温快，气温日差较大，多偏东北风。平均气温 15.6℃，降水量平均 168.1 毫米，降水量少，有利于秋季作物的成熟。但多出现秋旱，影响作物生长。特别是 1994 年的秋旱，造成玉米绝收。

冬季（12 月至下年 2 月）因受西伯利亚冷空气的影响，寒冷干燥，雨雪皆少，多偏北风。平均气温 1.7℃，降水量平均 50.7 毫米。整个冬季降水量不足全年的 5%，有利于越冬作物安全过冬。

黄里村年降水量平均为 849.6 毫米，降水量的年际变化比较大，不稳定性显著。年降水量最大为 1168.2 毫米，出现在 2005 年，而 2002 年的年降水量仅有 557.2 毫米，最多年是最少年的 2 倍多。降水量季节变化也很大，各季降水量分布极不均匀。夏季最多，平均为 527.9 毫米；其次为春季，平均为 151.2 毫米；秋季为 124.5 毫米；冬季最少，为 53.3 毫米。降水量在月份分布上也有很大差异，最多月在 7 月，达 241.0 毫米；最小值在 1 月，为 15.0 毫米。降水量大多集中在夏季（6—8 月），以夏季为中心，分别向年初及年底方向逐月递减。降水日数在每月间变化也很大，年平均降水日达 84 天，7 月最多平均为 13 天，12 月最少平均为 4 天。年际间降水日数变化更大，最少年只有 66 天，最多年有 108 天。月降水日数变化也很大，最少月为 0 天，最多月为 22 天。

黄里村夏季潮湿，降水多，绝对湿度大。冬季干冷，降水少，绝对湿度小。春秋季介于两者之间，1 月平均水汽压为 0.46 千帕，4 月、10 月分别是 1.15 千帕和 1.29 千帕，7 月水汽压最大为 2.89 千帕。极端最小水汽压为 0.06 千帕，出现在 2009 年 1 月；极端最大水汽压为 4.01 千帕，出现在 1998 年 7 月。年平均水汽压 1.42 千帕。相对湿度一般随季节略有变化，阴雨天气相对湿度比较大。降水少，空气干燥，湿度偏低，相对湿度偏小。春季降水少，风速较大，相对湿度偏小。6—8 月是主汛期，相对湿度偏大。年平均相对湿度为 68%，最小相对湿度为 6%，出现在 1995 年 3 月。

黄里村可照时数为 4430.2 小时，闰年为 4441.2 小时，属日照充足地区。由于云雾、大气灰尘等的影响，实际日照时数为 2313.9 小时，占可照时数的 52%。日照最多的年份为日照 2584.3 小时，占可照时数的 58%；最少年份为 2027.3 小时，占可照时数的 46%。日照时数冬季（12 月至下年 2 月）少，夏季（6—8 月）多。日照百分率 10 月最大，占 55%；7 月虽然日照时数多，但由于阴雨天气较多，所以 7 月的日照百分率只有 47%。

黄里村无霜期时间长，有利于农作物生长。无霜期最长为 271 天，出现在 2006 年，无霜日数占全年总日数的四分之三。最短无霜期 199 天，出现在 1991 年，仅占全年总日数的二分之一多。初霜发生在深秋，出现的平均日期为 11 月 5 日，最早初霜产生在 1991 年 10 月 20 日，最晚初霜日期产生在 1994 年 12 月 3 日。终霜产生日期平均在 3 月 18 日，最早终霜期是 1992 年 2 月 22 日，最晚终霜期是 1993 年 4 月 11 日。

黄里村冬季气压高，夏季气压低。冬季年平均气压为 102.26 千帕，极端最高气压达

104.35千帕，出现在2000年1月31日。夏季年平均气压为100.02千帕，极端最低为98.67千帕，出现在2006年6月9日。全年平均气压为101.25千帕，冬夏季平均气压差值为2.24千帕。两个极值之间相差5.68千帕。春秋季气压基本持平，介于冬夏季之间。全年各月平均气压中，1月、2月气压最高，7月、8月气压最低。

黄里村地处季风性气候区域，风向呈明显季节变化，冬季多偏北风，夏季多偏南风，秋季多偏东北风，春季多偏东风，全年以东风为主，其次为偏东北风和偏南风。平均风速为1.9米/秒，相当于2级风。年10分钟平均最大风速14.2米/秒，相当于7级风力，出现日期为2002年3月20日。瞬间最大风速为24.2米/秒，出现在2001年5月9日（此记录从1997年开始统计）。风速以春季最大，冬季次之。大风日夏季较少，秋季最少。春季主要是多寒潮大风，虽然寒潮大风日数较少，但风速大。夏季多受西太平洋副高压控制，气压梯度小，但多雷雨大风天气。同时又受台风活动影响，春夏季的极大风速往往大于秋冬季节。

自然资源 黄里村地处山麓与河流间的狭长地带，既具备山村的资源禀性，又兼具皖北农村的典型特征。

截至2015年年底，黄里村共有土地总面积1.53万亩。其中村庄占地0.14万亩（长期留有200多亩土地用于蔬菜种植，至20世纪70年代后逐渐因盖新房屋被占用）；村东山坡荒地0.46万亩，宜栽种各种果树；林地0.01万亩，植有侧柏；果园林地0.34万亩，种植石榴、笆斗杏等经济果林；湘西河与萧濉新河之间的夹河套有可耕地2000多亩，多为沙质土壤，适宜种植棉花、梨等作物，是黄里酥梨的主要产地；湘西河西岸有可耕地0.58万亩，以种植农作物为主。截至2015年年底，90%以上的可耕地被征用，用于淮北凤凰山经济开发区建设。

矿产资源类型较单一，主要为石灰岩，分布在黄里村东部南北走向狭长的相山山脉，在黄里境内长约7千米。石灰岩储量丰富，品位高、杂质少，是生产水泥、石灰、毛石、石子的建筑原材料。

黄里村树种繁多，乡土树种主要有杨树、柳树、椿树、楝树、桑树、榆树、楸树、泡桐树、刺槐树、黑槐树、侧柏树、棠梨树、黄连木树、楮树、银杏树、红叶树、山枣树。经济树种有苹果树、梨树、葡萄树、石榴树、杏树、柿树、桃树、枣树、山楂树、樱桃树、李子树。

可采草药数十种，有翻白草、猫眼草、狼毒、益母草、柴胡、玄胡、车前草、马齿

灰喜鹊（2016 年）　　李松　摄

苋、地丁、薄荷、掐不齐、拉拉秧、苍耳子、蒲公英、绞股蓝、扫帚苗、蓑衣草、鬼针草、小蒜、菟丝子、野艾草、野胡萝卜、野菊花、香荠菜、杏叶沙参、沙参、角茵陈、棉茵陈、铜茵陈、茜草、芦苇草、何首乌、老妈夜、甲跖草、牵牛花、三七、麦冬、鸡尾草、苦菜、三棱草、黑芝麻、蓖麻籽、侧柏叶、桃叶、桃枝、桃果、桃仁、辣椒、凤仙花、鸡眼草、白扁豆、鸡矢藤、山草莓、韭菜、香菜、小茴香、藿香、曼陀罗、荨麻、龙葵、灰灰菜、夏枯草、垂盆草、七七菜、水芹、天胡荽、三叶酸草、灯笼草、狗尾巴草、一串红、野山枣。

黄里村周边山上有野兔、野猪、刺猬、松鼠、黄鼠狼和狐狸等野生动物上百种。20 世纪 40 年代，村内有狼出现。鸟类有斑鸠、喜鹊、鹌鹑、啄木鸟、猫头鹰、燕子、麻雀、布谷鸟、黄鹂、雀鹰、鹰、乌鸦、白头翁、黄雀、百舌鸟、山画眉、山麻雀、石鸡、黄雀等。两栖爬行类有蛇、青蛙、蟾蜍、蜥蜴、蝎子等。鱼类有鲤鱼、草鱼、鲫鱼、鲇鱼、青鱼、鲢鱼、黄鳝、白鳝、参鲦、泥鳅、黄颡鱼、刺鳅、沙鳢、季花鱼等。

◉ 建置区划

建置沿革　夏禹分天下为九州，黄里属徐州。周灭商后，周武王分封诸侯，以纣王兄微子启代殷，立国号为宋，黄里属宋。春秋时期（前 588—前 576），宋共公瑕为避水患，将国都由睢阳（今商丘市南）迁至相城（今淮北市相山区），约历 90 年。战国时期，齐、楚、魏灭宋，尽分宋地，黄里归楚国。秦始皇二十六年（前 221），秦统一六国，天下分三十六郡，以相邑置相县，属泗水郡，郡及相县治所在今淮北市相山区渠沟镇境内。黄里一直隶属于渠沟。

西汉高祖二年（前 205），刘邦领兵 50 万人伐楚。项羽以精兵大破汉军，追击至古灵壁近睢水，多杀士卒，睢水为之不流。黄里仍属泗水郡。汉高祖四年（前 203），改泗水郡为沛郡，辖 37 个县，治所相县，黄里当属相县。汉高祖十二年（前 195），淮南王英布叛汉，刘邦在相县击败英布，沛郡归汉，领 37 个县，属地内设相县。王莽篡汉建新朝，尽易天下郡县名，改沛郡为吾符，改相县为吾符亭。东汉相县属豫州。东汉建武二十年（44）六月，刘秀改封其子刘辅为沛王，沛国仍都相县，领 21 个县。

三国魏建安二十四年（219），相县改属豫州谯郡。西晋泰始元年（265）十二月，封司马景为沛王，沛国仍都相，属豫州。永嘉之乱后，相县陷入汉国大将石勒统治。东晋大兴二年（319），属石勒所建的后赵，相县改属后赵豫州沛郡兼郡治。祖逖北伐，曾短时间归东晋。东晋永昌元年（322），为后赵占据。东晋永和六年（350），沛郡复归东晋。翌年，徐、豫二州均为晋属。东晋升平元年（357），相县改属前燕豫州沛国。东晋太和四年（369），相县复归东晋，仍之；太和五年（370），豫州入前秦，属前秦。东晋太元五年（380），改豫州为东豫州，相县仍属东豫州沛国；太元八年（383），相县改属徐州。晋末，改徐州为北徐州，沛郡及相县改属北徐州。

北朝北魏天赐二年（405），相县入北魏，仍属徐州沛郡，郡治改萧故城（今安徽萧县郭庄乡欧村北），义熙北伐，相县等复入东晋。南朝宋永初三年（422），北徐州径称徐州，相县仍属徐州沛郡兼郡治。南朝宋泰始二年（466）十月，徐州沛郡及相县入北魏，沛郡仍治萧故城。北朝北齐天保四年（553），相县改属徐州彭城郡；天保七年（556），废相县，并入符离县。

北宋建隆元年（960）至元丰五年（1082），属徐州萧县管辖；元至元二年（1265），仍属萧县管辖。明朝，属凤阳府之宿州管辖。清朝，黄里称黄里集，属宿州相城乡。

至 1912 年，黄里属安徽凤阳府（宿州）管辖，后改宿州为宿县。1938 年，日军侵境，黄里沦陷。当时国民党政权、抗日民主政权、日伪政权并存。1939 年 6 月，以津浦路为界分为宿东县、宿西县。

1948 年 3 月，划出宿西县巴股河以北全部和萧县南部 3 个区组建萧宿县。1949 年 3 月 1 日，撤销萧宿县，恢复各县原建制；6 月，宿西县和宿东县合并为宿县，黄里属宿县。

行政区划 1950 年 7 月 1 日，析宿县西境置濉溪县，下辖 11 个区，濉西区称第三区，辖 15 个乡，黄里村隶属于渠沟乡。

1952 年 11 月，濉西区由 15 个乡调整为 19 个乡，濉西区增设黄里乡，治所设在下街田家祠堂。

1955 年 12 月，为适应农业合作化发展的需要，濉溪县把原来的 187 个乡镇改划为 70 个乡镇，濉西区原界不动，辖 6 个乡。将东部渠沟乡、黄里乡、河北乡、大楼乡合称为黄里乡，乡人民政府设在任土楼村。黄里村隶属于黄里乡。

1958 年 3 月，将濉西区并入濉溪区，全县 70 个乡镇合并成 39 个乡镇；8 月，为成立高级人民公社，将 39 个乡镇合并为 17 个乡镇。将张集、钟楼、黄里合并成钟楼乡，乡人民政府设在钟楼村。黄里村属钟楼乡管辖。同年 9 月，实行政社合一体制，撤销区建制，成立东风、卧龙等 15 个高级人民公社。黄里村属于东风人民公社 36 营。36 营分南北两个点，南点属相山乡，北点归濉溪县，其营部设在下任井村。黄里村改为营连建制：上街为一连，圩里为二连，下街为三连，前黄为四连。

黄里村一隅（2016 年）　　冯广天　摄

1959 年 7 月，撤销东风人民公社建制，分划为烈山、濉溪、濉西 3 个人民公社。1961 年 1 月，又恢复区建制，濉西区辖黄里、刘桥、溪河、小城、钟楼、张集 6 个人民公社。1969 年 3 月，第二次撤区，又将濉西区原辖的张集、钟楼、黄里 3 个公社合并为钟楼人民公社。

1980 年 12 月，又重新设区，将原濉西区更名为刘桥区，辖刘桥、张集、钟楼、任土楼、小城、溪河 6 个公社。将原黄里人民公社更名为任土楼人民公社。1983 年 4 月，政社分设，原人民公社改称为乡。任土楼人民公社改称为任土楼乡。黄里村自然村（辖前黄村、后黄村）属任土楼乡管辖。

1992 年 3 月撤区并乡时，将属濉溪县的任土楼乡划归淮北市相山区。前黄村、后黄村改属相山区渠沟镇管辖。2007 年 10 月，小村并大村，前黄村、后黄村合并为黄里村。2011 年，由于淮北凤凰山经济开发区建设征用前黄村、后黄村大部分土地，人均耕地面积达到转为城镇居民的标准，是年 8 月，行政区划调整，市人民政府批准将渠沟镇黄里村划入曲阳街道。9 月，曲阳街道部分社区行政区划调整，撤销黄里村建制，设立前黄、下街、黄里、后黄 4 个社区。总面积 10.91 平方千米。

2015 年前黄、下街、后黄、黄里社区基本情况一览表

表 1

社区名称	面积（平方千米）	耕地面积（公顷）	山林面积（公顷）	软籽石榴树（棵）	笆斗杏树（棵）	户籍户数（户）	户籍人口数（人）	外出务工人数（人）	人均纯收入（元／年）	养老保险人数（人）
前黄	2.30	89.9	73.3	100	800	2502	7756	325	11000	486
下街	0.97	21.3	106.7	500	27830	567	1972	78	8000	527
黄里	0.95	80.0	61.3	20000	27000	495	1836	569	9000	238
后黄	0.95	80.0	61.3	23000	900	512	1976	86	10000	730
合计	5.17	271.2	302.6	43600	56530	4076	13540	1058	—	1981

◉ 基础设施

二十世纪二三十年代，黄里附近土匪横行乡里，民不聊生。1925 年，后黄殷富之户丁训钠变卖自家良田 40 余亩，带领村民修圩墙、挖壕沟、筑寨门、建炮楼，从此人们

村内水泥硬化路面（2016 年）　　李彪　摄

把后黄改称圩里。当时黄里总人口不足千人，每到日落时，下街、前黄和周边小庄的村民便到圩里避难。

圩里的圩墙从外看像一个“口”字，东北角与西南角各有一座大寨门，寨门上面带有炮楼。圩内主路走向呈“四”字形，两条东西之路，四条南北通道，所有连接处均建有炮楼。盗匪不论从何处入圩，都可以被炮楼上的人看到。

新中国成立前后，由于黄里的地形地势所致，凤凰山南山之水顺天然山涧西下直冲黄里的下街，程山之水顺势西流，正对前黄村，水灾多发。在乡贤丁仰池的倡议下，先后修建北大桥、黄里山河桥及入湘西河口之闸。土地改革后，农民的集体意识增强，在相西高级农业生产合作社社长丁在臣的带领下，于 1956 年整修重建湘西河桥。1957 年，又挖通黄里至任井地界的流水大沟，解决黄里村的山洪水患问题。1958 年至 20 世纪 70 年代初，黄里村基础设施变化不大，基本上都是利用留存的火神庙、丁家祠堂、田家祠堂等地办公、办学。1973 年，为解决新增人口的住房问题，实行“宅田合一”政策，黄里村原有的 7 块共计 200 多亩的菜园地被分作宅基地，盖上房子。1980 年，在“三结合”（政府拨款、地方筹资、村民集资）政策的推动下，在后黄村的北面建立新的后黄小学；1992 年，建设后黄医院；1995 年，建设后黄村部；2001 年，扩建前黄小学，前黄、后黄两个小学合并后改称“黄里小学”。2006 年，前黄村扩建村部办公室，陆续将村内主要道路进行硬化。2013 年，丁仰振任黄里社区第一书记，出资 100 多万元修建和谐路、桥头凉亭，新建水冲厕所 2 座，改善黄里社区基础设施和办公条件。

供电、通信、网络等基础设施从无到有，逐渐完备。20 世纪 70 年代初，由于淮北发电厂抽取地下水，导致黄里村民用水一度非常困难，直到 2013 年，供水设备才满足全村需求。因沟河纵横，村内桥梁、沟渠、涵闸众多，有些水利工程已经被废弃，大部分还在发挥作用。

截至 2015 年，因人口增加及省级生态村建设工程，黄里村外扩面积达到原来的 5~6 倍，北从与萧县徐里村界沟起，南至滨河花园小区接壤的凤凰城小区，南北狭长，延绵 7.5 千米。村内主要道路实现硬化，卫生、体育、娱乐等设施基本健全。

道路 黄里村过境公路有 101 省道、202 省道。101 省道起自肥东县合蚌路口，经合肥市肥东县，滁州市定远县、凤阳县，蚌埠市淮上区、固镇县，宿州市埇桥区，淮北市烈山区、相山区，宿州市萧县、砀山县共 5 个地市的 10 个县（区），止于砀山县马良，全长 388 千米，是由安徽省会合肥通往皖北地区及我国北方省份的一条重要干线，其中淮北市段自宿州市埇桥区与濉溪县交界处的横口桥起至萧县青龙集交界处止，全长 43.9 千米。2014 年 6 月，为缓解 202 省道交通压力，扩展城市发展空间，淮北市开工建设 101 省道合相路一期工程，2016 年 6 月全线通车，线路起点位于濉溪县百善镇徐楼村 202 省道东侧，经刘桥、钟楼、淮北凤凰工业园区，止于 202 省道治超站点北侧，由西向东在黄里村与萧县徐里村交界处会入 202 省道，路线全长 26.58 千米（其中濉溪县境内 15.7 千米、相山区 10.88 千米），过黄里境路长约 2 千米。

202 省道由北向南从黄里村西部穿过，过境路长约 7.5 千米。该省道北起萧县的中山路南，经过宿州市萧县，淮北市杜集区、濉溪县，亳州市涡阳县、利辛县，阜阳市颍

202 省道与 101 省道在黄里交会处（2016 年） 邱玉田 摄

环山公路（2016 年） 邱玉田 摄

泉区、阜南县共 4 个地市的 7 个县（区），止于阜南县洪河桥镇，全长 260 千米，其中淮北市段自宿州市萧县与淮北市杜集区纵楼交界起，至与亳州市涡阳县石弓交界处止，总长为 62.4 千米。

黄里村内田间道及生产路之前多为土路，下雨天道路泥泞，几乎无法通行。后在相山区人民政府的主持下，陆续修通丁圩孜土公路、环山路、天藏寺东登山石阶、天藏寺水泥路、萧濉新河东岸水泥路、后黄村主街道等道路。2016 年，为配合黄里打造国家 AAAA 级风景区建设，相山区人民政府在黄里实施农村道路畅通工程近 5 千米，改善村中道路通行状况。另有个人投资修路，1983—1984 年，黄里村退休人员丁在奎凭一己之力，修成一条从黄里村到石佛峪天藏寺的砂石路，方便村民前往天藏寺。2012—2013 年，黄里社区第一书记丁仰振投资建成和谐路。

2016 年 5 月，相山区曲阳街道办事处为黄里村争取到一项民生工程，总计投资 290.5 万元。该工程为三级标准环山公路，建设标准为 5 米宽沥青路面，两边各 1 米的路肩，全长 4621 米。另外山后有长 500 米、宽 5 米的水泥混凝土路面。

桥梁、隧道 黄里村桥梁众多，是村民出入黄里村的重要通道，有的因为年久失修或新桥建成等原因而废弃，大部分仍在发挥作用。2001 年 10 月，凤凰山隧道建成通车，大大方便黄里村民进出淮北市区。

北大桥位于今后黄小学西门，是架设在里山河上的小石桥，桥洞仅 1 米多高，宽 1 米多，长 4 米多，方便后黄村民去北湖耕作。

1958 年开挖萧濉新河后，里山河上原有的桥、闸均被改掉。为解决后黄村民生产生活需要，由濉溪县投资于 1961 年在萧濉新河上建造新桥——后黄大桥，历时 1 年建成。桥长 38 米，3 孔。1970 年，萧濉新河拓宽加深后，后黄大桥在原有基础上增加 5 孔，桥延长至 85 米，孔宽 5 米，高 7.3 米。

前黄大桥原是水漫桥，十分简陋，发水时村民须绕道后黄、渠沟才能过河。1962 年，始建 5 孔拱桥。1970 年，萧濉新河拓宽加深后，前黄大桥增加 3 孔拱桥。2011 年，凤凰路大桥建成后，前黄大桥被废弃。

老河桥位于湘西河上，原为水漫桥，历经整修后成为石桥。共 5 孔，长 58 米，宽 4.2 米，高 6.5 米。后该桥被废弃。

凤凰大桥位于萧濉新河之上，原前黄大桥南 50 米处，于 2011 年建成，是濉河东岸至淮北凤凰山经济开发区的主干大道桥梁。长 52 米，宽 29 米，高 12.5 米，共 7 孔。

湘西河桥位于 202 省道 30 千米 +160 米处，横跨湘西河，建于 1999 年 9 月，原名双河大桥，又名三叉河桥，2015 年年底完成扩建，更名为湘西河桥，为 202 省道淮北过境线上主要配套工程，由淮北市公路管理局贷款投资兴建。全长 89.6 米，宽 17 米，共 5 孔，每孔跨径 16 米，抗震设防烈度设计为 7 度。上部结构为 5 米 ×16 米普通钢筋混

湘西河桥（2016 年）　　邱玉田　摄

凤凰山隧道（2010 年）　　市地方志办公室　提供

凝土连续板，渣油表处桥面，行车道宽 15.5 米，两侧人行道各宽 0.5 米，混凝土栏杆。下部结构为重力式 U 型桥台，双柱式桥墩。设计荷载为汽—超 20、挂—120。

凤冠路桥位于湘西河桥向北 150 米处，在湘西河之上，202 省道西侧，是淮北凤凰山经济开发区新建大桥。长 70 米，宽 21 米，高 9 米，共 3 孔。

凤霞路桥位于老河桥南 30 米处，在湘西河之上，202 省道西侧，是淮北凤凰山经济开发区新建大桥。长 73 米，宽 21 米，高 8 米，共 3 孔。

凤凰山隧道原名西山隧道，位于淮北市区西北角，是黄里村通过淮海西路进入市区的重要通道。2001 年 10 月建成通车。隧道为两条独立的上下行通道，间距 40 米，上行线长 365 米，下行线长 379 米，引道及广场总长 474 米，隧道内设单向双车道和人行道，车行道宽 7.5 米，人行道宽 2.5 米，净高 8.167 米。工程投资 2982 万元。2010 年 3 月，改名为凤凰山隧道。

供水　新中国成立前，黄里村民吃水、菜园浇水都依靠水井。20 世纪 60 年代中期，生产队留一部分菜园作为集体经济收入，剩余的分给社员，一家一户都要浇菜，人们开始使用压水井。70 年代初，因坐落在黄里村附近的淮北发电厂大量使用地下水，井水水位不断下降。1973 年 8 月 10 日，淮北发电厂一期工程 1 号机组正式并网发电；12 月 4 日，2 号机组投产发电；是年年底，黄里地下水位下降至 10 米左右，村中压水井基本干枯，只有村北一个压水井可出水，村民排队定量取水，吃水陷入困境。1978 年 7 月 24 日，淮北发电厂二期工程 4 号炉并网发电；1982 年 11 月 17 日，淮北发电厂三期工程竣工发电，致使黄里地下水位继续下降，村中压水井彻底干枯。1980 年起，前黄、后黄等处挖掘 30~60 米的机井，同时利用淮北发电厂的两眼备用深水井，埋入水管，每天用水泵抽水一次，维持村民用水。1993 年 7 月，淮北发电厂四期工程竣工发电，黄里村民用水情况进一步恶化，30~60 米的机井全部干枯报废，加上电厂备用深水井出水效果不佳，村民须外出到任井村拉水，严重影响了正常生活。2013—2015 年，先后建成启用两口深水井，深度均在 300 米左右，村民用水需求得到保证。

供电 1968 年以前，黄里村民一直使用油灯，之后短暂使用过罩子灯、马灯、汽灯。1968 年 9 月 30 日，黄里村电线杆埋设完成，开始由任土楼供电所供电，村中安装电灯 3 盏，分别位于萧濉新河桥东 100 米十字路口、村东十字路口以及该路口南侧十字路口。此后，电灯在村民家中逐渐普及，村民开始使用电动水泵带动机井、排灌站抽水灌溉，村民从繁重的体力劳动中解放出来，小五金厂、石料厂、预制厂等陆续出现。2013 年，淮北供电公司对黄里低电压台区进行改造，村民用电得到进一步保障。

邮电 1966 年，濉溪县刘桥乡设立邮电支局，钟楼乡设立邮电所，钟楼至黄里的邮路开通。村中邮件由邮差寄送，重要邮件或汇款须由收件人盖章领取。随着时代发展，信件邮寄越来越少，村民邮寄东西多使用快递。

黄里村第一部固定电话安装于 1994 年 5 月，位于黄里小学，初装费 3000 元左右。第二部固定电话安装于村中某商店，村民需付费使用电话，费用按时计算，每分钟 0.3 元。之后，程控电话进入黄里村。进入 21 世纪后，安装固定电话的家庭逐渐增多。2006 年后，固定电话普及率逐年下降，截至 2016 年，固定电话基本上被移动电话替代。

1998 年前后，黄里村出现寻呼机，分为数字寻呼机和中文寻呼机两种。2003 年，小灵通业务进入黄里村。2005 年开始，移动电话在黄里村逐渐普及并成为主要通信工具。

水利 黄里村境内有河道 7000 米，主要是萧濉新河，另有附支河流湘西河，20 世纪 60 年代前，因为黄里村东部山水不易排入老濉河，西湖（老濉河以西）的可耕地属于低洼地，几乎年年发生水灾，有时夏秋两季都有水患。70 年代开始，黄里村在各级人民政府的领导下兴修水利，加强农田水利建设，新挖一批河道和沟渠，建立相西闸、和平闸、利民闸、里山河闸、园艺场 3 处涵洞等十几个涵闸和排灌站。同时，为保证蔬菜生长，黄里村挖掘水井较多，后为抗旱屡次开挖新井。

70 年代，开挖新汴河后，由于地下水的过度开采，水位急剧下降，特别是进入 21 世纪后，黄里村又屡遭干旱，萧濉新河和老濉河时常干涸，为防汛建设的水利设施逐渐疏于管理和修缮。截至 2015 年年底，黄里村有沟渠 4 道，即相西沟、北大圩、北大沟和任黄沟，沟道总长 4700 米。全村共有排水闸 4 座，涵洞 3 座，排灌站 1 处，饮水池 20 个，水井多处。

相西沟于 1928 年冬开挖，主要用于排涝，在原有洼地沟型基础上开挖而成，西接丁圩村东大沟，来水为后黄村南段与前黄村北段地块，东接相西闸入湘西河，现为淮北凤凰山经济开发区地下暗沟。北大圩于 1956 年建成，东起湘西河西岸，西至丁圩村北，是濉溪县与萧县界沟，沟深 3 米，沿沟南岸筑堤约 3.5 米高。旧时主要用于防止北水南灌，随着时间推移，北大圩逐渐被填平，有名而无圩。北大沟是于 1966 年在原北大圩的基础上进行复修形成的。该沟东起刘山头，长 120 米、宽 15 米、深 4 米，在萧濉新河的东岸直接入河，是黄里村与萧县徐里村界沟，主要用于夏、秋两季雨水多时预防山洪，保护村庄，来水主要是凤凰山以北山水。任黄沟为黄里村与任井村界沟，1956 年建成。原来水区域为整个黄里村的山水，经下街、前黄大沟导入任黄沟后进入萧濉新河。下街、前黄大沟现皆被填平，上面建起住房，失去排水功能。任黄沟东段现为凤凰城小区的地下暗沟，西段经利民闸入萧濉新河。

村内园艺场有 3 处涵洞，一涵位于湘西河东岸，石拱结构，1 孔规模 2 米 ×2 米。二涵位于湘西河东岸，石拱结构，1 孔规模 1.2 米 ×2 米。三涵位于湘西河东岸，石拱结构，1 孔规模 1.2 米 ×2 米。三个涵洞的主要功能是在汛期时防止河水倒灌，将木插板用土封堵，待河水退后，再扒开封土排放黄里园艺场内积水。截至 2016 年，涵洞依然在发挥作用。

相西闸位于湘西河西岸、后黄村南部，是相西沟水入河口。始建于 1950 年，时为石拱结构，1 孔规模为 1.6 米 ×1.6 米，木插板，完全靠人工提放闸板。改建后，长 7.5 米，1 孔规模为 2.5 米 ×2.4 米，钢筋混凝土结构，螺旋杆提升闸板。和平闸位于湘西河西岸，在老河桥北 500 米处，主要用于后黄西湖可耕地的排水。该闸为石拱结构，初建于 1954 年，1 孔规模为 1.6 米 ×1.6 米，木插板，后改建成螺旋杆提升闸板。利民闸位于萧濉新河东岸，是任黄沟水的入河口，长 5 米，1 孔规模为 2 米 ×2.3 米，石拱结构，木插板。利民闸建于 1958 年，后改建成螺旋杆提升闸板。里山河闸位于后黄，是里山河水入湘西河口处。石拱结构，木插板，长 4 米，1 孔规模为 1.5 米 ×1.5 米。该闸是 1948 年丁仰池带头修建的，1958 年开挖萧濉新河时被改掉。

1970 年，黄里村建立排灌站 3 座。后黄村的排灌站建在湘西河西岸，老河桥南 20

米处。盖房 2 间，配有 50 马力电动机和大型水泵，建灌溉渠约 3000 米。下街的排灌站建在湘西河的西岸相西闸南 300 米，盖房 2 间，配套机具不齐备。前黄村排灌站建在萧濉新河东岸，前黄大桥南 500 米处。因配套机具不齐，未能发挥作用。

旧时因黄里菜园多，据说共有 72 眼井，浇菜用吊杆或用辘轱汲水灌溉。1955 年农业合作化以后，至 1956 年年底，前黄、后黄共打砖井 34 眼，井深 4~6 米，配备的提水工具为解放水车，一眼井最多也只能解决不到五六亩地的旱情（抗旱用水）。1966 年，引进大锅锥打井工具。至 1969 年年底，黄里村共打机井 28 眼。有电的地方配备潜水泵，没电的地方配有 12 马力柴油机。1994 年春季，再次打机井 8 眼，并盖 8 间机井房。2012 年，由相山区人大代表曹利、朱武两人提议，在凤凰山南侧、北侧各打一深水井，建蓄水池 10 个，加上电线杆、电线、输水管道等设施，共投入 300 余万元。2014 年，又在黄里古侧柏群中建饮水池 20 个。

◉ 人口姓氏

人口总量 黄里村的人口变动情况具有鲜明的时代特色。1953 年第一次全国人口普查时，黄里村不足 3000 人。1953—1959 年，年均增加人口 100 多人。1959—1961 年三年困难时期，黄里村非正常死亡 599 人。1960—1961 年，黄里村仅增加新生儿 30 人。从 1962 年开始，随着国民经济的调整和恢复，人民的生活逐步好转，生育率开始提高，至 1963 年，生育率提升至 30‰以上。1964 年第二次全国人口普查时，黄里村总人口数近 4000 人。1970 年后，国家开始实行计划生育政策，但农村因为政策执行力度不大。至 1980 年，人口增长迅速，有育龄妇女的家庭，生育子女少则 2~4 个，多则五六个孩子，黄里村总人口超过 6000 人。1980 年后，中共中央、国务院提出，提倡一对夫妇只生育一个孩子，计划生育政策进一步收紧，黄里村出生人口的数量得到控制。1994 年，后黄村 2360 人，前黄村 2260 人。2007 年 1 月，前黄、后黄村合并为黄里村，总人口 6105 人。2011 年 6 月末，黄里村总人口 6264 人。绝大部分是汉族居民，也有回族、朝鲜族居民。

截至 2014 年年底，黄里村有住户 2460 户，其中国家在职干部 178 户，占比 7.2%；工人家庭 256 户，占比 10.4%；军属 17 户，占比 0.7%；教师 58 户，占比 2.4%；医生 23 户，占比 0.9%；农民（务工）1312 户，占比 53.3%；个体私营户等 462 户，占比 18.8%；

其他“三无”（无生活来源、无劳动能力、无法定赡养人）人员、残疾人口、低保老人共 154 户，占比 6.3%。

2014 年后黄、黄里、下街、前黄社区户数、人口与占地面积一览表

表 2

社区名称	户数（户）	人口（人）	占地面积（亩）
后黄	560	1980	2000
黄里	575	1906	2000
下街	524	1980	1900
前黄	801	2723	2000
合计	2460	8589	7900

人口迁徙　有明确文字记载的最早定居黄里村的为许氏族人。据许家八棱石碑碑文考证，许氏族人早在南宋嘉定元年（1208）已定居黄里村，村内至今仍有许氏祖坟 200 余座。关于黄里村人口迁徙，明朝以前没有文字记载。明朝初年，为了巩固中央政权对中原地区的开发和控制，明朝政府组织大规模向华北、江淮地区移民，将人多地少的“窄乡”农民迁徙到人少地多的“宽乡”屯种。自洪武元年（1368）至永乐十五年（1417），明朝政府先后 18 次从山西南部向华北、江淮地区组织移民，凡“多丁少田及有丁无田”之家都在移民之列。黄里村几个较大氏族均是在这一时期迁徙至此定居下来的。其中，田氏家族于洪武元年（1368）由山西迁徙至黄里；牛氏家族于明朝洪武二年（1369）由陇西地区迁到黄里；丁氏族人先从山东阳谷迁至蒙城北檀城集，又于明朝

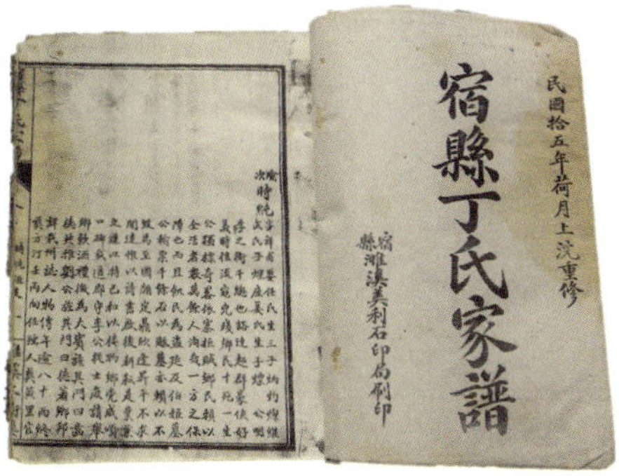

丁氏族谱编修（2016 年）　　邱玉田　摄

天顺年间（1457—1464）由蒙城迁到黄里；张氏家族大约也是在明朝迁徙至黄里。程氏家族属宿州程氏族系，由宿州迁到黄里，时间不详。明朝后，没有大规模的人口迁入。李氏家族于明朝弘治年间（1488—1505）迁萧，其后代在石林及黄里周边一带繁衍生息500余年，现已传二十三代，人口万余，大部分居住在苏、豫、皖三省。

黄里村人口的迁出主要是由战乱和洪灾所致。淮北地区多战事，尤其是楚汉相争、两晋时五胡乱华、唐朝安史之乱，以及两宋时期。因战争频仍，农业生产难以为继，人民生活十分疾苦，人口大量向南方相对安定区域迁徙，黄里村也出现人口集体迁出现象。汉元帝后，黄河屡决，淮北地区水患十分严重，因黄河泛滥造成的人口小规模迁徙现象时有发生，黄里村紧邻睢水，黄河几次夺睢入淮，多有流离失所者举家迁出。明清时期，没有大规模的人口迁出，人口数比较稳定。改革开放后，随着市场经济体制的确立，人口流动的壁垒逐渐被打破，黄里村外迁人口逐渐增多，尤其是进入21世纪以后，大量农民进城务工，黄里村每年外出务工的青壮年达500~600人，有些人选择留在工作地定居，成为黄里村外迁人口的主要组成部分。

名门望族 黄里村共有40多个姓氏，包括赵、孙、李、周、吴、郑、王、陈、魏、蒋、杨、朱、许、吕、张、曹、闫、金、陶、姜、马、苗、于、顾、黄、石、崔、程、靳、侯、全、武、牛、郭、高、胡、刘、梁、林、徐、南、田、丁。其中，丁氏家族是黄里村最大家族，程、田、张、牛等姓氏人口也较多。

黄里村几大姓氏宗族均注重编修家谱，并大多延续下来。丁氏作为黄里村最大家族，其宗谱于明朝就有先祖编修，因战乱，大都遗失，又于清乾隆十一年（1746）重修，三修于清光绪十四年（1888）三月，四修于1926年，五修于1994年，六修于2013年。1926年四修的家谱仍有完整的几部，五修宗谱保存者甚多。

程氏族谱始修于清康熙四年（1665），继修于清乾隆十九年（1754），三修于清道光九年（1829）暮春之初，四修于清光绪九年（1883），五修于1920年，六修于1942年，七修于1998年。

张氏家谱始修于清顺治元年（1644），继修于清康熙元年（1662），三修于清雍正元年（1723），四修于清乾隆元年（1736），五修于清道光十一年（1831），六修于清光绪二年（1876），七修于1988年10月。

田氏家谱始修于明万历八年（1580）元月，继修于明万历二十八年（1600）十一月，三修于明崇祯七年（1634）五月，四修于清乾隆四年（1739）三月，五修于乾隆四十四年（1779）七月，六修于 1937 年，七修于 1996 年。

牛氏曾在 1974 年由牛成森经办续修家谱，为手抄本，无序言、家规、礼文。1988 年，平楼牛立周、牛立本 2 次手抄。

许氏的堂号为“太岳堂”，源自山西洪洞县大槐树（明朝在山西洪洞县城北贾村中的广济寺“设局驻员”，对移民登记造册，发放“凭照川资”，编队遣送各地，因寺旁有一棵大槐树，树上有许多老鸹窝，固有“问我祖先来何处，山西洪洞大槐树。问我老家在哪里，山西洪洞老鸹窝”的民谣），与萧县许堂许氏族是同一个宗脉。中华民国时期与 1998 年，萧县许氏族人曾两次续修家谱，但由于各种原因，黄里许氏均未参与续修家谱。

李氏撰修家谱代代相传，其家谱在清朝 267 年的历史中先后续修家谱 5 次：顺治九年（1652）前后；康熙年间（1662—1722）；乾隆十年（1745）；道光二十二年（1842）；光绪十一年（1885）。顺治、康熙年间（1644—1722）两次续修家谱，似在山东老家，家谱全，族派清，先贤不尽悉数。后因世道纷乱、人世沧桑等诸多原因，乾隆十年（1745），十一世祖藏修，出于无奈，别族派，清宗支，将石林李氏独续一谱。20 世纪 40 年代和 1983 年，进行两次续修。2013 年 11 月，由于人口规模、结构等发生前所未有的变化，又进行第八次续修。

长寿老人　新中国成立前，黄里村的人均寿命不足 50 周岁，六七十岁已称高寿，超过 80 周岁的极少。新中国成立后，随着人们物质生活水平的不断提高以及医学技术的进步等，黄里村民的平均寿命逐渐提高，特别是进入 21 世纪，七八十岁高龄人口的百分比不断提高。2015 年年底，黄里村 70 周岁以上的老人 485 人，占总人口的 5.6%，其中男 208 人，女 277 人；70~79 周岁老人 291 人，其中男 132 人，女 159 人；80~89 周岁老人 146 人，其中男 54 人，女 92 人；90 周岁以上的老人共 48 人，其中男 22 人，女 26 人。截至 2015 年年底，黄里村共有 5 位百岁老人，男 2 人（程法香、丁仰春），女 3 人（王文华、丁张氏、许陈氏）。其中，王文华于 2001 年去世，享年 102 岁；丁张氏于 2012 年去世，享年 110 岁；程法香于 2015 年去世，享年 100 岁；许陈氏、丁仰春 2 人健在，年龄均为 100 岁。

许陈氏，女，黄里村后黄社区人，生于 1916 年，身体康健，生活尚能自理，生有三男。她心胸开阔，乐观豁达，知足常乐，善与子孙交流，思维清晰，记忆力强，几十年前的往事尚能说得清清楚楚。一日三餐定时定量，主食素，有时饮酒少许。按时起

黄里百岁老人许陈氏（2016 年）　　邱玉田　摄

居，每日清晨起床必饮淡盐水一杯，每日适当锻炼。

丁仰春，男，黄里村黄里社区人，生于 1916 年。他一生务农，身体健壮，很少生病，饮食定量，不爱吃荤，多以素食为主，每日饮酒少量。80 岁后仍能从河里担水，浇灌自留地的葡萄树。他乐于助人，20 世纪 70 年代以前，黄里村民居住的房子均是土墙草屋面，无论哪家需要建新房或是修补漏雨的房屋，他都有求必应。虽年逾百岁，但眼不花、耳不聋，身无疾病，饮食起居尚能自理。

古迹胜景

秦汉时期，黄里境内已形成村落。明朝，丁氏、许氏等家族迁徙定居于此。清朝，黄里集为相城乡八大集之一。群山连绵，凤凰山、拖拉山与淮北市区北部的相山、鹰山、老虎山等山体相连。其山势、山体独特，有缓坡、陡壁及三处山隅，群峰叠嶂、风景秀丽。群山环抱中，层层叠叠延绵十几里的石榴树、千年银杏、唐槐、石榴古树彰显悠久的历史。漫山遍野的树木花草，自然幽静，春可赏花、夏秋可尝果。深山幽谷之中的天藏寺、常年不干涸的菩提井、“白云”如絮冉冉升起的白云洞、祭雨台、黄里寨墙等诸多古迹遗址，坛庙祭祀，宗祠望族透射黄里深厚的文化底蕴。

黄里历史遗存、古迹胜景甚多。秦汉时期境内已形成村落，天藏寺、菩提井、白云洞、寨墙、古庙等，古树名木，延续着千年古韵，展示黄里古村深厚文化底蕴。

◉ 天藏寺

天藏寺坐落于黄里村，位于显通寺（俗称相山庙）西山坳的寨墙山的南麓，石佛峪之中。南对奶奶山，东临寨墙山，北依凤凰山，群峰环抱，一水萦回。占地面积约 1.5 亩。

据康熙《宿州志》载，天藏寺有隋大业中断碑。清光绪《宿州志》（纪健生点校本）载，天藏寺，在黄里集。明天启年间（1621—1627）建。先人题有“山蝉奏乐流空际，野鹿衔花傍水隈”之句。从天藏寺原址残留下的石碑上，可以隐约看到“天顺四年庚辰”“重修龙兴天藏寺”“民国五年二月”等字样。1988 年，天藏寺遗址被列为淮北市第二批重点文物保护单位。

据碑刻考证，天藏寺经历过明朝、清朝、中华民国的四次扩建与重修。第一次于明朝天启三年（1623）癸亥孟秋，系萧县儒生周复振，宿县痒生孟遴、丁时泰等八人募资重修扩建。第二次重修在清康熙五年（1666）。第三次在清道光十年（1830）。第四次在 1916 年，濉溪人陈万春的母亲陈丁氏及赵丁氏等佛门教徒，劝化集资续修。至于天藏寺的具体始建时间，已无从查考。

天藏寺遗址（2016 年）　　曲阳街道办事处　提供

天藏寺由古大殿、摩崖造像、菩提井、观音石窟、登山步道等组成。

1966 年 8 月，天藏寺在一夜之间被破坏殆尽，只剩下残垣破壁、断碑乱石。1987 年后，天藏寺原住持僧真慈（俗名李文道）筹划恢复天藏寺，并重修庙宇。2002 年 5 月，得到相山区人民政府和区宗教局的认可。2005 年 11 月 11 日，后黄村村民委员会无偿划拨天河桥以东至山谷的土地。淮北市相山区经济发展和改革委员会以相发改〔2006〕54 号文件批准同意在渠沟镇黄里村境内规划建设活动场所。项目包括：三门、天王殿、大雄宝殿、藏经阁、念佛堂、斋堂、老年安养院以及配套设施。项目占地面积约 3000 平方米。2007 年，在天藏寺原址的下方建念佛堂 4 间，斋堂 13 间。

天藏寺有大殿 3 间，东西配房各 3 间，大殿后留有一门，从大殿后门可一步跨入石洞壁。石壁凿有一个石洞，洞内刻有一尊佛像，别具洞天，故名“一步两庙”。三砖起一庙，实则是在石洞上方用三砖作为西山墙，用椽连接大殿，与大殿为一体，故名“三砖起一庙”。

古大殿　古大殿是天藏寺的重要组成部分，居天藏寺的中央。檐高丈五，长三丈六，宽二丈余。共有正殿五间，正中一间略大。殿内雕梁画栋，尽是江南杉木。大殿内塑有佛像，形态各异。佛像之后造假山，其上绘有云龙，大鹏金翅鸟昂首听经。神台背后，依势造千佛山，四大金刚、托塔天王、千手千眼佛。大殿门侧有红底金字楹联，上面写有“深山藏古寺，白果镇乾坤”。门上方悬一匾，上面写有“天藏寺”三个金色大字。

大殿佛像占整座大殿的面积三分之二，中央为如来佛像，两侧塑有青除灾金刚、辟毒金刚、黄随求金刚、白净水金刚、赤声火金刚、定持灾金刚、紫贤金刚、大神金刚共八大金刚；前下方两侧塑有托塔罗汉、探手罗汉、过江罗汉、芭蕉罗汉、静座罗汉、骑象罗汉、看门罗汉、降龙罗汉、举钵罗汉、布袋罗汉、长眉罗汉、开心罗汉、喜庆罗

天藏寺遗址保护碑（2005 年）　　邱玉田　摄

汉、挖耳罗汉、笑狮罗汉、伏虎罗汉、沉思罗汉、骑鹿罗汉共十八罗汉。或喜或忧，或怒或笑，神态各异，生动有趣。佛祖背后中央为笑佛弥勒佛，两侧是小鬼、小判。大殿上方又都塑有大鹏金翅鸟等诸多仙禽。整座大殿所塑泥像虽大小不一，但布局合理。如来佛像让人观之肃穆，八大金刚使人敬畏，十八罗汉刚正威严。大鹏展翅欲飞，仙禽形态各异。

大殿前，有一棵需五人合抱的千年银杏树，枝叶繁茂，巍峨挺拔，犹如寺中的旗杆，迎接八方香客到此朝拜。

殿后的墙壁上有古代石刻观音像和金刚经塔碑。观音菩萨赤脚踏云，面带微笑，“眉目津津，向人欲语”，栩栩如生。观音像旁写着“观自在菩”。金刚经塔碑刻在“文化大革命”中被毁坏殆尽。

摩崖造像　据冯云鹏《金石索》曰：“就其山而凿之，曰摩崖。”摩崖造像是中国古代的一种石刻艺术，是以石刻为主要内容的佛教造像，特点是将造像或置于露天或位于浅龛中，多数情况以群组形式出现。天藏寺摩崖造像位于浅龛中，依山石雕琢造像一尊（今已残损），为释迦牟尼佛造像，高约 4 米，闭眼合掌，形神肃穆，典雅大方。该摩崖造像与观音石窟并存。该摩崖造像与天藏寺后门仅一步之遥，形成“一步两庙”的奇观。

摩崖造像（1992 年）　市方志办　提供

菩提井　天藏寺后摩崖造像东北稍下的石壁间有一泉井，又名“仙人井”。该井直径 2 米，深约 3 米。据清朝丁鸿磐《天藏寺记》载：“相传赵宋时，有西僧卓锡于此，苦无水，乃于石壁手书‘天一’二字。去后，石上翕然水出，庙祝因凿石为井，虽水不满尺，而资用不竭，亦一奇也。”井壁古朴圆润，造工精湛，里侧山体中露出一缝，有山泉从该缝隙中流出，渗入井状之围石中，水清见底，常年不干涸，终年取之不尽。

观音石窟　菩提井向上不远的山崖有一石窟，观音抱子闭目安详坐于石窟中。黄里有民谣曰：“树边有一庙，庙上有一井，井上又一庙，一步两庙，三块砖盖个庙，一丈二尺高的神。”该庙也被黄里人称为“奶奶庙”。

白云洞　天藏寺前山南有深洞，每当春夏之际或阴雨前后，洞口四周云雾缭绕，确有峰生云霭，峦吐烟雾之胜，故被称为“白云洞”。白云洞深不见底，通向远方。

晒谷场　天藏寺北部凤凰山下，约有一块五六平方米的青石板，名曰“晒谷场”，专供僧人晒粮用。

念佛堂　2007 年，由僧人真慈带徒弟果缘（俗名赵德喜）在天藏寺原址的下端重建天藏寺，共有念佛堂 4 间，斋堂 13 间，并塑有西方三圣、十八罗汉、地藏王菩萨等数十尊佛像。

登山步道　旧时，天藏寺无进山的道路。天藏寺的僧人为方便香客进山，依天然形成的明石，稍加人工雕琢成路，方便攀登。2007 年，淮北市人民政府修建相山公园登山梯道 4 条及山脊游人道路，梯道宽 1.5~2 米，其中一条通往天藏寺。该登山石阶位于显通寺（相山庙）西 10 米小桥边上，桥边竖一块大石碑，即为天藏寺导向碑，碑后是天

菩提井（2012 年）　　冯广天　摄

念佛堂（2016 年）　　市方志办　提供

登山步道（2016 年）　　邱玉田　摄

藏寺简介。沿登山石阶到山顶共有 1009 个登山梯道台阶，向北沿登山石阶下山进入石佛峪，抵天藏寺。过去，寺庙里所需食物均由僧人背驮肩扛翻过相山运到寺庙，山路崎岖不平。2012 年，在黄里村东边修通一条约 2.5 千米的水泥路，可经过村内到达寺庙，结束了交通靠走、采购靠驮、材料靠板车拉的历史。

◉ 坛庙

黄里村先民对土地、阎王、火神、华佗、关帝等神祇信奉甚笃，村内曾建有奶奶庙、土地庙、阎王庙等 9 座庙宇。

奶奶庙　黄里奶奶庙位于天藏寺后山，依山所建，面积 5.6 平方米，洞内雕刻一石像，有村民说是观音，有村民说是王母娘娘，也有村民说是碧霞元君。泰山奶奶（可简称碧霞元君）是专司民间俗事的神灵，在道教中的名号是“天仙玉女碧霞元君”，为中国妇女所敬奉。民间传说中，碧霞元君神通广大，能保佑农耕、经商、旅行、婚姻，能治病救人，能护佑妇女生儿育女、庇护母子平安。人们都称之为“送子娘娘”，泰山行宫俗称“娘娘庙”“奶奶庙”。20 世纪 60 年代前，村民到奶奶庙求子拜佛，香火不断。

火神庙　火神是神话中的神祇之一，中华各民族都有祭祀火神的风俗。历史上，人们修建火神庙多半是基于对火的畏惧。因旧时的建筑多为木质结构，极易遭受火灾，建火神庙是希望得到火神庇佑，避免火灾的侵袭。黄里火神庙大约于二十世纪二三十年代修建。其原址位于今黄里唐槐树东侧，占地约 0.25 亩。该庙共有堂屋 3 间，内有火神塑像，另有东西厢房各 3 间。火神庙香火旺盛，起初多是香客、游人到此进香拜谒，以后逐渐演变成为庙会。火神庙曾是黄里梆子戏剧团和相西高级农业生产合作社、供销合作社用址。50 年代，村民利用原火神庙的房屋建立黄里诊所。

华佗庙　华佗乃三国名医，曾被人们誉为神医，精通内科、外科、儿科、妇科、针灸科等科，特别擅长外科，发明世界上最早的手术麻醉药麻沸散。黄里村民崇尚华佗医德高尚、医术高明，故立庙供奉。黄里华佗庙始建时间不详，其原址位于今黄里社区西北角 70 米处（今丁凤英超市处），占地约 0.25 亩，有堂屋 3 间，正中塑有华佗神像一尊。20 世纪 80 年代初期，因年久失修，庙宇被损毁。

关帝庙　关帝庙供奉三国时期蜀国的大将关羽。因关羽被宋徽宗追封为“义勇武安王”，最初得名关王庙。又因佛教将关羽神化，尊为“关帝”，后更名为关帝庙。该庙原址位于今黄里小学校园后西北侧，村民丁仰义宅基地北，紧挨其宅基地。共有 3 间庙堂，占地约 0.3 亩。关帝庙坐东朝西，正门有关公塑像，左有关平，右有周仓。清咸丰十年（1860）关帝庙大钟铸成，重达百余千克，上有注铸者姓名及日期。二十世纪四五十年代，关帝庙住持徐凯西及其弟子王正先在该庙修行。70 年代，为解决黄里新增人口的住房问题，实行“宅田合一”政策，关帝庙原址被作为土地重新分配，庙堂不复存在。

阎王庙　阎王庙始建于二十世纪二三十年代，原址位于今后黄卫生院东北侧。有房屋一间，约 0.02 亩。屋内正中间的泥塑是阎王爷像，左右两边依次伫立着供阎王驱使的判官、无常鬼、牛头马面及其他大小鬼卒。70 年代，因年久失修，该庙逐渐毁坏。

土地庙　土地庙又称福德庙、伯公庙，是汉族民间供奉土地神的庙宇，多为自发建立的小型建筑，属于分布最广的祭祀建筑，各地乡村均有分布。土地庙大多造型简单。黄里境域内有 4 座土地庙。后黄土地庙，位于后黄大桥向东主干道的东端十字路口西南处。坐南朝北，庙中塑一尊男神（即土地老爷），左右各有一尊女神（即土地奶奶），该庙为送子庙。前黄土地庙位于前黄社区南家坑西北处，下街土地庙位于下街社区田家坑西南 50 米处，后黄与下街交界处有一座土地庙，此 3 座土地庙均坐北朝南，庙中只塑一尊男神，无女神。1958 年萧濉新河疏浚时，河土上翻，土地庙被掩埋。

◉ 宗祠

丁氏宗祠 宗祠坐落于后黄社区。原丁氏齐祖由山东蒙城北檀城集在明景泰三年（1452）迁坟至宿州相城黄里集凤凰山之南黄里柏树林。清光绪八年（1882）丁氏家族筹资在黄里建宗祠。丁氏宗祠初建时占地 1 亩多，呈正方形，祠堂门前场地 1 亩有余。大门朝西，建有约 3 米高的院墙。正厅三间，坐东朝西，青砖墙，并配南北厢房。

1919 年，在祠堂内设私塾，后因周边村庄孩童到黄里求学人数倍增，大厅也用于教学，直到 1957 年大厅内仍供有“丁氏先祖灵位”。1983 年，后黄村新建的学校落成，学校才全部搬离丁氏宗祠。

抗日战争期间，南北厢房因屋面为草房，被日本侵略军放火烧毁，大厅因是八砖苫背，小瓦扇面，仅西北角木椽子被烧毁一小片。1939 年，丁氏族人对宗祠进行缮修，修整烧毁的正厅、厢房，又在正厅北部加盖两间堂屋。后由于年久失修，丁氏祠堂的原貌尽失。1994 年，丁氏族人捐款在原址重建丁氏祠堂，占地 1 亩多，大厅约 88 平方米，另建配房两间，院内有百年红叶古树 2 株，树木老干枯萎，新发枝干茂盛。新栽蜀松 4 株，新竖丁氏脉络碑、功德碑等石碑 5 块。

程氏宗祠 先祖缜斋公于清咸丰年间（1851—1861）建宗祠一所，位于今程楼东。宗祠内塑二夫子遗像于其上，命之曰：宿州黄里程氏宗祠，广昭二祭，俾族人知尊祖敬

丁氏祠堂（2016 年） 邱玉田 摄

丁氏祠堂正厅（2016 年） 邱玉田 摄

宗也，而后凡宿州程氏族人均四时设祭以孝祖上禨祼之恩。终经战乱之年不知于何世何年宗祠被湮没无迹。

张氏宗祠 张氏家族于明朝末年建立祠堂，迄今百余年。祭祀春以清明，秋以农历十一月为定期，四时设祭，以尽孝道。咸丰元年（1851），由于贼匪猖獗，日久年深而又未及时修补，祠上椽落垣残，势将倾颓，有欲重修者，苦于资金短缺，无计可施，久而久之宗祠毁坏严重，后被地方建学校所征用。

田氏祖祠 田氏于明崇祯七年（1634）七月二十日纠族中德高望众之长者，同聚一堂，榷商新建家祠，由林地出资，三月余宗祠建成，祠址南接牛王庙，基南宽即是庙之北宽，中长五竿三尺四寸，成地五分三厘四毫。四时设供奉祀以供孝道之义，后经明朝后百余年未及修补，而今家祠已无存。

◉ 黄里寨墙

黄里寨墙，长约 1500 米，宽 0.8 米，高 3 米，1 米基石，2 米土墙。北门、西门两座门楼上设有炮楼，另建单体炮楼 7 个。该寨墙今无存。

黄里的寨墙究竟筑建于何时，至今无确切考证。二十世纪二三十年代，天下荒乱，人心浮动，民众纷纷起来自保，筑寨防匪防盗。村民丁训钠变卖自家良田 40 余亩，赴芒砀山请来石匠，村民们有钱出钱、有力出力，搬运砖石，锤炼胶泥，争分夺秒，不惜挑灯夜战，终将寨墙修筑成功。每当土匪到来时，乡亲们不分男女老幼，悉数上寨墙守寨，击退土匪一次次的进攻，保卫了家园。周边村庄的村民在每日日落之时，牵着牲畜，携家带眷到黄里村内避难，次日日出后方敢返回家中，以此逃避灾祸。由于年久失修，黄里寨墙有所损毁。1966 年，后黄大队修建红芋储藏窖时需要大量的砖石木材，村民遂将寨墙上的大石板扒掉，用于搭建盖红芋窖，寨墙被破坏殆尽。

◉ 祭雨台

程山是相山风景区以西，东南向西北方向延伸的高山头，祭雨台位于程山顶峰处。相传在程山西北脚下，曾建有一个程家牌坊，非常壮观，程山依程姓得名。从古至今，程山顶峰立有一个“旱马桩”（即祭雨台），该桩用石块垒成。

在农耕社会里，“十年九旱、靠天吃饭”是生存的重中之重。北方地区常年干旱无雨，人们为了生存和生活，就烧香祷告，祈求上天使威生云、生雨救民。祭雨台是黄里民间祈雨的主要载体。祈雨仪式非常庄严而隆重。

新中国成立后，特别是进入农业合作化时期后，黄里同全国各地一样，坚持兴修农田水利，发展水利事业，开创了旱涝保收、粮食稳产高产的良好局面。祈雨活动成为历史。

◉ 石猴林地

黄里村东石猴林地，在今黄里古侧柏群丁姓墓园林地西北角约 70 米左右的山涧沟的南侧。占地十余亩，是丁氏十五世孙丁广用的私家林地，始建于清嘉庆、道光年间（1796—1850），周边及林堂植有松柏树 50 多棵，林堂基地场为午山子向，基地立有四个 2 米高的八棱石柱，每个石柱上雕有形态各异的石猴一尊，石柱与石猴皆为整块石头雕琢而成。故称石猴林地。石猴在民间有“封侯”“好时候”等多种寓意，颇受群众欢迎。1952 年，黄里村几个戏迷组建黄里梆子戏剧团，丁氏十八世孙丁仰棣便卖掉了石猴林地的 40 棵松树，资助剧团购置锣、鼓、戏衣及各类行头。如今，林地仍存，石猴石柱不知去向。

◉ 溶洞

桃山峪溶洞 桃山峪位于曲阳街道前黄社区东侧，凤凰城小区东 500 米处的山坳。1998 年，前黄村村民张祖军在桃山峪南开山采石时发现桃山峪溶洞。该溶洞为洞天式，垂向呈葫芦状，垂高 41 米，上洞口为浑圆状，直径 1.1 米。溶洞景区主要分布在两个层面，第一层深 37 米，面积约 20 平方米，再深入 4 米，溶洞豁然开朗，面积达 200 平方米左右。

溶洞内有天生桥、云层状阶梯石芽、葡萄状钟乳石、肾状方解石晶簇等，造型奇异，浑然天成。溶洞内有一处间歇性泉水，泉顺着石壁而流，发出“哗哗”的声音，仿佛下着大雨。为防止溶洞被破坏，黄里村民将该溶洞口封堵。2005 年，该溶洞被确定为淮北市国家级矿山公园的重要组成部分。

据初步研究，溶洞发育地层为中统的上马家沟组，其形成可能为溶蚀—侵蚀类型或溶蚀构造类型，推测溶洞形成时期大约在距今7000万年的燕山期运动之后，地壳相对稳定时期，大气降水和汽水冷凝通过各种构造行迹——节理、裂隙、断裂、破碎带导入，对石灰石的侵蚀和溶蚀作用形成的。

拖拉山溶洞 溶洞位于黄里风景区天藏寺西北不到百米处。拖拉山山脚下竖立着“小心落石，请勿靠近”“曲阳街道办事处宣”等字样的一块警示牌。在拖拉山的半山坡上，有一个长不到一米、高不到半米的半月牙形山洞，即为拖拉山溶洞。天然溶洞并不大，洞口只有四五十厘米，借助阳光可以清楚地看到，洞内有一个个大小不一的钟乳石悬挂在洞壁上，临近洞口的几个较大的钟乳石由于人为损坏只剩根部。石壁温热，洞内狭长幽暗，雾气弥漫。溶洞附近还有一个足球大小的洞，洞内显露出悬挂的钟乳石，幽深狭长，据推测该溶洞与拖拉山溶洞应为一体。

拖拉山溶洞（2016年） 邱玉田 摄

◉ 山谷

黄里群峰耸立，山谷众多，主要有石佛峪、桃山峪、葛拉峪、东南峪、大长峪、小长峪、北池峪、簸箕峪、牛家峪、东大峪、鬼柳峪、黑山峪等。

石佛峪 石佛峪南对奶奶山，东临寨墙山，北依凤凰山，是黄里东大峪西北侧第一个山谷，山峪内有千年银杏树 1 棵，树高 35 米，树干很粗，成人需五人合抱，树冠覆地数亩；山峪东侧峭壁上依山石凿成一个送子观音石窟，石窟内有石像一尊。山峪有“天一井”一眼，有千年古寺——天藏寺。天藏寺最有名的便是“一步两庙”，跨过一步的庙内是依山石雕琢而成的一尊释迦牟尼佛像，即石佛，石佛峪因此而得名。明朝诗人徐学益有《石佛峪》诗咏之。

桃山峪 桃山峪是石佛峪西侧的山谷，以前因山谷多有野生桃树而得名。该峪生长的野生桃树，结果多、个头小、糖分高，成熟后并没有多少人采摘，落果后随山水被冲到山下。桃核落地，有水有阳光，第二年便会在掉落处生出新的小桃树。久而久之，不仅桃峪有野桃树，整个黄里东山涧沟到处都是野桃树。徐学益《石佛峪》诗中有名句“桃花生客屐，鹿子忆僧衫”，可见当年桃花美景，游人之多。

葛拉峪 葛拉峪是妈妈山东侧的大山谷，该峪因盛产中草药葛拉而得名。新中国成立前，农村缺医少药，黄里人靠山中的草药治疗疾病。葛拉对胃胀气疗效明显，村民把草药晒干后出售给药材公司。

东南峪 东南峪是黑山与相山头之间的大山谷，也是黄里最大的山谷。20 世纪 70 年代，曾在该地筑拦水坝作为淮北发电厂的灰水沉淀库，用于沉淀电厂的粉煤灰水，沉淀库面积约 100 亩。90 年代初期，由于粉煤灰是制作粉煤灰硅酸盐水泥的原料，其利用价值增高，因此不再向该处排放，沉淀库被废弃。90 年代中期，黄里对该地进行复垦，百姓垦荒种植农作物或者果树。东南峪的南家林上方龙台石下有一个石洞，因为在阴天时洞中会出“白云”，又名白云洞。

◉ 山峰

黄里境内的凤凰山、拖拉山与相山风景区的相山、鹰山、老虎山等山体相连。山势、山体独特，有缓坡、陡壁及三处山隅，群峰叠嶂、风景秀丽，把黄里山体衬托为书法家书写的“山”字。

相山 位于黄里村东部，海拔 342 米。据光绪《宿州志》（纪健生点校本）载：在相城乡，其脉自彭城蜿蜒而来，高五里，周二十里，称州古镇，为诸山之宗。山势高峻，树木葱茏，群山叠翠，风景秀丽。清朝时被称作“相灵叠翠”，为宿州八景之一。由显通寺、渗水崖、饮马池、香炉峰、水牛墓、万丈碑、奏鸣台、钓鱼台、雪泉、奇峰、叠翠峰、天藏寺与六仙洞（牛鼻洞、牛角洞、秘霞洞、天井洞、白云洞、小仙洞）构成 18 处自然景点和人文景点。从渗水崖攀缘而上，穿半山亭、钓鱼台，便是万木葱郁的叠翠峰。该峰岩层纹理清晰，峰上四季风光不同，春则山花争艳，夏则峰青岗翠，秋则枫叶满坡，冬则苍松挺拔。翻越该峰，即为黄里村的石佛峪。由钓鱼台向西即为万丈碑，再向西登至高处，可俯瞰黄里村全貌。万丈碑高 2 米左右，宽 56 厘米，厚 20 厘米。石碑的正面刻有“主山万丈”四个字，背面刻有“南无阿弥”的篆书字样。传说该石碑原是一块管辖周围百里山脉的仙石，需飞外到处巡察。该石碑历经数县，行程千里，巡察结束后又飞回相山原地，当地百姓就在石头上刻上“主山万丈”和“南无阿弥”的碑文，仙石就变成了石碑。该块石碑被视为豫、皖、苏三省的界碑，但在“文化大革命”期间被毁。后村民又在该石碑的附近重新设立一座刻有“绿化相山”四字的石碑，作为黄里村民呼吁保护相山的一个标志。

寨墙山 今砦山，又名战捷山、大寨山。奶奶山的北面为石佛峪，东北侧是黄里村一带最高的山峰寨墙山，为群山之首，海拔 327.9 米。清光绪《宿州志》（纪健生点校本）载：距（宿州）城八十里，在黄里集。寨墙山的山顶地势较为平坦，有人工垫垒的平台 3 处；山顶南部、北部、西部都有石墙基址遗存，相传为寨墙，故名为“寨墙山”。第三次全国文物普查中，文物部门人员曾专门对寨墙山进行考古田野调查。寨墙山北坡有圆坑，坑内曾挖出大量兽骨；在寨墙山的山顶发现两处房基，南端山顶有一小片区域覆盖土层，约 0.2~0.4 米厚，包含有陶片，为文化层陶片。沿寨墙山山脊可到寨墙山西侧的黄里村凤凰山，文物部门曾在寨墙山遗址区域内捡拾到很多宋、金、元、明、清时期的瓷片以及汉朝时期的陶片。据此推测，寨墙山遗址曾是汉朝以来具有军事目的的防御设施，该遗址对研究相城历史具有重要价值。

淮海战役期间，华东野战军在青龙集一带围歼杜聿明部队时，粟裕登临寨墙山，用望远镜观察地形和战况。新中国成立后，为纪念这一历史时刻，黄里村民把该山称为战捷山。在该山山顶修建一个凉亭，名为将军亭。亭子呈五角形，高 7.4 米，占地面积 0.32 亩，砼柱梁屋顶，玻璃瓦屋面，四周安装青石刻画栏板，栏板上刻有花纹。在亭前有一块大理石石碑，从碑文可知，将军亭建于 1998 年 4 月，是为了纪念 1948 年中国人民解放军十万雄师上下同心、齐心协力、赴汤蹈火、浴血奋战，取得淮海战役的胜利。登上山顶站在将军亭，可看到淮北市区全貌。

寨墙山晨曦（2011 年）

鹰山 位于前黄村南，海拔276米，是黄里境内海拔较高的山峰。鹰山为石质山，山高坡陡，缺水无土，立地条件差。2002—2005年，对鹰山进行重点绿化，栽植侧柏、常绿柏树、花、灌木等，成活率在96%以上。2009年，建设鹰山北麓环山景观道路，景观构架1座，亭廊2组，铺设道路广场1800平方米，建筑面积达80平方米，绿化面积47500平方米。沿路设置园椅、小型休憩场所，方便游人休闲健身；设置小型园林构筑物，为游人遮风挡雨。道路线形大多是依据游人踩踏出来的林间小路修建而成，采用青石铺砌，宽1.5~2米，山体生态环境逐渐得到改善，适宜人们登山、郊游。淮北市有以鹰山命名的鹰山路、鹰山社区、鹰山公墓。

陈钦玉　摄

凤凰山 又称犁子山。位于黄里村东北部。凤凰山是拖拉山向西约2千米的终端山头，也是距黄里村最近的山头。因山如凤凰展翅得名。山上原有许多杏树。1989年8月，山顶建有蓄水池1个，能容水800立方米，有护池房1间。由于大量采石，山头的南面、北面已形成悬崖峭壁，如今该山已失去古山头的原貌。凤凰山上有几处向西观天象的突兀的山包。考古田野调查中，在山坡上发现了三五个零散的直径达1.4米的圆形石盘，疑为测日影计时用的“日晷”遗存，有2处长条形水槽以及古人居住的房基，另外发现一幅人物岩画及在摩崖上的类似古文字的刻画符号等。在凤凰山山头的东侧，距山顶约80米处，有一眼井，长年不干涸，因井口形状似脚丫，故黄里村民称之为“圣人脚井”。村民的牧羊多到此处饮水解渴。淮北市有以凤凰山命名的凤凰山路、淮北凤凰山经济开发区、凤凰山农贸城等。

刘山头 刘山头是寨墙山向西北走向的终端山头，也是黄里村与萧县徐里村交界的山头。山头的北面属于徐里，山头的南面属于黄里。刘山头生长的蝎子奇特，山头北面的蝎子生有六条腿，山头南面的蝎子生有八条腿。据说八条腿的山蝎药用价值比六条腿的山蝎药用价值高。刘山头南面的东侧，建有穆斯林公墓，占山地10亩，公墓四周建有围墙，公墓按照古时牌

刘山头（2016 年）　　曲阳街道办事处　提供

坊造型所建，上面写有“穆斯林公墓”五个大字。

妈妈山　位于寨墙山西南方向约 0.5 千米处。该山有别于其他山山脉之处是：从妈妈山的东面、北面、西面、西南方向几面观之，甚至自山脚至山顶观山，均无较大的石块和突出的石峰、石壁。该山饱满而润泽，形状像妇人乳房，故名“妈妈山”。该山盛产土茵陈、角茵陈等中药材。

黑山　位于妈妈山的西南侧，该山与妈妈山紧紧相连。在黑山西北角的山峪中，有一个被称为藏仙洞的山洞。黑山的山石与其他山石颜色不同，石色微黑，故名黑山。

拖拉山　位于寨墙山向西北约 1 千米处。山体造林条件较差。2007 年 9 月至 2008 年 7 月，对拖拉山、寨墙山一带进行绿化，面积约 2000 亩，共栽植苗木 10 万株，成活率达 97.1%，生态环境得到改善。

相山头　相山头是位于前黄村东侧南北走向的一段山脉，当地人又称为“小山头”。相山头绵延十余里，其最南端在渠沟镇境内，最北端即为相山头。相山头上，曾有望日亭和望月台。望日亭已荡然无存，望月台遗址处已建成教堂。

◉ 古树名木

古侧柏群　黄里古侧柏群位于黄里村东 200 米处，原为丁姓墓园林地，新中国成立后收归国有。据村里老人介绍，林地原来总面积是四十四亩三分四厘（约 3 万平方米）。据 1991 年 10 月调查测量，林地长 300 米，宽 120 米，面积约为 54 亩。主要以侧柏为主，黄连木散见其中。2014 年，丁姓墓园林地被认定为淮北市第四批市级重点文物保护单位。

古侧柏群林相完整，生长茂盛，连碧成云，墨荫盈地。侧柏群中的树木树龄参差不齐，有数百年的侧柏古树，也有近代不同时期栽植的中小侧柏，数代“同堂”，犹以百年以上古树居多。侧柏树树龄 350 年，平均树高 13 米，约 70 亩。黄连木树龄 100 年，平均树高 11 米。其中最大者 11 株，其余大小不一。黄里古侧柏群中间石碑前的一株侧柏，树高 13.7 米，树干部截面周长 0.24 米，枝下高 4 米，冠幅 10 米 ×6.8 米，是古侧柏群中最大的一棵。古侧柏群东面的一棵侧柏，树高 13.7 米，树干部截面周长 0.23 米，冠幅 9.5 米 ×11 米。还有一株树高 12.5 米，树干部截面周长 0.21 米，冠幅 9 米 ×7 米。古侧柏群内有清朝墓碑 6 块，近三十年又陆续立碑 80 多块。由于原为古墓风水树，侧柏群不仅一直被保护得较好，而且历代均有村人查禁补植。

2013 年 5 月，淮北市绿化委员会在该处立碑记载：此古侧柏群为丁姓墓园林地，内有 300 余年侧柏 114 株，百年侧柏 339 株，百年黄连木 11 株，林相完整，是我省淮北平原唯一一片常绿古树林。

黄里古侧柏群（2016 年）　　冯广天　摄

千年银杏树 佛教认为银杏是圣树，所以僧侣们多在庙中栽种银杏，且养护上千年。天藏寺西侧，原有一棵树龄千年以上的古银杏树，树高35米，树干很粗，五人合抱不拢，树冠呈椭圆形且覆地数亩。至1993年时，该树仍枝叶茂盛，年年结果，为淮北市树王之一。

据清朝丁鸿磐在《天藏寺》记载："寺角银杏大十余围，盖千余年物也。"银杏树旁边原有一个古石墩。据天藏寺僧人果缘介绍，古石墩曾是用来计时的。古石墩在溪水的冲击下，转一圈就是一天时间，俗称"计时器"。

黄里银杏古树（1992年）

市方志办　提供

1977年秋，有几位游客从相山公园翻山到天藏寺观景，见古树洞内有蜂蜜，想烧死蜜蜂取蜜，未料想竟引起蜂蜡着火，游客惊慌失措，逃离现场。村民赶到后，将火扑灭。虽遭此劫难后，古树依然枝叶茂盛，顽强生长。1982年腊月二十四傍晚，有几个村民将汽油灌入树洞点火燃烧，古树被烧严重。古树被烧后，树干空空，枝叶依旧在生长，又存活了11年。1993年8月，大雨倾盆，狂风肆虐，古树终因体空不支，树干轰然倒下。后来，僧人果缘在原树洞中及树西北侧、南侧各栽种1株银杏树，共3株，以示对古树的纪念。

古槐发新枝（2015年）

黄里村　提供

千年唐槐 黄里村有4棵古树。其中有两棵白槐为唐朝时种植，村民都称它们为"唐槐"。截至2015年，仅存1棵唐槐。该树的部分枝干枯死，尚有三分之一存活。

原火神庙西北侧的1棵唐槐，树高32米，树干粗，四人合抱不拢，树冠覆地1亩。传说唐朝魏征曾在此拴马，也有村民说是尉迟敬德在此拴马。唐槐枝叶已经枯死数十年，枯干却屹立不倒。村民丁怀信的孙子将树干圈在院内，并在古槐旁栽种一棵小槐树。枯干怀抱子槐，就像母亲用自己的乳汁滋养子女，子槐枝叶繁茂。

原黄里村五队菜园中也有一棵古槐，树高 30 米，树干很粗，需要四人合抱。树东北角一米左右处有一水井，常年水足，因此古槐根深叶茂。1993 年 8 月的一天，倾盆大雨，雷声隆隆，“咔嚓”一声巨响，槐树断为两截，劈为三纰。树的上截和其他两纰仍侧卧在古槐遗址旁，只有一纰傲然挺立，生发出新的枝条，延续古树的生命。相传明末清初，天下大乱，民不聊生，抢劫杀人的事件时有发生。一年，有三个土匪到黄里寨子里抢劫杀人，愤怒的村民抓住了两人，一人则逃脱。那个逃犯躲进古槐树的树洞中。这天，正巧刽子手路过树旁，抽刀砍断一截树枝，竟然同时砍下逃犯的头颅。验证了“法网恢恢，疏而不漏”的格言，也给古树增添了一抹神秘的色彩。

百年黄连木 黄里有树龄 100 年以上的黄连木 11 株，均在古侧柏群中。大树主干高达 10 多米，粗大的树干要两三个成年人方能合抱，巨大的树冠直径达 20 多米。黄连木为一种落叶乔木，因其木材色黄而味苦，故名“黄连木”或“黄连木树”。黄连木的根皮入药可治痢疾、霍乱，故又名“黄连茶”“茶树”“药树”。在缺医少药的年代，黄连木挽救了黄里村不少人的生命。

到了春天，黄连木长出红色的嫩叶，开出淡黄色的小花，风一吹飘出阵阵清香；到了秋天，树叶变成深红或橙红，树上还会落下黄豆大小的籽。若是摘下一片黄连木的树叶含在嘴里，开始时会感觉有些苦涩，后味便是淡淡的甘甜。

石榴古树 黄里石榴历史悠久，有两千年的栽培历史。明嘉靖年间，吴梦骞《随

元明时期的石榴古树（2013 年）　冯广天　摄

年》中记载黄里石榴“颜色鲜美、气味芬芳、粒大籽软、汁甘而浓”。清乾隆年间，黄里石榴曾被作为贡品进献宫廷。黄里境内尚存有多株元明时期的石榴古树，经过剪枝施肥科学管理，现在仍保持旺盛的生命力。在石榴园的深处，有几棵最为苍老的石榴古树，有的枕石半卧，似与人语；有的以木支撑，似策杖迎宾。尤其是被称为“石榴王”的古树，尽管形枯干老，树皮斑驳，但仍尽量舒张枝丫。

黄里古侧柏（2017 年） 韩云峰 摄

生态村庄

黄里村依山傍水，风景秀丽。20 世纪 90 年代后，随着社会经济的持续快速发展，农村环境次生污染问题日益突显。黄里村加大农村环保宣传力度，加强农村污染治理、发展清洁能源等。2008 年，黄里村开展创建生态村工作，编制《相山区渠沟镇黄里生态村建设规划实施方案》。按照规划要求，扩建并绿化村内道路，完善污水管网、自来水管网、环卫设施等。治理村庄生活污染，纠正农户乱扔垃圾的不良习惯，实行生活垃圾“户集、村收、镇运”统一处理。推广使用清洁能源，开展四旁植树，推行秸秆综合利用。按照标准建设村“两委”办公场所和党员群众活动中心。2011 年，黄里被评为安徽省生态村。黄里村逐渐发展为生态观光园和农家乐休闲旅游基地。

黄里依托自身的山水生态资源禀赋，持之以恒加大生态文明建设，建设村内道路，绿化美化村庄，改善人居环境，促进农民持续增收。人与自然和谐、协调发展。

◉ 生态村庄建设规划

2006年，相山区编制生态建设总体规划，并在全区树立李桥等生态村的建设典型，以点带面，在全区初步形成创建生态村的氛围。2008年，相山区全面开展生态村创建活动，各镇、村高度重视，群众对创建工作大力支持，各村先后编制了创建实施方案。

2008年，黄里村正式启动省级生态村创建工作，成立省级生态村创建领导小组，按照“生态发展、生活富裕、乡风文明、村容整洁、管理民主”的要求，编制《相山区渠沟镇黄里生态村建设规划实施方案》，明确创建工作的指导思想、基本原则、主要目标，明确创建任务和实施步骤。组建创建省级生态村领导工作小组，加强对生态村建设的领导。该方案对黄里村的经济发展以及道路、供水、供电等各项设施建设进行全面规划，并针对脏、乱、差的现象进行大力整治。通过实施规划，改变了黄里村落后的村容村貌，促进了农民持续增收，村民的生态环境和生产生活环境彻底改观。黄里村成为市民休闲、度假、采摘、观光旅游的好去处。

◉ 生态村庄建设

村级组织办公场所建设 2008年起，黄里村新建、扩建村委会、社区居委会等办公场所，同时建设村级社会服务中心、文化活动中心和党员群众活动中心。投资70万元建设村民活动中心。投资20.8万元用于社会事业和公益事业，包括新建计划生育服务室、远程教育室、卫生室等场所，新建环保永久性宣传栏5个。截至2016年，黄里、前黄、后黄、下街4个社区居委会全部进行新建、改扩建和维修。

修建村内道路 2008年起，黄里村陆续修建村内和果园水泥道路，解决村庄交通问题，优化村庄环境。投资200多万元用于基础设施建设，包括村内道路5千米和巷道3千米硬化工程建设。新修果园道路3千米，新打深水井2眼，新建蓄水池10座，并完善了所有管道等配套设施。2011—2015年，建成黄里桥头六角凉亭、和谐路、北大圩水泥路等。

村庄绿化美化 黄里村依山傍水，村民历来有在房前屋后种植杏树、柿树、桃树等树的习惯。经过多年发展，黄里呈现“树荫、叶绿、花繁、果硕”的农村新风貌。2008年起，黄里村加大村庄绿化整治力度。共整治房前屋后环境16800平方米，美化民房12500平方米，整修下水道2500米，种植行道树3600株。每年组织专人清理河道、沟渠的杂草、污泥、废物，并在村街道和河道防护堤按照“河边柳、路边花、房前屋后经果林”的要求，大量种植树木和经果林。美化环境的同时，增加了村民的经济收入。按照美好乡村建设规划，对原有房屋“穿衣戴帽”，统一粉刷白墙、清除杂物、整理草垛等，村庄面貌焕然一新。

黄里社区办公场所（2016年） 邱玉田 摄

村庄环境治理　20 世纪 90 年代，随着经济社会的持续快速发展，农村环境次生污染问题成为危害村民身体健康的重要因素。黄里村把农村污染治理与废弃物资源利用、清洁能源发展相结合。2008 年，开展生态村创建活动，编制生态村建设规划，严格治理违规偷采林木、非法捕猎野生动物行为。针对村容村貌不整洁、不美观的现象，进行全面治理，改变了过去在居民院内和村庄的便道乱堆乱放生产、生活材料的不良习惯。为提高全村人民的环保意识，通过写标语、办专栏、发放宣传资料及召开群众会议等多种形式，倡导村民使用有机肥，减少化肥农药的使用量。回收废旧农膜，综合利用畜禽粪便和秸秆，不乱倾乱倒生活污水和垃圾。营造“人人争做环保使者，大家共创环保生态村”的良好氛围。

是年，渠沟镇投资 20 万元，恢复建设黄里村 2000 米受损供水管网及部分配套设施。大部分村民使用太阳能、电能、沼气、液化天然气等清洁能源，清洁能源普及率达 85% 以上。投资 380 万元，积极推动人畜饮水工程管道设施建设、200 口沼气池建设、2 处污水渠工程建设、20 个垃圾池建设；投资 105 万元用于农业产业化发展，包括 100 亩黄里软籽石榴示范基地技改项目、发展散养土鸡项目、养殖场所的环保改造项目等。2010 年，以“清洁乡村、美化家园”为切入点，按照突击清理和经常清理相结合的办法，村干部包片、组长包组、农户包房前屋后，开展农村环境卫生清洁工程。修建存放垃圾周转箱 25 个和垃圾箱 150 个，基本覆盖全村每个角落，并聘请 20 名保洁员负责村内所有道路的卫生清扫保洁。渠沟镇配备的垃圾清运车每天定期对各垃圾池的垃圾进行清运，并送到垃圾填埋场进行无害化处理，无害化处理率达 90% 以上。2011 年，黄里村被评为“省级生态村”。

2012 年，按照“户收集、组建池、村清运、镇处理”的模式，对农村垃圾进行集中处理。新建水冲厕所 2 座。2014 年 7 月 1 日，生活垃圾由昌邑市康洁环卫工程有限公司承包收集进行无公害化处理，沿街约 50 米放置一个带盖垃圾桶，定时拉走，并在大街小巷配备专门的保洁人员，基本解决了村民生活垃圾的丢放问题，村内环境卫生得到彻底改善。

秸秆综合利用　黄里少数农户为省工省钱、便于田地耕作，有焚烧秸秆的习惯。该种习惯既浪费资源，又会造成环境污染。2008 年开始，黄里村把禁止焚烧秸秆、推进秸秆综合利用作为生态村建设、环境整治的重要环节，扎实推进秸秆禁烧工作。加大宣传力度，组织村“两委”、生产队长向村民发放关于秸秆禁烧的《致农民朋友的一封信》，

生活垃圾集中清运（2016 年）　　邱玉田　摄

向广大村民仔细介绍秸秆禁烧的意义；通过悬挂条幅、张贴公告、书写墙壁宣传语等方式向村民进行深入宣传。通过全方位、多措并举的宣传，广大村民认识到秸秆焚烧的危害性和严重后果。黄里村主要以种植小麦、大豆为主，种植面积较小，秸秆数量有限，少数种田大户把多出的秸秆出售给养殖农户作饲料用，利用率达 100%。

◉ 矿山治理

黄里片区原有 29 家采石厂开山采石，随着城市的西延及相山绿化，该片区被淮北市人民政府列为封山育林禁采区。至 2004 年 6 月，黄里采石场被全部依法关停。对关闭的采石场采取垒墙封路等措施，严防偷采。加大对非法开山炸石的惩治力度，绿化采石塘口及周边荒山，矿山生态环境明显改善。2005 年，相山区对首批国家矿山公园——安徽淮北国家矿山公园进行规划设计，规划主要景点有桃山峪溶洞，桃山峪攀岩场周边矿山环境治理，寒武系古生物化石遗迹、奥陶系地层剖面的保护与开发。项目总占地 420 余亩，总投资 1500 万元。总体工程分两期完成。一期工程主要是对采石场进行山体的修复与整理，场地平整；对寒武系、奥陶系地层及周边进行整理保护；对溶洞进行勘察保护和开发；对攀岩场岩壁进行修整、清理和加固；对景区停车场及路网的建设和绿化工程；对工程中形成的废石，合理自行处理。

2006 年，对黄里非法开采的采石场彻底清理关闭，停止供电，拆除机械设备。2007 年，对黄里开山炸石实行 24 小时监控，防治偷采偷炸石的违法行为。2010 年，非法采石情况得以遏制，切实保护了矿山生态环境。

◉ 河道治理

萧濉新河贯穿黄里村境，在黄里境内长 8.93 千米，来水面积 1189 平方千米。上游水质较好，符合国家二级、三级地面水质标准，下游则污染严重，氨氮、亚硝酸盐氮、硝酸盐氮含量均高。河道附近的居民经常将生活、生产垃圾排入河道，造成河道污染。1991 年 8 月，萧濉新河水污染防治工程被列入水区域污染防治的重点工程之一，环保部门持续多年加强对萧濉新河主要污染物指标进行监测，准确了解水质情况，评价水污染控制效果。同时对萧濉新河的河岸进行造林绿化，美化环境，涵养水源。

1997 年，进行老濉河治理，开挖河道 3.7 千米，维修涵闸 2 座。2013 年 4 月，老濉河上游大部分河段已经干涸，芦苇丛生，自然淤积深度达 1 米，严重影响了沿岸居民的生活质量。淮北市人民政府投资整治老濉河，开展河道疏浚、河床清障、堤防填筑及生态护坡等工程建设，改善沿岸生活、生态环境，恢复老濉河“水清岸绿”。

濉河绿化（2003 年）　　市方志办　提供

萧滩新河治理成效显著（2012 年）　　邱玉田　摄

2001 年，相山区全面疏浚湘西河。2012 年，实施湘西河清淤疏通工程，改善河道水环境。2013 年，实施湘西河景观带综合治理提升工程，河道两岸栽植树木进行绿化，生态环境有所改善。

◉ 林业保护

植树造林　新中国成立后，黄里重视发展林业，村民植树造林，保护森林，栽种大量的果树、楝树、椿树等。黄里东山坡有方圆几十亩的古侧柏群，是丁姓墓园林地，新中国成立后收归国有，属濉溪县林业局管理。50 年代末期，根据国家关于确定林权，保护和发展林业的若干政策，执行“国营造林和集体造林并重”的方针，实行“国造国有，社造社有，社员房前屋后植树归个人所有”的政策，林业有所发展。1958 年，濉溪县黄里园艺场成立，林业生产基地初步形成。山林由社队派人管理保护，称为绿化队。每个生产队派 2~3 人，大约有 30 多人。绿化队的职责：一是看管；二是栽种；三是收获。队员由生产队记工分。20 世纪 70 年代中后期，黄里开展退耕还林、林粮间作。在幼林、幼果地里，利用行间、株间空隙土地，间作低杆农作物、蔬菜等，以耕代扶，疏松土壤，消除杂草。黄里村实行“山、水、田、路综合治理”，林业有了很大发展。在萧濉新河两岸、湘西河两岸大面积栽植泡桐树，湘西河以西黄王路、黄张路两侧全部栽植杨树，西湖可耕地的小路两侧栽植刺槐、杨柳树等，村内房前屋后栽植泡桐树、石榴树、柿树等。80 年代后，黄里推行林业“三定”政策，即稳定山林权、划定自留山、确定林业生产承包责任制。生产责任制有三种形式：集体林木归集体所有，专人管理；个人联产承包土地上所栽树木，由个人联产管理，收益分成；个人在宅院和自留地种植的树木归个人所有。

由于特殊的地理环境因素，黄里较多山体荒芜。1990 年，淮北市掀起荒山造林、绿化村庄的热潮。1992 年，黄里 5500 亩山区的荒山基本绿化完成，植树 16.34 万棵，其中石榴树 62666 棵、杏树 58734 棵、柏类 42000 棵。1996 年，实行“谁栽谁有，树随地走，谁栽树，谁收益”的政策，鼓励农民承包、租赁荒山，进行造林绿化。山林全部承包给农民，林区既有护林房又有护林人员。黄里山区实现“松柏盖顶，杏树缠腰、石榴盘根、果蔬延伸”，黄里林业二次创业示范点通过省绿化委员会验收。2002 年 6 月，淮北市人民政府作出在黄里山封山育林的重大决定，同时取缔一批采石厂。2004 年 7 月至 2005 年 4 月，重点绿化前黄山场。2005 年 7 月至 2007 年 1 月，重点绿化妈妈山、前黄东山等山场。2006 年 10 月至 2007 年 8 月，绿化天藏寺周围顶部山场。2007 年 9 月至 2008 年 7 月，绿化拖拉山、寨墙山等，面积约 2000 亩，栽植苗木 13.86 万株。2014 年，清除古侧柏群内

植树造林成果显著（2016 年） 冯广天 摄

古树名木挂牌保护（2016 年） 冯广天 摄

的各类杂树，补栽侧柏树 530 株。截至 2015 年，黄里有原生态山场面积 12000 多亩。村民还在房前屋后“见缝插绿”，栽植树木，基本形成“村在林中、院在树中、人在绿中”。黄里绿化覆盖率在 55.9%以上，荒山秃岭的面貌得到彻底改变。

古树保护 古树名木是林木资源中的瑰宝，被称为“活文物”“活化石”，在维护生物多样性、生态平衡和环境保护中有着不可替代的作用。黄里有皖北地区罕见的面积最大、株数最多的古侧柏群。树龄多为 300~600 年，树干挺拔，参天覆地，华盖连绵、生机盎然，是一个“数代同堂”的“大家族”。20 世纪 90 年代，黄里古树保护工作逐步加强。2005 年 4 月，淮北市人民政府出台《淮北市古树名木保护管理办法》。2006 年，林业技术人员按照《全国古树名木普查建档技术规定》，对全市古树名木进行调查，并建立电子档案，明确古树名木的管护责任单位或责任人。2010 年，开展古树名木挂牌保护工作，黄里重要古树均建立保护牌或保护碑。据统计，截至 2012 年年底，黄里有侧柏树木群一处，面积约 70 亩。侧柏树高平均 13 米，平均胸围 130 厘米。截至 2013 年 5 月，黄里有古柏 453 棵，黄连木 21 棵，千年唐槐 1 棵。

生态林建设 黄里共有土地总面积 1.53 万亩，果园林地 0.34 万亩，约占村土地总面积的 22%。大量山地适合发展石榴、杏、葡萄、梨等特色经果林。二十世纪五六十年代，黄里以栽培石榴、葡萄、杏为主。70 年代，增加苹果、梨、枣、桃等栽培品种。1984 年，葡萄园全部承包到户，年生产水果 35 万千克。80 年代中期，开始大面积选育石榴新品种。90 年代，相山区加速调整林业结构，因地制宜栽培高效经果林，集约型果树生产发展较快，黄里村沿山建成 2000 亩石榴精品园，同时开始成片栽植葡萄，并建成 2000 亩葡萄园。90 年代中期，随着庭院经济的发展，黄里村还发展了以柿树栽培为特色的庭院果树经济，石榴园面积扩大到 3000 亩。2002 年，相山区申请在黄里片区、李桥片区建立 5000 亩无公害水果生产基地。主要品种为黄里石榴、笆斗杏、葡萄、黄金梨、甜油桃等。2004 年，黄里村对葡萄树进行更新改造。至 2005 年年底，黄里村葡萄种植面积达 2100 亩。2006 年，实行农民承包治理荒山，种植杂果，建成黄里千亩石榴园。至 2015 年，黄里经果林种植面积不断扩大，档次不断提升。在改善该地区生态环境、优化农村产业结构、扩大农民就业、增加农民收入、振兴地方经济、促进农村社会稳定等方面发挥了重要的作用。

附：黄里园艺场

黄里园艺场位于相山西北，东濒萧濉新河，西临湘西河，建于 1958 年 3 月。园内土层厚，为冲积沙质壤土。地下水位较低，属于黄河故道果区。该场果粮并举，从萧县、砀山县、河南省等地引进果树苗木，至 1960 年，共定植果树 2050 亩，主要是苹果、梨、葡萄。苹果有 14 个品种，其中生长良好、丰产的品种有金帅、元帅、红玉等。葡萄有 10 多个品种，以玫瑰香、黄金钟居多。1961 年起，有 1090 亩果园开始产果，至 1966 年水果产量达 24.45 万千克。1970 年疏浚萧濉新河，果园面积略有减少。1976 年，建葡萄酒厂；1977 年，开始生产红葡萄酒、白葡萄酒。1983 年，又增建汽酒车间，生产葡萄汽酒。

1985 年，该场实有果园 946 亩，其中苹果 346 亩，梨 426 亩，葡萄 174 亩。全场拥有职工 134 人、汽车 1 辆、拖拉机 5 台、电动机 15 台、房屋 115 间共 3250 平方米。是年，水果产量达到 52.5 万千克，生产葡萄酒、桂花酒、香槟酒、汽酒共 400 多吨。水果和果酒主要供应淮北市场，也远销苏、浙、闽、湘等省。总产值 38.5 万元，利润 2.8 万元。随着改革的深入，2003 年园艺场由自收自支事业单位转为国有企业单位，2006 年园艺场职工全部进入社会保险序列。

◉ 农业保护

黄里自古以农业为主，粮食作物主要有小麦、大豆、高粱、玉米、绿豆。经济作物有棉麻、油料、瓜类、水果类。油料作物有花生、芝麻等。

绿色种植 新中国成立前，由于土壤贫瘠、生产力薄弱，再加上旱涝天气，亩产不足百斤。20 世纪 50 年代中期产量稍高，亩产可达百余斤。60 年代后，畜力增强，农家肥质量较高，又引进新品种碧码 1 号，小麦亩产增产 10%~30%。这是黄里村小麦品种的第一次更新。70 年代，普及丰产 3 号小麦良种，实现小麦品种第二次更新，引进阿尔巴尼亚 1 号、泰山 1 号。土壤肥沃，加上化肥和农家肥的合理施用，小麦增产较快，亩产 150 千克左右。村民实行科学种植，注重施用农家肥，增强地力。至 2010 年，小麦亩产达 400 千克以上，部分土地达 500 千克以上。至 2015 年，小麦亩产呈增产稳产的趋势。

大麦生长期短，晚种早收，耐瘠薄，一般作搭配种植，只占秋种面积的 5%~10%。大部分用作牲畜的饲料。也有的人把大麦面用文火炒熟，加入适量白糖，用开水冲成糊状，便可食用。

新中国成立前，黄里种植高粱较多。至 20 世纪 70 年代末，高粱作为夏粮种植面积占全村种植面积的 20%~30%，其产量较高，亩产 100 千克。高粱秸秆（黄里当地称秫秸）还可作为农民盖房的一种必要建材，可作屋耙用。黄里的高粱品种主要有黑柳子、黄柳子、黄米糙、铁杆糙等，实行承包责任制后，基本不再种植。

黄里村种植玉米很少，村民只是在地边、地头种几棵。20 世纪 80 年代中期，村民曾经大面积种植玉米。玉米大多用作饲料，因价格高、销售快，一定程度上也增加了农民收入。进入 21 世纪，由于轻壮劳动力进城打工，玉米秸秆砍伐比较困难，种植面积也逐年减少。

20 世纪 70 年代之前，黄里很少种谷子。70 年代中期，种植面积扩大，山地、自留地都种上谷子。1994 年秋，谷子亩产上千斤，最低也有三四百千克。由于驴、马、骡等一些圆蹄牲口在村内逐渐减少甚至绝迹，谷子秸秆没有用途，另外加上谷子不好加工，黄里人也就不再种植。

每年 6 月麦收之后，黄里村便开始点种黄豆，当地有“种豆不废田，种一年肥两年”的说法。新中国成立初期，村民仍沿用传统的耕作制度和栽培方法，每年黄豆的播种面积虽然较大，但产量较低，亩产也只是三四十千克。后由于科学管理、科学施肥，使用优良品种，产量增长较快，2005—2010 年，亩产达 75 千克以上。2010 年后，由于黄豆产量下降，基本不再种植。

20 世纪 80 年代前，黄里种植豌豆的面积较小，且多为传统品种，角小、粒少、产量低。90 年代后，豌豆种植面积逐年增多。选取优良品种，种植晚，成熟早，是城里人的最爱。黄里人偏爱在山地、沟沿、河岸种豌豆。2010 年后，西湖地也开始种植豌豆，产量高。从农历三月十五到农历四月十五，均有豌豆出售。黄里村平均日出售豌豆万斤有余。有的村民仅靠豌豆一项的收入就达 5000 多元。

新中国成立至 20 世纪 70 年代，红薯品种都以胜利百号为主。1968 年，引进栗子香、徐州大紫、郑州红等品种。1979 年，引种徐州 18 号。2013—2015 年，丁威采购优良品种红薯新农 1 号，红皮、白瓤，口感香甜可口，带沙，每年种植 5 亩，亩产大约 3000 千克，一季收入可达 15000 元以上。

黄里的山芝麻出油率高。每 1.1~1.2 千克湖地芝麻可榨香油 0.5 千克，黄里的山芝麻只要 0.9~1 千克就可榨香油 0.5 千克。黄里山芝麻虽然质量好，但产量偏低，种植面积较小，村民多自产自销。2012 年后，因黑芝麻是很好的滋补品，逐渐受到人们的追捧，市场需求量增大，种植面积逐年增多。

黄里种植的瓜类主要有西瓜、菜瓜、甜瓜等，且多在棉田里套种，自家食用，很少上市。20 世纪 60 年代，生产队把瓜类作为一项经济收入才开始扩大种植面积，一个生产队种三五亩，最多十亩左右。小瓜品种较多，出名的有红种菜瓜、北海瓜、九道青，口感脆，瓜甜香。有一种瓜个头大、口感面甜，被黄里人称为“老妈喜”。

黄里人喜种西瓜，个别生产队还从外地聘请瓜匠住在村里指导种植西瓜。1971 年，第一生产队种植白皮西瓜，个大、皮厚、沙瓤，甜度高，最大的重 25 千克。后来引进早熟品种“胎里红”小西瓜。在山地种植，成熟期可提前半个月。有种“打瓜”，籽大粒多，一般不被上市出售，过路人吃瓜不收钱，只留下瓜子。1973—1974 年，丁仰振在自家自留山地上种“胎儿红”，一年两季，春天用地膜覆盖，由于山地地性暖，夏收时节（6 月），他的西瓜就成熟并上市销售了。由于糖分高、口感佳，销售快。而那时，露天的西瓜才刚刚开花。第二季西瓜在夏收后种，秋季即可收获，共种植八分地，一年收入可达 1000 多元。

黄里村的桃树种类有大红花、小红花、雨花露、五月鲜、吊白桃、大白桃等，主要分布在萧濉新河两岸。桃树种植对土壤肥力要求不高，施肥少，成年树剪枝时，粗枝轻剪，细枝重剪，当年枝条就可形成花芽。由于矮化果树有利于提早结果，增加产量，改善品质，减少投入，提高土地利用率，种植数量逐年增加。

黄里酥梨能与砀山梨媲美，甚至比砀山梨糖分还高。黄里梨树有 400 多年历史，如今老梨园已经没有了，都变成了村民住宅，新梨园都在西湖地，由可耕地改种。

黄里葡萄主要分布在西湖地，还有山脚开荒地。品种有玫瑰香、红玫瑰、黄金钟、巨峰、夏黑、龙眼、马奶等。栽种时，带根的更容易成活，插枝也行。成年树立春前后剪枝，结果枝留2个叶芽即可，其余均剪去。生长期去复芽，留冬芽，果穗出来后要留5片至7片叶，其余均去掉，另外还要掐去穗尖。

黄里的蔬菜种植远近闻名。新中国成立之前，村庄内的好地多用来种菜，共集聚七大块菜园地200多亩。1950年土地改革后，家家户户都分有菜园地。1958年成立人民公社后，土地划归生产队管理，黄里村每个生产队都有20多亩的大菜园，且成立专职负责菜园管理的"菜园组"，专门抽有种菜经验的人员负责菜园管理。菜园种的蔬菜除少量分给村民外，大部分都对外出售，这也是生产队的一项不少的收入。蔬菜品种繁多，有菠菜、菊花心、大白菜、黑白菜、青菜、芹菜；青萝卜、红萝卜、三月糠小萝卜；番茄、黄瓜、北瓜、南瓜、冬瓜、丝瓜；豆角、四季梅、梅豆、蚕豆、豌豆；葱蒜、洋葱、韭菜；蘑菇、香椿、茄子、辣椒、莴苣等。1980年以后，分田到户，生产队的菜园组被拆分，再加上村内人口增加，新建住房占用了原来的菜园地，成片的菜园地渐渐消失。

病虫害及防治　新中国成立前，虫害时有发生，多为蝗虫灾害。蝗虫飞来遮天蔽日，庄稼被一扫光，俗称"过蝗虫"。二十世纪五六十年代，虫害较多。1952年7月，发生蝗灾。1953年5月下旬至6月上旬，玉米螟危害高粱、谷子、玉米，每株作物有虫3~15条，7月上旬则有豆天蛾虫害。1955年夏秋季，有蝗虫灾害，另有豌豆象、地老虎、麦蜘蛛、棉铃虫危害。1959年4月，小麦红蜘蛛病严重。1963年春，小麦遭受蛴螬、蝼蛄、红蜘蛛侵害。70年代后，逐渐使用农药，虫害大大减少。

小麦病虫害主要有小麦锈病、黑穗病、白粉病、麦蜘蛛、蚜虫、吸浆虫等，主要采取喷洒农药、选用抗病品种等方法进行防治。

棉花虫害有棉蚜虫、棉叶螨、棉铃虫等。20世纪50年代危害较轻。六七十年代，主要用1605、1059、乐果等农药防治。80年代，改用呋喃丹、杀虫脒、达净松、氧化乐果、敌杀死、速灭杀丁等农药，效果良好。

红芋病害有烂根病、黑斑病等。1978年，烂根病比较严重。1979年，推广徐州18号新品种，病害得到有效控制。红芋黑斑病以贮藏期发病最重，甚至全窖烂光。采取抗菌剂401、抗菌剂402杀菌浸种，火坑育苗，高温大屋窖藏以及切片贮藏的防治方法。

杂粮虫害有玉米螟、豆天蛾、豌豆象、大豆食心虫等。早期主要靠人工捕杀。20世纪 70 年代后，主要使用六六六粉、二二三、毒砂颗粒等农药防治。80 年代后，用敌敌畏、晶体敌百虫、辛硫磷、菊酯类农药。

蔬菜病虫害有地老虎、菜青虫、蚜虫、小菜蛾等。地老虎的幼虫把菜近地面的茎部咬断，使整株死亡并造成缺苗，严重的甚至毁种。用 2.5% 敌杀死或 2.5% 功夫乳油等菊酯类剂兑水，于当日 16 时后喷雾可以防治。菜青虫的幼虫食叶，两龄前只啃叶肉，三龄后蚕食整个叶片，该种虫危害最大，严重时蔬菜仅剩叶脉和叶柄。另外虫粪污染青菜，也会导致青菜减产又低质，降低菜的经济价值。采用 1% 的石灰水或 3% 的过磷酸钙浸出液，在粉蝶产卵盛期和高峰期喷洒两次就可抑制粉蝶产卵。蚜虫危害寄生植物，造成叶片蜷缩变形，分泌的蜜露使叶片发生杂菌，严重影响光合作用，致使叶片干枯死亡。用 50% 的抗蚜威或 25% 快杀灵防治。小菜蛾初龄幼虫钻入叶片仅食叶肉，稍大则啃食下表皮和叶肉，残留上表皮，在菜叶上形成透明的斑，人们称为“开天窗”。三龄至四龄幼虫可将菜叶食成孔洞，严重时全叶被吃成网状，在苗期常集中心叶危害。用 2.5% 的菊酯类农药或 2.5% 功夫乳油防治，为防其抗药性，两种药可轮换使用。

黄瓜虫害及病害，温室有白粉虱、小地老虎。白粉虱用阿克泰 5000 倍液或 7500 倍液 + 功夫 3000 倍液，严重年份需加盖防虫网。防治小地老虎危害，需在傍晚时喷施功夫 1000~2000 倍液，或辛硫磷 1000 倍液灌根。黄瓜病害有霜霉病、白粉病、炭疽病、灰霉病。霜霉病发病初期有水渍状多角形病斑，湿度大时背面病斑出现黑色霉层，严重时造成叶片焦枯死亡。防治方法：保持透风，少浇水，用 50% 菌成兑水 2000 倍液喷雾，每隔 3~5 天喷一次。白粉病以叶蔓受害为主，初期叶片两面出现白色近圆形小粉斑后扩展大片白粉区，严重时整叶都是白粉，发病后期霉斑变为灰色，病叶黄枯有黑点。防治方法：选用抗病品种，进行科学田间管理。用天诺颗粒丰杀菌型兑水 1000 倍液喷雾 5~7 天一次，喷 2~3 次即可。

番茄病虫害有番茄炭疽病、番茄猝倒病、番茄立枯病等病害及甜菜夜蛾虫害。甜菜夜蛾三龄以上的幼虫可钻蛀番茄果实，造成落果、烂果，防治方法可选用 2.5% 的功夫乳油或 20% 的速灭杀丁乳油 1000 倍液喷雾防治。番茄炭疽病在高温、高湿条件下发生，病果初生水渍状透明小点后扩大成略有凹陷，有同心轮纹的黑色病斑，其密生小黑点，温度高时病部可以分泌出红色黏稠物，造成果实腐烂或脱落。防治方法：在果实膨大期避免果实上形成伤口。进入雨季，应除涝降湿。绿果期用 50% 多菌灵可湿性粉剂 800 倍液或用 50% 甲基硫菌灵可湿性粉剂 500 倍液喷洒植株。番茄猝倒病在苗茎基部表土处发生缢缩，幼苗失去支撑力而发生倒伏。严重时成片死亡。发现病株可用 64% 杀毒矾 500 倍液，7~10 天喷一次。番茄立枯病在苗茎部出现长圆形或椭圆形病斑，明显凹陷，地上部白天萎蔫，夜间恢复。病斑绕茎一周，幼苗渐枯死。发病时可用 25% 瑞毒霉可湿性粉剂 900 倍液喷洒，每平方米喷 2~3 升，7~10 天一次，2~3 次即可。

绿色养殖 黄里畜禽资源丰富，主要有牛、马、驴、骡、猪、羊、兔、鸡、鸭、鹅等。畜又分大家畜、小家畜两种。大家畜主要有牛、马、驴、骡等；小家畜主要有猪、羊、兔等。家禽类有鸡、鸭、鹅等。

二十世纪五六十年代，牛的饲养受法律保护，禁止乱宰乱杀。犁耕耙拉，拉车运货，都使用牛，且牛有力气，能扛重活。一直以来，凡有条件的家庭，或种庄稼的好手（有条件的），都养一两头牛。黄里以黄牛居多，体格匀称，健壮，骨骼结实，体形较大。力大，生长发育较慢，公牛角较长，多向前伸，母牛角较短形状不一。棕色、黑色、黛色毛色较少。1957 年起，黄里村引进荷兰牛与本地牛杂交；1962 年，引进蒙古牛；1982 年，又引进西门塔尔牛与本地牛杂交。90 年代后，随着农业机械化普及，黄里养牛数量日益减少。

马多为杂交种，毛以红色居多，称枣红马，黄色、白色、黑色、青色较少。马身体高大，皮厚毛密，头重颈短肌肉发达。1953 年，引进苏高血马与本地马杂交；1960—1962 年，又引进蒙古马、新疆马。

黄里的驴体躯属中型、小型，四肢刚健。皮厚毛密，毛色多为青灰色。蹄呈黑色，圆形，背腰平直，头重颈细。而且吃食少，一般家庭都能养得起。1976 年前后，大多家庭都有毛驴车，毛驴体轻不压地，既能耕田、运肥、运庄稼，又能拉磨、拉车搞运输挣点“外快”。黄里有句顺口溜——“小板车，毛驴拽，一天挣得七八块。”

黄里饲养的骡分为驴骡、马骡两种。马骡是以马为母本，驴骡是以驴为母本。驴可以耕地、拉磨、运输，是农民的好帮手。

黄里的猪呈黑色，大耳朵，嘴长，产仔多，抗病力强，但生长慢。1953 年，引进马克夏。1956 年后，又引进金华猪、长白猪。20 世纪 80 年代中后期，又引入杜洛克、长白猪、约克猪等，均为混血猪，瘦肉型，生长速度快，出生到出栏大约需 6 个月至 8 个月。2015 年，黄里村有几个小规模的养殖户，一般饲养百十头猪。猪主要患猪瘟、猪丹毒、仔猪副伤寒、猪肺疫、猪口蹄疫、气喘病、破伤风、低热病等。五号病，即口蹄疫，为人畜共患病，多在冬春季发生，危害较严重，六七十年代屡有发生。进入 21 世纪，该病较严重。其他疫病，发病并不常见。

黄里养羊最为普通，有绵羊、山羊两种。新中国成立初期，黄里饲养的绵羊多为大尾寒羊和小尾寒羊。大尾绵羊耐粗饲，善爬山，适于放养，但产毛量低，毛质差且产仔少。小尾绵羊，不善爬山，适于圈养，产仔多为双羔，产毛量也不高。山羊，毛短，多为白色。1950 年前，黄里有刘加曾、刘加荣、丁仰权等几家养羊大户，每户都有 200~300 只，大多放养。1960 年后，黄里村 8 个生产队，队队都有羊群，大群 200~300 只，小群 100~200 只，有山羊、绵羊。一般都是由较有经验的放牧者牧羊，上午露水消失后羊群上山，几个生产队的羊群，各占山头。放牧者带点干粮作为午饭，下午 4 点多下山，把羊上圈。到黄里杏的成熟期，树下落满了熟透的杏，羊群路过树下，争先恐后吞食熟透的杏。第二天一早，每只羊的身边都有一小堆杏核，比用手剥的还干净。牧者每天收集杏核，一季可收几百斤。

20 世纪 60 年代末至 80 年代初，黄里大量引进美利努绵羊、新疆细毛羊、东北细毛羊，黄里村家家户户都会饲养几只绵羊。饲养绵羊成本低，饲料以草为主，夏季为鲜草，冬季为干草或者是豆秸和干红芋蔓，另外稍加精饲料，如麸皮、黄豆之类。每年剪一次毛，一般在立夏前，剪毛最多可达 12.5 千克左右，每千克羊毛 7.2 元，绵羊毛成为村民的一项收入。村民丁仰振曾饲养美利努绵羊，每只售价 300 元，带动了黄里村及周边村庄村民的养殖热情。后来羊毛价格下跌，绵羊的饲养日渐萧条。进入 21 世纪，绵羊售价 70 元 / 千克。村民主要养殖波尔山羊，体型大而壮，耳朵大，成羊体型像牛。一只羊可卖 1000 多元。村民刘明发、丁怀石、丁怀九、丁怀良、丁怀忍、丁怀牙几家最多养 100 多只，年收入可达十几万元。

20 世纪 50 年代至 60 年代，黄里养兔的人家极少。70 年代至 90 年代，黄里村开始养西德长毛兔，体型大，毛白而长，红眼睛。以草为主饲料。村民想让其长得快、长得好，可另外增加粮食之类的精饲料。每 3 个月剪一次毛，每只兔最多四两毛。兔毛的价格比绵羊毛贵，最高可卖到 45 元 / 千克。一般都采用笼养，兔子繁殖快，一只母兔每月可繁殖 5~6 只小兔。全村养兔的农户有十多户，规模稍大的有丁怀备、许福昌、田纯理等几家。兔病以兔瘟、兔马氏杆菌病、兔魏氏梭菌病危害最重。1984 年，黄里村发生过一次兔瘟，死亡率 20%，给养殖户造成不少损失。后来用兔瘟灭活苗注射，兔瘟得到很好控制。

20 世纪 60 年代至 80 年代，家禽饲养主要有鸡、鸭、鹅。每家每户均养几只。1979 年后，

夕照潍河鸭鹅肥（2008 年）　　邱玉田　摄

村里有了养鸡专业户，有养肉鸡的，主要以笼养为主；有养山鸡的，放在山上吃草或昆虫，虽生长较慢，但肉味香。山鸡下蛋水分少，不少城里人都是慕名前去购买。老母鸡可卖 50 元 / 千克，鸡蛋 1.3 元 / 个。

村民丁怀亮、丁雷鸣、丁建忠都是喂养山鸡专业户。2015 年，丁南山建起养鸡场。6 月，共购买 5000 只鸡苗，到是年年底就可以出栏。每只鸡平均 2 千克左右，售价 70~80 元。山鸡大多放养，荆棘丛中、石头窝中、山坡上、山谷中，到处都有鸡蛋 。

二十世纪八九十年代，潍河有水时，饲养鸭、鹅的村民很多。2011 年后，潍河干涸，只能饲养旱鸭、旱鹅，鸭、鹅每年只有上百只。

生态养鸡场（2016 年）　　邱玉田　摄

禽病较多，主要有鸡新城疫、鸡白痢、禽霍乱、鸭瘟、小鹅瘟、伤寒、副伤寒等。主要发生于农村散养的家禽中。20 世纪 80 年代初期开始禽病防治，采用注射疫苗、把药物拌饲料等方式，禽病得到很好控制。

农业生态环境保护 早期，黄里主要使用的农家肥有人粪尿、畜禽粪、厩肥、各种饼肥、垃圾肥等，村民还多利用时令节气沤制绿肥。20 世纪 70 年代，种植田菁、苜蓿等绿肥作物，伏天沤制绿肥，每个生产队挖 1~2 个大污池。割杂草，铲路边土草皮等填入池中，然后用土掩埋，灌满水沤数天，制成上好的农家肥。黄里山上有一种被称为狼毒的草药，用其接近成熟的青稞放在污池里，填土沤制成肥，不仅能肥田，还有奇特的杀虫效果。施此肥，三年之内不会生地下虫，故深受农民的喜爱。冬春季，每个生产队堆积 1~2 个棱台形状的庄稼秸秆、碎屑掺拌杂土的恶杂堆，用稀泥闭封。在土堆上端中央插有 2~3 个用高粱秸秆扎成直径为 15 厘米左右的把子。每天早晨派专人收集一家一户的小便，把小便倒在把子的根部，尿液就会顺着把子下渗。恶杂堆随气温的升高不断自然发酵，供春种时使用，肥效很好。80 年代以后，为增加产量，农民多施用菜籽饼、豆饼等。随着化肥的广泛施用和农户饲养牲畜的减少，农民乐于施用化肥。90 年代末以后，农民认为一些化肥破坏土壤墒情，于是大量购买养殖大户的畜禽粪肥等用于施肥。农家肥约占施肥量的 50% 左右，在一定程度保护了生态环境。

二十世纪五六十年代，黄里开始少量使用化肥。60 年代末至 70 年代末，使用磷肥、氮肥等。进入 80 年代，村民采用合理施用化肥、测土配方施肥、增施农家肥等措施，培养地力，减少农药使用量，推行生物防治技术。1985 年，黄里村小麦亩产达三四百千克以上。90 年代，小麦亩产可达上千斤。进入 21 世纪，现代农业生产中尽量降低化肥、农药施用量，大力施用有机肥，农田土壤有机质含量逐年上升。开展农田残膜（废旧的塑料薄膜）回收，村里有专门的废品回收站对田间废弃的残膜进行回收，2010 年残膜回收率 85%。

生态旅游

黄里村旅游资源丰富，旅游景点众多，有生态游、乡村游、工业旅游等类型。改革开放后，黄里景区逐渐得以开发，天藏寺恢复重建，菩提井、天然溶洞等景点吸引大批游人。千亩杏园、葡萄园，万亩石榴园次第建成，黄里大力植树造林、绿化山体，农家乐渐渐兴起，逐步形成集生态、观光、休闲三位一体的乡村旅游产业。2008 年，黄里村西部建设淮北凤凰山经济开发区，大力发展食品工业，从而催生了黄里“工业旅游”。从 2016 年起，每年春节举办“黄里杏花节”，千亩杏花绽放，十分绚丽迷人。黄里已成为 AAAA 级相山风景区的后花园。

黄里绿水青山，风景如画，自然原生态风光令人陶醉。濉水湘溪，相灵叠翠。千年古树，银杏唐槐、古侧柏，巍峨挺拔。

◉ 景区规划与建设

黄里风景区位于相山北麓，凤凰山南侧，西临萧濉新河，依山傍水，地面辽阔，堪称 AAAA 级相山风景区的后花园。黄里景区空气含氧量高、含负离子高，灰尘少、有毒气体少。至今基本保持原生态良好自然环境。黄里景区内遍布石榴树、杏树、桃树、梨树、葡萄树等，春季杏花、桃花、梨花次第绽放；夏季树木翠绿如滴，清凉舒适；秋季彩林遍野，秋高气爽；冬季白雪皑皑，别有风味。

景区规划 黄里景区依托原有的自然资源，包括地形地貌、自然水系、山体、植被、自然景观等，以保护自然、保护生态，建设自然特色的生态旅游区为指导思想，充分利用自然条件，为人们提供一个以生态旅游、娱乐休闲、郊野度假和户外运动为主要内容的生态旅游景区。

2006 年，相山区渠沟镇组织编制《淮北市黄里旅游风景区规划》，项目内容为建设旅游风景区、观光农业区、祠堂庙宇、旅游度假区等。2007 年，黄里作为淮北市生态旅游项目，编制《瓜果黄里，山水家园》概念规划。建设内容为诗意养生度假区、四季瓜果体验区、搬迁安置居

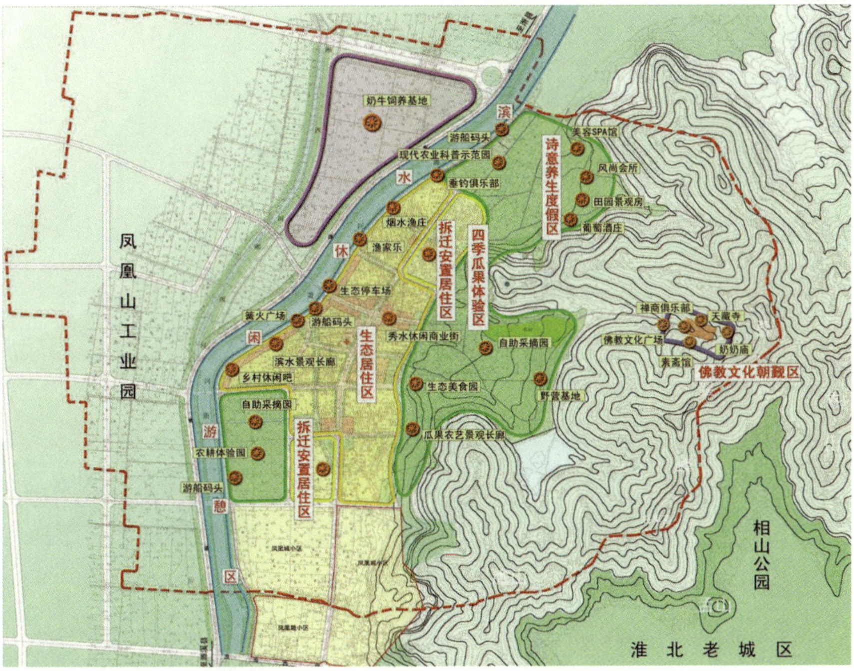

2006 年黄里风景区规划图　　　　黄里村　提供

住区、生态居住区、佛教文化朝觐区、滨水休闲游憩区等。

2010 年 10 月,《安徽省淮北市相山风景区旅游发展总体规划(2010—2020)》通过专家评审，此次规划的重点是相山公园和黄里景区两个部分，规划范围东至淮北师范大学、东山路，西至黄里、任井，南至环山路、大唐淮北发电厂，北至黄山、老虎山，规划范围约 12.70 平方千米。规划分三步走，其中黄里景区建设为中期，期限为 2014—2016 年，主要规划目标是：进行黄里、长山与博山等新景区的旅游资源开发，建设有吸引力的新的旅游项目；完善整个风景区的游赏基础设施和生态保护体系，以及安全监控系统；裸露山体植被景观风貌基本得到恢复等。基本实现由传统的综合性城市公园向开放式的风景名胜旅游区的转变。在此期间的重点建设项目有天藏寺扩建、凤凰山庄等。

2016 年，组织编制《淮北市黄里风景区建设项目》。项目建设内容为：景区大门建设、景区游客中心(次中心)及停车场、山体绿化、道路建设、河道治理、古柏林、凉亭、观景台、花世界、天藏寺景区修复等。项目占地面积约 10 平方千米，建设道路 30 千米(上山步道 10 千米、景区游览道路 20 千米)；改造河道 4 千米；建设旅客服

黄里 AAAA 级景区规划图　　　　黄里村　提供

务中心、5 个停车场、5 个旅游公共厕所、20 个休息亭阁；美化改造 40 万平方米山体；建设天藏寺景区及其他旅游设施。项目区的各个环节既是旅游景区的有机组成部分，又各自具有独立性，与所处的社会环境具有更密切、更广泛的联系。

景区建设　2016 年，黄里村加快推进 AAAA 级景区建设。黄里景区的大门以石榴、杏为主题，以较亮的色彩为主色调，展示黄里景区是以休闲旅游、乡村旅游为主的综合性景区。大门区设有巨幅园区游览平面示意图，准确标识景点和景区游览路线。建设生态文化广场，主要承载节庆仪典的开展、游客休闲集散等功能，同时突出景观功能，广场增加水景，设计叠泉景观；广场周边的绿化植物，选择既容易栽培，又能配合意境特色的乡土树种，进行密植、丛植、散植等，形成高低错落、多层次、多色彩的视觉效果，反映出春、夏、秋、冬不同的季节景观。

景区服务中心规划设计，充分体现黄里地域特色和传统文化内涵。游客综合服务中心，也是游客接待服务集散中心。同时，在子景区内设立游客次中心，为游客提供更周到的服务。服务中心设有散客及团队接待区，景区宏观多媒体展示区（景区内部分区实时直播画面、电子信息终端等），旅游自助定制区，票务服务及相关配套服务区（包含问询、超市、简餐等）。区域日游客接待量不少于 1000 人次，瞬时客流容量不小于 300 人，未来伴随周边设施和公园景观带集散功能的增强，达到日接待 2000 人左右的规模。停车场分为 1 个主停车场和 4 个次停车场，规划项目功能上主要为游客停车、游玩提供服务。游客通过道路进入停车场，然后下车经过步行系统到游客接待中心，完成相关活动后到景区环保车换乘处换乘绿色环保车进入景区游玩。

景区内部车行交通路面宽为 7 米，道路红线是 9 米，规划道路两侧后退 3 米，作为道路景观绿化拓宽预留用地。由于黄里地形特殊，景区建设有盘山道路。内部次干道主要是指规划区域各主要板块的内部车行道路系统，规划道路宽 4~6 米，满足消防车、电瓶车通行需求。内部游步道包括步行道、山间小道、生态栈道等，根据地形和游人密集程度进行针对性设计，路面宽度在 1.5~3 米。游步道系统为辅助性交通系统，栈道多为沿山、沿水，高低起伏、蜿蜒曲折，一些地段还设立比较刺激的栈道。整个游步道系统和车行道路实行人车分流，通过多个节点形成景区环形交通系统。

山体绿化是黄里景区环境建设和生态建设的核心内容。主要针对景区中荒山、矿山、岩石山体等山体，以林木为主要材料，乔、灌、草统一配置、培育的绿化实体，这对于减少自然灾害、保护生物的多样性、美化环境、维持生态平衡、保障生态建设具有重大意义。山体绿化常用的绿化苗木种子与当地周边的乡土植物相结合，促进植物群落的演替及长期的稳定性；乔、灌、草、藤相结合，土层深栽乔木，浅种灌草，底种攀爬植物、上植下挂，创造丰富的植物群落结构，同时符合植物的生长需要；落叶和常绿搭配相结合；深根系与浅根系植物相结合；局部与整体效果相结合；绿化与园林景观相结合；全面绿化与局部裸露有机结合；注重植物的抗性和适应性。

◉ 旅游景点

杏园　黄里，是淮北市有名的杏林。杏园主要分布在黄里村东山前到东南峪

游客徜徉杏林（2016 年）　　赵雪华　摄

的山坡荒地及山脚处，后黄山后和前黄小山头以南有少量杏园。二十世纪一二十年代，黄里开始种植杏树，山坡上野生与人工栽培的杏树混杂。至 2015 年，黄里杏园占地 6000 余亩，共栽种 6 种、近 15 万棵杏树，有百年的老杏树，有近年栽种的小树。

农历二月又称杏月，正是杏花初放之时。漫山遍野的杏花迎着春风，连成片，聚成堆，远看像一团雾、一片云，在山坡上或山谷中优雅地飘荡、摇曳……沿着蜿蜒的小路前行，村中人家院中、路边、地头巷间到处是杏花的世界，密密匝匝的花蕾争先恐后怒放，一树树、一团团、一朵朵，点缀深山。北宋诗人宋祁有“绿杨烟外晓寒轻，红杏枝头春意闹”的诗句。一个“闹”字，道出了杏花的热烈与繁盛，渲染出春天的生机勃勃。杏花的花神相传是杨贵妃。杨贵妃虽集三千宠爱于一身，但是在安史之乱马嵬兵变时，唐玄宗不得不应军士之求赐死杨贵妃。当时，众人将杨贵妃的尸体悬挂在佛堂前的杏树上。平乱之后，玄宗派人取回尸骨移葬时，只见一片雪白的杏花迎风而舞。玄宗回宫后，命道士寻找杨贵妃的魂魄，此时的杨贵妃已在仙山上司职二月杏花的花神了。

从杏花盛开，至黄杏成熟，再到秋日杏叶飘落的时节，都有游客驻足观赏、采摘。到了 5 月、6 月麦黄时节，恰恰也是黄里杏子成熟的时候。摘一个杏子，放在嘴里，酸甜可口，令人食欲大增。杏子的成熟期最多仅一个月的时间，转瞬即逝，接着就是整整一年的期盼。秋日的杏园，金黄的杏树叶铺满大地，阳光从树间洒下美丽的光影，宛如一幅色彩斑斓的油画。

石榴园 自古以来，石榴被人们视为吉祥果，是团圆、团结、喜庆、红火、繁荣、昌盛、和睦、多子多福、金玉满堂、长寿、辟邪趋吉的象征。黄里石榴种植迄今已有千年历史。晋代文学家潘岳《河阳庭前安石榴赋》中就有“榴者，天下之奇树，九州之名果也”的记载。石榴园原先分布在后黄村的山后整个山峪及至前黄村东山脚向南至任井村（今相山区曲阳街道凤凰城小区）界。20 世纪 90 年代，有 3000 亩的石榴园。2013 年，又在萧濉新河东岸栽植 800 亩石榴树。至 2015 年，黄里基本形成了万亩石榴基地。软籽 1 号、软籽 2 号、冰糖籽、玛瑙籽、青皮糙、珍珠红等是石榴园中的主要品种。

农历五月，俗称榴月，榴花红红火火。黄里曲曲折折的向阳山坡上，绵延数十里，面积约万亩，栽植有 30 多万株石榴树。石榴花期从农历五月一直到农历八月，唐朝诗人韩愈诗云：“五月榴花照眼明，枝间时见子初成。”在花木中，能花果并赏者石榴可称第一。这时的石榴树的叶子是碧绿的，上面仿佛涂了一层油脂，在阳光的照耀下，闪着淡淡的光泽。石榴是中国十二大花神之一。石榴花的花神传说是钟馗。五月是疾病最容易流行的季节，于是民间传说的“鬼王”钟馗，便成为民间信奉的主要神灵。生前性情十分暴烈、正直的钟馗，死后更誓除尽天下妖魔鬼怪。其疾恶如仇的火样性格，恰如石榴迎火而出的刚烈性情，因此，人们就把能驱鬼除恶的钟馗视为石榴花的花神。

待到中秋八月，石榴树上挂满了丰收硕果，轻轻地剥开石榴果皮，亮如水晶、红灿灿的石榴籽就展露出来，吃上几粒，就觉得蜜汁四溢，甘甜可口，让人回味无穷。另有一种冰糖石榴，又称软籽石榴，形圆、皮薄，籽呈冰糖色，粒大多汁，味道极甜。一般人们都觉得吃石榴麻烦，皮难剥，粒硬汁少，唯独这种软籽石榴皮薄，剥起来毫不费劲，饱满的石榴粒甘美多汁，籽却是软的，吃起来可以忽略。宋朝诗人杨万里有诗云：“半含笑里清冰齿，忽绽吟边古锦囊。雾壳作房珠作骨，水晶为粒玉为浆。”说的大概就是这种冰糖石榴。

八月石榴满枝头（2013 年） 邱玉田 摄

黄里葡萄熟了（2008 年）邱玉田 摄

春暮时分，榴芽初绽，千叶竞放。阳光下，榴叶嫩绿中透着亮晶晶的艳红，远远望去，如红云，似紫雾，朦胧如烟，美不胜收。秋暮时分，霜华初降，朔风未起，经霜的石榴叶会在此时呈现出透明的金黄色。只不过，美景非常短暂，也许持续一个星期，也许持续三两天，寒风吹来，一夜之间，便会“吹落黄花遍地金”。此时再来石榴园，便只能观枝了。石榴园内树龄几十年、上百年的老石榴树较多，每一棵都铁干虬枝，苍劲古朴。若是冬雪降临，整个榴园内玉树琼枝，晶莹剔透，宛若仙境。

葡萄园 黄里葡萄久负盛名，其栽植历史最早可以追溯到清朝中期。主要品种有玫瑰香、红玫瑰、黄金钟、巨峰等。潍河西岸 80% 以上的可耕地、黄里山后的可耕地、山前大片土质好的自留地都栽种大量葡萄，约有 6000 亩。

春天，当气温上升到 10℃时，葡萄一年的生长周期就开始了。葡萄架上密密嫩嫩的新芽铺成了满满的一片绿。几场春雨过后，新芽长成小绿叶，又逐渐变成巴掌大的叶子，布满整个葡萄架。5 月底至 6 月初是葡萄树开花的季节，葡萄花序呈穗状，花蕾最初如小米粒大小。在开花的季节，葡萄农开始捆绑和整理枝叶，使日照效果更佳。多余的枝叶也会被去除，以免浪费养分。由于葡萄品种不同，成熟的时间也不一样。7 月底至 8 月初为葡萄成熟期，大串大串的葡萄从叶子缝里垂下来，葡萄架上挂满形态各异的葡萄，有长的、圆的、红的、黑的、紫的。

梨园　黄里梨树栽植也较为普遍，主要品种有黄里酥梨、砀山梨。黄里酥梨素以皮薄多汁、无渣、糖分高而闻名。

初春，梨花盛开，花香扑鼻。梨园一片洁白，梨花争相开放。梨园的梨树大小不一。新植的梨树，树形还很细弱。年份久一些的梨树，树形挺拔，一树繁花满枝皓然。而那些老梨树，铁干嶙峋，虬枝如龙，或仰卧斜伸，或横空搏击，千般姿态。老树开新花，苍郁的枝干和柔美的花朵相映，脱离了梨花带雨的娇怯模样，反而显得雍容华贵。

炎夏，绿树成荫，清新怡人。进入夏季以后，梨树的营养生长和生殖生长速度逐渐加快。这时的梨树葱葱茏笼，碧绿的树叶密密层层，遮住了太阳，也遮住了绿色的果子。

深秋，硕果累累，沁人心脾。梨树的叶子开始呈现暗红色、棕红色、金红色、

梨园风光（2014 年）　　陈龙万　摄

黄褐色、金黄色等颜色。夏季里青涩坚硬的梨子，长成满树的硕果。剥去外层的纸袋，满树的梨子让梨园明亮许多。

隆冬，梨树苍枝婀娜，梨园静谧。

濉河景观带 “濉水萦回，浑似青罗之带”，这是淮北师范大学纪健生在《淮北赋》中对濉河的描写。濉河上游有大沙河、湘西河、洪碱河三大支流，淮北境内有龙岱河、闸河汇入。1951 年治理龙岱河时，将西流河东头堵死，龙岱河之水不再经西流河入濉河，而与下游的雷河（淮北选煤厂附近）接通，在陈路口（今相山区任圩街道境内）汇入濉河。1958 年冬，为淮北煤田的开发，将濉河改道，在渠沟至黄桥段开挖新河，后黄至黄桥，渠沟堵坝至闸河口一段仍称濉河。

濉河是淮北城区主要排水、排污通道，由于城市的快速发展，河道附近居民将生活、生产垃圾排入河道，造成河道严重污染。上游大部分河段干涸，自然淤积深

村民在濉河边休闲娱乐（2007 年）　　张峻岭　摄

达1米，严重影响了沿岸居民的生活质量。经过多年的治理，截污、清理河道、岸坡加固、栽植树木，建设老濉河公园、濉河生态公园、濉河沿岸景观带，濉河已经成为周围居民休闲的好去处。

唐代诗人白居易对濉河有着深厚的感情，把濉河当作第二故乡，常和著名的“符离五子”到濉河游玩，看到濉河湖光山色美如画卷，便吟咏出“濉水清怜红鲤肥，相扶醉踏落花归”的佳句。如今，茶余饭后或者节假日，村民们三三两两漫步在曲曲弯弯的小径上，看濉河公园三步一棵桃，五步一株柳，人走其间，如行画中。夜幕降临，华灯初上，万家灯火倒映在老濉河上，阵阵蛙鸣和水禽的嬉戏声汇成了一曲濉河之夜的交响乐。

湘西河景观带 随着工业、农业的快速发展，湘西河河道遭到人为破坏的现象较为严重。垃圾的倾倒及污水的排放，导致河道中的水质不断恶化，不仅水生物在不断地减少，而且河道淤堵较为严重。既影响了湘西河防洪功能的发挥，又严重破坏了居民生活环境。2007年，淮北凤凰山经济开发区启动建设。作为淮北市食品产业聚集发展的示范区，开发区不断加强基础建设，提高开发区承载能力。2011年，实施湘西河疏通清淤工作。2012年，在对湘西河清淤治理的基础上，开发区管委会对湘西河进行景观绿化高标准综合治理。景观带改造全线长1900米，先期启动建设1200米，南起湘西沟水闸（凤凰山人民法庭北），北至凤冠路以南，总体建设风格以江南园林为主流，建有亭廊、屏风、鹅卵石人行道和沿河垂钓区等景观节点，并加以植被、假山和草丛灯等配套设施。工程分为绿化和硬质两部分。其中，绿化部分于2013年建成，亭廊等硬质部分于2014年基本建成。湘西河景观带建成后，大大改善了湘西河两岸的脏、乱现象，成为附近居民及职工休闲、娱乐的好去处。

攀岩基地 2016年，在黄里山区已停采的采石场处，开始建设桃山峪攀岩基地。采石场经采石现存两个较明显台阶——台阶Ⅰ和台阶Ⅱ。根据采场现状，建设两类攀岩场：一类为人工攀岩壁；一类为自然攀岩壁。台阶Ⅱ岩壁通过爆破等方法去除松动的浮岩，建设规模相对较大的自然攀岩壁，供专业攀岩者或攀岩爱好者攀爬。台阶Ⅰ坡脚利用采场石灰石石料填平，建设一个休闲广场及一个攀岩基地多功能服务区，在岩壁附近增设一些规模相对较小的人工攀岩壁，供普通游客攀爬。

春暖花开（2017年）　陈龙万　摄

小天池 黄里风景区在前黄村山窝内建设黄里小天池，利用大唐淮北发电厂原来的 30 亩左右的煤灰坑，对其进行防水处理，用来积蓄雨水。同时，抽取地下水，与相山风景区的大天池隔山呼应。

古侧柏群 黄里古侧柏群中，有 300 余年侧柏 114 株，百年侧柏 339 株，百年黄连木 11 株。是安徽省淮北平原唯一一片常绿古松柏林。在古侧柏群周围辅以绿化，设立景区标志，设立停车场，方便游人观赏。

凉亭 凉亭是景区必不可少的供游人休憩的场所，黄里景区选择 20 处地点进行这一基础设施的建设，分别建成石亭、木亭，错落有致。选择 3 处地点作为景区的观景台，以石质、木质或者以山势开凿而成，再或者建成突出于山体的观景台。

岩画 岩画是人类社会的早期文化现象，是先民们留给后人的珍贵的文化遗产。黄里凤凰山山顶处有一处岩画群。古岩画构图简单而奇特，线条流畅粗犷有力。图案各异，有的似人物，有的似摩崖上的古文字的刻画符号。岩画带有明显人工雕琢的痕迹，绝非自然形成。由此可以推断出很早以前就有先民在此居住。黄里景区内东侧部分山体因石料的开采形成一个断面，为了将其和整个景区融为一体，在此创作岩画作品。以岩石的肌理为背景，在平坦处作画，在凹陷处适当种植花草树木，把绘画与山体有机地结合起来，以实现自然环境和人文艺术的完美统一。

进士文化园 进士文化园位于黄里风景区内，是一个集书画展示、文创交易、国学经典培训、文化观光旅游等功能为一体的创意、休闲度假场所。一期占地 50 亩，项目总投资约 2 亿元。

◉ 旅游向导

黄里旅游从过去单纯的赏花、品果蔬，不断优化和拓展，融入体验农家生活的乡村文化，寻访古迹、游天藏寺的历史文化，品农家特色菜肴的美食文化，乡村旅游产品由原来的“一枝独秀”逐步走向“百花齐放”。黄里把赏花节、采摘节办在田间地头，让市民走进乡村，有看的、有吃的、有住的、有玩的、有带的，乡村游推动第一产业、第三产业融合发展，增加农民收入，做到“农中有旅、以旅助农、农旅融合、强农兴旅”。

春色满园（2014 年）　　王士凤　摄

黄里村坚持产业富农政策，按照“一产多元化、农业旅游化”思路，把绿色健康理念、乡村风情体验融入农业开发中，大力推动传统农业向具有附加值的特色休闲观光农业发展，打造了黄里采摘园、周辉幸福农场等多个果蔬采摘园，不断提升集采摘、休闲、娱乐等农家风情体验于一体的休闲农业品牌，形成果蔬双向发展，农业生产与生态休闲旅游齐头并进的新型开发模式。

旅游线路　黄里山区景点较为集中，东南峪、古侧柏群、天藏寺、杏园、梨园、石榴园、后黄山后整个山区的各个景点基本连成一个整体，当地居民、游客在该处休闲娱乐较为方便。2016 年，黄里有古寺寻踪、古文化探寻、溶洞奥秘游、田园休闲旅游、工业旅游线路等 6 条旅游线路。

古寺寻踪路线一，由相山公园（市区经相山路或花园路至公园）—牛鼻洞—天藏寺。从相山公园中门进入公园后，沿大路到达显通寺（相山庙）后面，西边 10 米有一座小桥，桥边有一石碑为天藏寺导向碑，石碑背面是天藏寺简介。攀登 307 个台阶后到牛鼻洞小憩，又经过约 400 个台阶到山顶，又可看到天藏寺导向牌，向西不到 100 米，就能看到向北通往天藏寺的登山步道。沿石阶而下，即可到达黄里天藏寺。

古寺寻踪路线二，由淮北市区淮海西路经凤凰山隧道（原西山隧道）—黄里村（任黄路）—天藏寺。从淮海西路向西经凤凰山隧道，在第一个红绿灯路口向右转，沿凤凰山路向北，到达黄里村六角凉亭，该处有一石刻——黄里。由该处向东经黄里社区，沿着通往天藏寺的水泥路，大约 2.5 千米可直达天藏寺。经天藏寺登山步道，翻山而过，可到达惠泽公园及相山公园。

古文化探寻路线，由淮北市市区淮海西路，经凤凰山隧道—黄里村（任黄路）—凤凰山—量日古晷处。从淮海西路向西经凤凰山隧道，在第一个红绿灯路口向右转，沿凤凰山路向北，到达黄里村六角凉亭。由该处向东经后黄社区，约 1000 米处可到达凤凰山。登临该山山顶，视野开阔，视角宽广，是一处绝佳的观星象之台。考古田野调查中，在山坡上发现了三五个零散的直径达 1.4 米的圆形石盘，疑为测日影计时用的“日晷”遗存。还有大量待破解的岩画、摩崖上的类似古文字的刻画符号等。

溶洞奥秘游，从淮北市区经过淮海西路，经凤凰山隧道（西山隧道）—黄里村（任黄路）—拖拉山一带溶洞。进入黄里村后，看到黄里小学牌子路口右拐直行上山，

2015 年 5 月 20 日，省地方志办公室主任朱文根（左二）等在凤凰山上探寻摩崖上的类似古文字的刻画符号
冯广天　摄

沿着一条新铺的柏油路直走，开车大概十几分钟就可到达溶洞。

田园休闲旅游路线，由淮北市市区淮海西路经凤凰山隧道（西山隧道）—黄里村（或 202 省道）—各果蔬园。

工业旅游路线，由淮海西路经凤凰山隧道—淮北凤凰山经济开发区。2015 年 1 月，以“畅游山水相城、品味精致淮北”为主题的淮北市第一条工业旅游观光线路正式发布启用。旅游观光中，游客们可实地参观安徽曦强乳业集团有限公司、思朗食品（淮北）有限公司、淮北徽香昱原早餐工程有限责任公司的生产线，了解食品生产过程，同时还可品尝到各种口味的相山酸奶、新鲜烘焙的饼干，一饱口福。该旅游路线所展示的工业园区内科学严谨的生产流程、独特的制作工艺及工人工作生活场景等，极大地满足了游客们的好奇心和求知欲。

黄里杏花节 2016 年 3 月 5 日至 13 日，举办首届黄里杏花节。在 8 天的时间里，以三个篇章逐一呈现黄里的天然、唯美。第一篇章“春光日渐暖，慢步醉花海”，以徒步游为主，通过淮北市文化旅游体育委员会的微信公众号发布旅游观光信息，邀请广大徒步爱好者观赏杏花美景，锻炼健康体魄。据统计，微信阅读量达 1 万余人次，参加活动的人员共 10 万余人次。第二篇章“杏花落疏影，美醉化恒景”，吸引黄里摄影交流会十余名专业摄影家以及众多摄影爱好者相约走进黄里，手持镜头拍摄杏花、杏村，摄影者在杏花树下寻找灵感，在彼此交流中获得快乐。第三篇章

游客在蔬菜大棚采摘蔬菜（2010 年）
朱成文 摄

游客在工业园区参观学习食品制作（2009 年） 陈文骁 摄

游人赏杏花（2011 年）
冯广天　摄

2017 年央视新闻频道在黄里杏花节现场直播　　邹昱　摄

“花香飘入夜，不觉醉心间”，连续 3 个晚上在黄里社区举办精品电影放映活动，先后放映科教片《农村儿童安全》《农村生活环境治理》，影片《铁道游击队》《浴血雁门关》《血战小朱庄》《颍河岸畔的春天》，吸引近千名观众前去观看，并得到群众的一致好评。

3 月 13 日，央视新闻频道《新闻直播间》两会特别节目《春天里的中国》对黄里杏花节美景进行现场直播。摄制组用近 2 分钟的时间，运用航拍等多种方式，全面展示黄里的杏花美景和游人赏花的情景，并对黄里杏花的历史、现状及黄里杏花文化旅游节的举办情况进行介绍，让全国观众领略了黄里的生态之美、人文之美。

在杏树林旁边的主会场上，主办方精心组织了一场精彩的文艺演出，兰兰舞蹈队的舞蹈《徽韵俏花鼓》、相城老年大学艺术团的时装秀《美丽相城》等节目竞相亮相，充分体现了人与自然的完美融合。此外，群众喜闻乐见的戏曲表演、青少年才艺展示等多场表演活动同时上演。杏树林中，身穿汉服的男女青年，通过习汉礼、焚香静气、插花拜花神、花朝射箭等，为人们展示别样的“花朝节”。在杏花文化旅游节上，相山区图书馆推出“图书漂流活动”，游客以书交友、以书会友，为杏花文化旅游节增添了一份浓厚的文化气息。

黄里骑游　随着人们生活水平的提高，户外运动越来越受欢迎，众多的自助旅行爱

2017 年黄里杏花文化旅游节　　魏峰伟　摄

骑行花海（2013 年）　　邱玉田　摄

好者（又称“驴友”）更多地将业余时间投入大自然，拥抱自然。驴友们相约一起，结伴而行。骑着自行车游走于柏油路、机耕道、田间小道间，去发现一个个小小的村庄，去发现真正的乡村，去感受不一样的风情。黄里村内骑游线路设施完善、路况良好，适合大众骑游，骑游时间全程大约为 2 个小时左右。

果蔬采摘　俗话说“三月赏花，六月摘杏”。5 月底至 6 月上旬，黄里笆斗杏相继进入成熟期。果园里散发着阵阵清香，黄中透红的笆斗杏在繁茂的绿叶衬托下，煞是好看。由于黄里笆斗杏甘甜爽口，尤其受消费者的青睐。每到收获季，杏农们就在自己的杏园里采摘已成熟的杏子，路边的商贩分拣装箱收购来的杏果。

笆斗杏酸甜可口，口感绵软，杏核也可以直接食用，不过杏核和杏都不能多吃，否则会导致头晕恶心。笆斗杏色泽鲜艳，汁液丰富，甜度高，味道浓郁，但不易保存，一旦熟了很快就容易坏掉。杏的个头一般较大，不像樱桃摘起来那么麻烦。自然成熟的杏果避免了化学药剂的侵害，保留了最真实的味道。

8 月，葡萄开始成熟。又大又绿的葡萄叶下，挂满一串串晶莹透明的葡萄，紫红色的、碧绿色的、圆圆的，形态各异。轻轻剥开葡萄皮，一个嫩嫩的果肉呈现在眼前，半透明的果肉看上去像水晶、像玛瑙，散发着迷人的香味，使人垂涎欲滴。黄里葡萄因土壤、水质等因素，甜度较高、口感极好，市场供销两旺。在此期间，到葡萄园里摘葡萄的市民络绎不绝。

8 月中下旬，黄里酥梨渐渐成熟。梨园里，无论是大梨树还是小梨树，都挂满了金黄色的酥梨，空气中弥漫着梨子的清香。拣上一个个头大的酥梨，一口咬下去，仿佛咬

6 月，黄里笆斗杏上市（2006 年）　邱玉田　摄

游客到黄里葡萄园采摘葡萄（2012 年）邱玉田　摄

开一个包着果汁的水袋，汁水顺着手指往下流，味道甜得让人直咂嘴，这才是真正的酥梨的味道。

每年农历八月十五前后，是黄里软籽石榴成熟的时节。石榴园中，红红、黄黄、青青的果实压满枝头，有软籽石榴、玛瑙籽石榴、青皮甜石榴等。游人提着篮子进入果园，随意挑选自己中意的石榴，选中的当场就可以品尝。石榴被掰开后，晶莹的果粒似玛瑙般拥簇在一起，诱人至极。晋人潘岳曾在《河阳庭前安石榴赋》中写道，“榴者，天下之奇树，九州之名果”“缤纷磊落，垂光耀质，滋味浸液，馨香流溢”。

9 月，黄里酥梨上市（2016 年）　李素英　摄

游客到黄里石榴园采摘石榴（2013 年）
冯广天　摄

附：黄里自助游路线

相山公园—牛鼻洞—天藏寺—黄里杏园（挖野菜）—凤凰山隧道路线。路线约 10 千米，全程用时约 2 小时 30 分钟。

濉河半日游。萧濉新河黄里与徐里交界处出发，顺萧濉新河而下，至濉溪县老濉河公园。长约 10 千米，用时约 3 小时。

湘西河景观带—淮北凤凰山经济开发区。从湘西河黄里与徐里交界出发，顺湘西河而下，至淮北凤凰山经济开发区。路线 3 千米，全程用时约 3 小时。

黄里梨园（2006 年）　　杨爱民　摄

特色产品

黄里依山傍水，土地肥沃，资源丰富。明清时期，为远近闻名的黄里集，方圆数十里都来此进行商品交易。黄里的特产软籽石榴、笆斗杏、清汤菠菜闻名乡里，曾是朝廷的供品。石榴有2000多年的栽培历史，笆斗杏也有150多年的历史，经过长期的培育改良，如今更是品质优良，深受欢迎。素有“春天的蔬菜，夏天的杏，秋天的石榴最出名”之说。

黄里明清石榴、笆斗杏，满山遍野；清汤菠菜，碧绿青翠，坊间流传『黄里石榴笆斗杏，清汤菠菜都进贡』的说法。黄里大力打造农产品商标，形成『黄里石榴』『笆斗杏』特色品牌。

◉ 黄里石榴

黄里石榴是久负盛名的地方特产，产于淮北市相山区曲阳街道的黄里村，多栽植在海拔 50~150 米的山坡上。黄里石榴品种繁多，有玛瑙籽、软籽、青皮糙、满园香、笨石榴等。其中，品质最好的是软籽石榴，又叫冰糖石榴，果圆形，皮极薄，呈冰糖色，粒大汁多，籽实绵软，味极甜。

种植历史　黄里石榴已有两千多年的栽培历史，相传始栽于南宋。明嘉靖年间（1522—1566），士大夫吴梦骞《随年》记：“颜色鲜美，气味芬芳，粒大籽软，汁甘而浓……”清朝时，黄里石榴是宫廷贡品，也是全国珍奇果品之一。民国年间，远销南京、上海等地。1958 年，被安徽省林业厅鉴定为全省石榴佳品。现存明清石榴园 2000 多亩。至今仍流传“黄里石榴笆斗杏，清汤菠菜都进贡”的说法。2002 年 12 月，正式注册“黄里”牌商标。

种植规模　黄里石榴大多种植于山坡上，以山为片，每片都不大，约 100~200 棵，最多不过三五百棵。黄里家家都有石榴园。1947 年，黄里村石榴年产 50 万千克以上，获得大丰收。黄里有石榴成龄树 12 万余棵。20 世纪 80 年代，开山采石，损毁一些石榴树。淮北发电厂灰坝废灰造成环境污染，致黄里山区水源不足，石榴成果率低。至 80 年代后期，残存石榴树不足 6 万棵，产量不足 5 万千克。1999 年，相山区建设 5000 亩黄里石榴开发项目，包括优质高效益石榴园 3000 亩，改建衰老石榴园 2000 亩。进入 21 世纪，相山区改变传统农业种植结构，依托黄里产地优势，大力发展黄里石榴经济，村民在房前屋后、院内墙外又都栽上石榴树，有的村民把自留山地也改成石榴园，在萧濉新河两岸栽种数百亩石榴。截至 2015 年年底，经改良扩植的黄里石榴已近万亩。

种植环境 石榴树适宜多种地形地貌，在山地、丘陵、平原栽植均能生长发育。黄里村相山西侧北起刘山头南至任井，山坡的石头窝里、山荒地里、圪垄子上，山间沟两旁，山间沟底，只要有土的地方都种植石榴树。石榴为喜光树种，适宜温暖气候。年生长期大于 10℃，有效积温 3000℃以上，高温反应不敏感。冬季虽能忍耐一定低温，但若低于 −19℃，则会出现冻害，造成植株死亡。1961 年、1969 年，黄里石榴树遭遇低温冻害，大部分石榴树被冻死。光照充足时，石榴生长结果良好，正常花分化率高，果实色泽艳丽，籽粒品质好。石榴虽是较抗干旱的树种，但要正常生长发育，仍需适宜的水分。在萌芽、抽枝、显着期、幼果发育期都要有较好的墒情，若水分不足，容易导致落蕾和果实发育不良。盛花期间若阴雨低温，则影响授粉受精，且使枝条徒长，导致落花落果。石榴果实膨大期，需有稳定的水分条件。较长时间的干旱、突然降雨或浇水，会造成裂果。果实成熟期，以气候干燥、土壤湿润为宜，若遇连阴雨，则会引起严重裂果，影响果实外观品质。石榴对土壤要求不高，山地、坡地、平地均可栽培，但以略带黏性的石灰质土壤或黏湿软、透水透气性强、富含营养的泊沙土最好。石榴对土壤酸碱性适应范围大，pH 值在 4.5~8.2 的各类土壤上均可生长，pH 值 6.5~7.5 的中性土壤或微酸、微碱性土壤最适于石榴的生长和结果。村民根据石榴树对土壤条件的要求采取深翻、中耕、除草、间作和地面覆盖等措施，改善土壤结构和理化性状，促进土壤中水、肥、气相互协调，保证高产、稳产、优质。

种植管理 旧时，黄里的石榴一般都是自然生长，坐果率不高，单果小，产量低。20 世纪 90 年代，黄里人开始科学管理石榴树。2011 年 4 月、2013 年 5 月，淮北市志成职业培训学校在黄里村连续举办多期石榴栽培、管理技术培训班，教授黄里人科学种植石榴。

黄里石榴一般个人育苗、个人栽种。春分前后育苗，剪下老石榴树根部发出的或树枝杆上向上长的新枝条，剪成 20~30 厘米的小段插入比较肥沃的土壤里，长至 2 年就可移栽，3 年的树苗更好。“正月栽树树不知”，移栽也是在春分前后，一般每年上半年都可移栽；也有移栽成龄树的，只要水足，成活率也很高。过去，黄里人多在山荒、山坡或是圪垄子上栽石榴树，不用可耕地。树成活 2~3 年，就可开花结果。

软籽石榴树的数量原本不多，只有黄里村东“牌坊”地的石榴才是真正的软籽石榴。黄里人发现后，将劣质石榴与优良品种嫁接。嫁接分两种：一种是在植树

黄里石榴园（2015 年） 宋华 摄

期（春分前后），黄里人称之为“苦掺”；一种是在夏季，被称为“热粘皮”。“苦掺”是把树干或枝干剪断，在断茬处嫁接，术语是“砧木”。把“砧木”劈开，把要掺上去的一段带芽的枝条（术语是“接穗”），削成锥形插入砧木，砧木的韧皮部与接穗的韧皮部对上，用布条扎紧。为提高成活率，如今都用塑料纸包扎，能保湿，成活率较高。热粘皮是把砧木的韧皮部用刀子切成“丁”字形，揭开韧皮把“接穗”（当年出的新枝条带芽眼的韧皮）削成盾牌形贴在砧木的皮内后，用塑料纸扎紧，过段时间，从芽眼处发出新芽，就算成活了。黄里村 90% 的成年人都会嫁接石榴。经过嫁接，黄里石榴 90% 以上都是优质产品，如软籽、玛瑙籽、青皮糙、铜皮糙、满园香、笨石榴，只有少数酸石榴。酸石榴发的新枝条常被作为繁殖的母本。据村里的老年人介绍，软籽石榴的颜色原来有点发绿，经过多次嫁接后这种现象已经消失。

合理施肥能够满足石榴对营养物质的需求，促进树发育、花芽形成，增强树体抗病性，提高产量，增进品质。施基肥的时间应在秋季采果后。秋季施基肥有利于落叶前养分的供应、积累和贮藏，也有利于花芽的继续分化、提高正常花的比率，从而提高产量。施肥数量一般根据土壤和叶片分析结果以及果园地形、地势等因素。在石榴急需营养时必须及时追肥，一般应在开花前，每年 5 月中上旬施入速效氮肥，配合磷肥，促进营养生长。在花后坐果期，幼果膨大期追施氮磷钾复合肥，促使幼果迅速增长，同时促进花芽形成。在生长季还应进行多次根外追肥，用 0.3%~0.5% 的尿素或 1% 的磷酸二氢钾喷洒叶片。微量元素缺乏症显现时要及时喷磷肥。

每年春节前后剪枝，两年的枝条才可结果，要把背上枝、下垂枝剪掉，使其通风通光，如果是老树，要将树皮剥去，以防害虫在皮内“作祟”。石榴树共可结六茬（指收割的次数），只留三茬，第二茬最好，第四茬、第五茬、第六茬都要去掉，虽然留着也能成熟，但影响其他果实的成长，味道相差甚远，而且里面有“沙”（即很小的白色粒籽）。结的多了要疏果，才能让果实个大粒饱。石榴花是雌雄同枝，雄花败落后，雌花花瓣落下，呈小果状，有的小果发黄，就会夭折而亡，只有继续膨胀发青才算成果。至 9 月、10 月，果子相继成熟。收获石榴果在秋分和霜降之间。不到秋分，糖分不足；过了霜降，皮越来越薄，容易腐烂，不易保存。成熟的果子看起来比较粗糙，表皮布满褐色的斑点，有的表皮比较光滑，呈红色或黄色。

每年 5 月初，对成龄石榴树主干环剥割伤韧皮部，调节花期和幼果迅速增长期的营养分配。石榴异花授粉坐果率高于自花授粉。花期进行人工授粉或放蜂授粉，可明显提高坐果率。石榴树钟状花败又不能结果，数量大，耗费营养多，应尽早疏除，在出现花蕾能分清时进行，每 10 天一次，如果第一次、第二次坐果率高，把三次花（包括筒状花）全部除掉。6 月中旬后，如果一次花坐果多，可重点保留头花果，适当保留二花果，疏除三花果。盛花期或花后期，每 15 天左右喷一次 0.3% 的尿素和 0.05% 的赤霉素溶液，对促进枝叶生长、减少落果、提高产量、提前成熟有明显效果。

黄里村民还注重石榴树病虫防治。病害主要有石榴干腐病，在发病盛期，即开花前后各喷一次 1∶1.5∶160 波尔多液或 50% 甲基托布津可湿粉剂 800~1000 倍液。同时在石榴开花期及时摘除病花、病果。在坐果后喷一遍杀虫杀菌药后即套袋，可以兼治疮痂和桃小食心虫、蛀螟等蛀果害虫。同时，套袋的石榴颜色细嫩，果面光洁、均匀一致，呈黄绿色，是较好的高档石榴产品。

早期，黄里村村民家里的石榴树少，成熟的石榴大多自己吃，或送人，很少销售。后随着种植面积的扩大，产量逐年上升，黄里的石榴开始对外销售。1969 年 10 月，村民丁在杰、丁怀林、丁怀忠 3 人租了 3 辆车，载 2.25 万千克黄里石榴到合肥火车站水果公司去销售，因为当时的品种外观不是太好看，当天价格由每千克 0.3 元降至 0.22 元水果公司仍不愿收购。第二天，水果公司的人品尝了几个甜石榴、笨石榴、软籽石榴后，觉得味道好，便以 0.3 元 / 千克的价格收购。市民们都争相购买。石榴可以鲜食，也有人利用石榴籽加工成石榴酒或者石榴饮料。

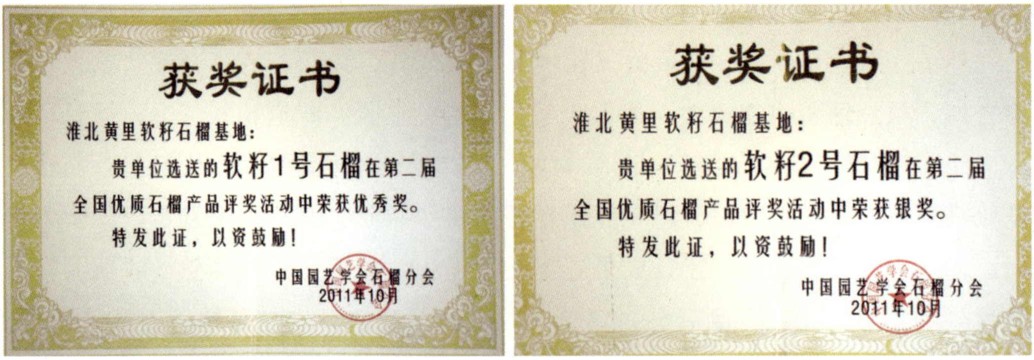
获奖证书
淮北黄里软籽石榴基地：
贵单位选送的软籽1号石榴在第二届全国优质石榴产品评奖活动中荣获优秀奖。
特发此证，以资鼓励！
中国园艺学会石榴分会
2011年10月

获奖证书
淮北黄里软籽石榴基地：
贵单位选送的软籽2号石榴在第二届全国优质石榴产品评奖活动中荣获银奖。
特发此证，以资鼓励！
中国园艺学会石榴分会
2011年10月

黄里软籽石榴获奖证书（2016 年）　　邱玉田　摄

石榴的后期管理，成熟前喷洒美果露，成熟的果子向阳的一面是红色，背面是白色，品相很好。且石榴无论个头大小，果实饱满，味道极好。淮北市许多单位组织人员到黄里石榴园里采摘石榴。2015 年石榴成熟时，河南商丘的客商到黄里购买石榴，共购买笨石榴 10 箱、软籽 20 箱，一箱 300 元，总计 9000 元。

名优产品 黄里是中国软籽石榴原产地。石榴有软籽、玛瑙籽、青皮糙、红皮糙、泡皮糙、满园香等品种，都是甜石榴。较好的品种有软籽 1 号、软籽 2 号、冰糖籽、玛瑙籽、青皮糙、珍珠红等十余个。最好的有两种：一是软籽石榴，又叫冰糖石榴，形圆、皮薄，单果一般 200~500 克，最大的 500 克以上，单果粒数为 300~500 个，呈冰糖色，粒大汁多，味极甜。“苗桥的白菜，砀山的梨，黄里的石榴不粘泥”，说的就是软籽石榴。二是笨石榴，果形大。单果平均在 300 克以上，最大可达 1000 克以上，单果粒数为 420~500 个，果粒大，颜色鲜红，棱角分明，汁多而甜，是石榴中的佳品。主要在相山西侧山坡和山谷中种植。此外，还有一种酸石榴，甜中带酸，被黄里人称为“半口”。软籽 1 号石榴、软籽 2 号石榴、软籽 3 号石榴被省林木品种审定委员会审定为优良品种，软籽 3 号石榴、软籽 4 号石榴、软籽 5 号石榴和淮北大青皮石榴为优质果。

2001 年，在首届中国石榴主产区科技协作会上，淮北市选送的石榴展品被评为优质果，其中黄里软籽 4 号石榴因籽软、汁甘味甜而位居榜首。2004 年，在首届中国国际林业产业博览暨经贸洽谈会上，黄里软籽石榴是唯一被展出的石榴果品。2006 年，黄里石榴被中国绿色食品发展中心认定为绿色食品 A 级产品。2007 年 9 月，在安徽首届名优农产品交易会上，参展的黄里石榴近十个品种，受到省、市各级领导和农业专家的好评。2011 年 10 月，在中国园艺学会石榴分会年会暨第二届全国石榴生产与科研研讨会上，黄里软籽 2 号石榴获银奖，黄里软籽 1 号石榴、软籽 3 号石榴获优秀奖。2012 年 9 月，在四川会理召开的中国园艺学会石榴分会年会暨第三届全国石榴生产与科研研讨会上，黄里软籽 1 号石榴获优秀奖。2013 年，黄里软籽石榴荣获中国国际农科会名优特产品金奖。2015 年 1 月，获安徽省著名商标认证。2015 年 9 月 19 日，在河南荥阳市举办的第一届中国石榴博览会上，黄里软籽 3 号石榴获银奖。2014 年 9 月 25 日，淮北市凤凰山石榴专业合作社开展评比“石榴王”活动，49 家石榴种植户参赛，丁言果的单个石榴重达 634 克，且糖分高，荣获“黄里石榴王”称号。2016 年 9 月 29 日，在

2013 年，黄里软籽石榴获中国国际农科会名优特产品金奖　　黄里村　提供

淮北市第七届石榴文化旅游节“石榴王”评比活动中，黄里石榴农民专业合作社选送的黄里石榴获得 8 个奖项，其中一等奖 1 个，二等奖 3 个，三等奖 4 个。重达 800.8 克的黄里石榴荣获红皮软籽“石榴王”桂冠，拍卖所得善款 19800 元全部用于公益事业。

石榴专业合作社　黄里村以专业合作社的形式联合全村的专业种植户，组织石榴生产经营。主要有淮北市相山区黄里村鑫源石榴农民专业合作社，淮北市相山区黄里石榴农民专业合作社、淮北市凤凰山石榴专业合作社等。

淮北市相山区黄里石榴农民专业合作社于 2002 年注册“黄里”牌商标，合作社法人先后变更为丁卫东、丁仰振，注册资金 88.8 万元，合作社成员 1500 多人，共有种植户 600 多户，发展石榴面积 2000 余亩，平均亩产优质商品果 1500 千克，年产量 1000 余吨。其中，软籽石榴面积 200 余亩，年产量 400 余吨。在渠沟镇人民政府、曲阳街道办事处的支持下，筹划成立黄里石榴农民专业合作社，业务主营范围：种植销售软籽石榴；为成员提供产前、产中、产后技术指导和信息咨询服务；为成员提供新品种引进和技术推广服务。后又随着黄里果品发展，相继成立淮北市相山区黄里村鑫源石榴农民专业合作社、淮北市相山区众鑫石榴农民专业合作社、淮北市凤凰山石榴专业合作社、淮北市相山区黄里名优果品专业合作社、淮北市相山区凤凰山家庭农场、淮北市相山区华御家庭农场。

石榴品种软籽 1 号、软籽 2 号、软籽 3 号等，被淮北市农业委员会、淮北市林业局认定为标准化种植品种。经工商注册的“黄里”牌软籽石榴在 2014 年被认定为淮北市知名商标，2015 年被认证为安徽省著名商标；2006 年 6 月被中国绿色食品发展中心认定为绿色食品 A 级产品；2013 年 8 月，黄里软籽石榴的种植和销售通过 ISO 9001：2008 质量体系认证；2001 年 9 月和 2002 年 9 月，分别在陕西临潼、安徽淮北召开的全国石榴主产区科技协作会上被评为优质产品。通过多年的建设，大大改变了基地石榴生产中品种多、杂、乱的现象，集中发展优质软籽石榴，实行严格把握引种关、整地关、栽植关、管理关、检测关的“五把关”，树穴不达标准不栽植、未经选苗泡苗的不栽植、没有专业队的不栽植、没有技术人员指导的不栽植的“四不准”；基地的管理和科技植水平，尤其是软籽石榴单果重一般达 500~800 克左右，百籽重 65 克，含糖量达 18%，溶性固形物 18%~21%，酸 0.4%~1%，蛋白质和脂肪 0.6%。截至 2016 年年底，黄里共建中小型石榴保鲜库 2 座，贮藏量达 25000 千克。形成了区域性的产销网络，产品实行统一包装、统一价格。在增加本地农民收入的同时，辐射带动周边地区的石榴生产，逐步走向规模化、规范化。

淮北市相山区黄里村鑫源石榴农民专业合作社成立于 2011 年 5 月 28 日，法人代表丁在喜，10 月又注册成立黄里鑫源苗圃场。苗圃场位于后黄村山后北湖，占地 10 多亩。2014 年，又在渠沟镇青阳村承包土地 50 多亩，设立分场。早在苗圃场注册挂牌之前，丁在喜就非常注重园艺方面的技术种植管理和优良品种的引进。1986 年正月，他到青岛崂山县夏庄镇，从朋友处购买 800 元的巨峰葡萄树苗，先在自家的六分地试种。3 年后获得成功，随后就推广到整个黄里村及周边村庄，丁圩孜、王店、徐里等扩种面积达 2400 多亩，增加了村民的收入。丁在喜受到濉溪县人民政府的表彰，被授予“致富带头人”的称号。1992 年，他又将优良品种推广到涡阳县九股槐村、牌坊镇、樊桥村等地，种植面积 500 多亩，不仅送技术，也送服务，经他培训的许多农民成了技术员。2003 年 2 月，从萧县罗楼北朱庄经人引进金太阳杏。这种品种早熟丰产，抗旱抗寒，从而代替了黄里原有的抗旱抗寒不丰产、不早熟的劣质品种。黄里村很多村民都嫁接了金太阳杏。2007年，引进日本甜柿子次郎、富友、西村早生等，从而改变了柿子在淮北是涩果的历史。这种甜柿子成熟后摘下便可直接食用，特别方便。是年还引进伏翠、红王将等苹果新品种，翠冠、黄冠、黄金等梨的新品种。2010年，引进曙光、华光、艳光、雪桃、冬桃等桃的新品种，从而改变了当地老品种成熟期抢销、经济效益低的状况。2011年，从河南省郑州农科所引进突尼斯石榴、中农红、墨石榴、云南绿宝石等品种，试种结果表明，有几个品种适合黄里土壤、气候条件，丰产、抗旱、抗病、无裂果。2013年，又从山东平度引进新葡萄品种黑色甜菜、红巴拉多、黑巴拉多，栽培试种效果良好，亩产达2500多千克。至2015年，苗圃场每年出售各种优质树苗，包括石榴、杏、梨、葡萄、苹果、山楂、核桃、枣树约20万~30万株。丁在喜的“同树异果的果树培植方法”“一种软化石榴硬籽的方法”获得国家发明专利。

淮北市凤凰山石榴专业合作社成立于2012年12月27日，是专门从事石榴科研、生产、销售、加工的合作社，注册商标“凰里”。年生产优质商品石榴1000余吨，有社员200余名，企业单位社员2名，注册资金80万元。合作社拥有淮北软籽石榴精品园，面积3000亩。承担新品种引进、实验、技术培训及旅游观光等项目。2013年，合作社多次到合肥、淮北、峄城、武汉、无锡、上海等地参加全国知名博览会，并入选中国名优特新农产品目录。2014年4月17日，参加中国淮北食品工业博览会，是淮北地区唯一参展的石榴品种。2014年，被评为市级示范合作社。合作社引入新科学管理办法，新科技成果SOD酶，开发SOD软籽石榴，生产出精品SOD软籽石榴果品，增强了果农生产精品果的意识，提高了果品管理水平。果农卖水果由按斤卖变为按个卖，按箱卖。精品SOD软籽石榴果品已成为果品市场新的时尚和消费趋势。合作社生产的SOD软籽石榴等产品经国家农副产品质量监督检验中心监测，全部达到标准要求。消费者吃水果追求其营养价值，因而SOD果品迅速成为高档礼品、时尚水果。石榴已销往北京、上海、郑州等全国各地，SOD水果也迅速传至山东、山西、陕西、甘肃、宁夏、辽宁、河北等果品优生区。

黄里笆斗杏（2010 年）　　邱玉田　摄

◉ 黄里笆斗杏

黄里杏的品种很多，有白水杏、面杏、菜籽黄、鹅头黄、大掺杏、银杏、甜核杏、关公脸、小杏（俗称羊屎蛋子杏），最好的当属笆斗杏，因其形状似笆斗而得名。笆斗杏，个大，形状似笆斗，果皮光滑，色红黄，肉质厚，香味浓，酸甜适口。食而不厌，是健胃养生之佳品。2016 年，“黄里笆斗杏”顺利通过专家评审，被确定为国家农产品地理标志登记产品。这也是淮北市首个通过农业部门申报认证的地理标志农产品。笆斗杏农产品保护地域为淮北市相山区曲阳街道办事处所辖黄里、前黄、下街、后黄共 4 个社区，地理坐标为北纬 33° 58′ 43.21″~34° 00′ 40.82″，东经 116° 45′ 30.08″~116° 47′ 18.95″。

种植历史　黄里笆斗杏同黄里石榴可谓是姊妹果，笆斗杏始栽于（中华民国时期）。据黄里种植大户丁在喜介绍，笆斗杏开源地当属陕西临潼，原本口味并非如此。当年其祖上颇有些资财，走南闯北，搜罗各地奇珍异果，栽植于自家园中，聊以自娱。其祖当年在临潼一尝此杏之后，就决定将此树移栽自己园中。怎奈路途遥远，数月方能往返，担心果树难以存活，于是将果条置于西瓜之内，快马运回。为使笆斗杏口味更佳，富户出身的技师丁仰斋又将本地杏树品种与之嫁接，形成今天口味独特的笆斗杏。

种植规模　笆斗杏产量高，大棵杏树每棵可收 250 千克以上，一般杏树收 100

千克左右。1963—1966 年，杏成熟前，江苏徐州食品加工厂就到黄里订购。在此期间，黄里绿化队临时抽调人员，天天帮助采摘杏果。2008 年，黄里杏大丰收，树枝上积疙瘩，树枝都被压弯了。等到成熟时，每棵树下都是黄黄一片杏果。2016 年，黄里笆斗杏年产量 1000 多吨。

杏树在黄里村遍植，房前屋后，山脚坡地，规模颇为壮观。1962 年，种植面积达 1200 亩，后因淮北发电厂污染及本地干旱等原因，种植规模受到影响。1986 年治理荒山，重新复垦栽植。2010 年，面积达 2000 亩，并引进金太阳、白水杏、桃杏、凯特杏、红丰等新品种。村民丁配柔、丁在月、崔文君、丁配唐、丁怀奎、丁配连、田纯理、丁怀友等几家杏树都比较多，大都是笆斗杏。2013 年，笆斗杏种植面积约 3000 亩。曲阳街道办事处通过“合作社 + 基地 + 社员”的经营模式，通过黄里笆斗杏农民专业合作社，使果蔬产业规模化，引导带动广大社员按绿色食品标准化生产技术规程，进行笆斗杏的生产和管理，稳定产量，提高品质。黄里及周边地区 300 户、700 多位农民被带动从事笆斗杏标准化种植。截至 2016 年，笆斗杏种植面积 6000 余亩，其中有笆斗杏产业精品基地 500 余亩、高产示范基地 260 亩。培育优良品种 3 个。

每年麦收前夕，黄里菜籽黄杏最先成熟，之后各种杏果相继而熟。笆斗杏谢花后不久，杏果就可以吃。摘下杏果，用白糖撒在杏果上，腌制 5~7 天后，就可以食用，一口一个，不吐核（因为这时核还没有形成）。笆斗杏比其他杏果晚成熟 7 天左右，素有“麦儿黄、杏儿熟”的说法。成熟的笆斗杏个头大，半面红、半面黄，较软，两手掰开去核，果肉红里透黄，肉厚实且香，甜香可口。吃后把杏核砸开，杏仁甜、脆、香，大小似花生米，有杏仁的独特味道。

当年，丁仰斋在妈妈山北山面靠东的山坡上栽了一行杏树，直至半山腰，非常显眼。据村里老人介绍，丁仰斋栽植这行杏树费时好几年，难度及辛苦无法想象。山上土层薄，土层下方是碎石层，见方一米的树穴，要挖 80 厘米深，需费时好几天。为加厚土层以利杏树生长，用太平车从别处取土先送到山脚下，靠人力背上山，放到树穴内。为保证杏树能够成活，黄里村用人工挑水上山。宜植杏的大块好地还有火神庙西南角丁怀卓的杏园、东南峪路边丁在平的杏园等。随着时代的变迁，到 2015 年，原有的杏园早已被实行山林承包制而出现的新杏园取代。

黄里杏花沟（2017 年）　　马平原　摄

种植管理　春播时间，将贮藏种子浸泡后，装在塑料袋里，直接放在太阳光下晒，每隔 2~3 天洒水搅动一次，15 天后核开裂了再播种。若种量较少，可于春播前人工破壳，再用温水浸泡催芽后播种。处理后的种子，在 3 月下旬到 4 月上旬下播，播前对苗圃地灌水一次，待水分渗透后施足底肥，整地开沟条播。嫁接过的树的种子不能育苗，如鹅头黄、大掺杏、笸斗杏等。只能用原品种的树种才能育苗，育苗后，用选好的好品种新枝嫁接而成。

春季嫁接可在下年树液流动时进行，一般采用劈接、皮下接、带木质芽接、单芽靠接等方法。根据近几年的试验，劈接法由于伤口大，不如其他几种接法成活率高。嫁接后，用塑料薄膜包严比用塑料条包扎成活率高。黄里村民把当年出土的小杏树苗移栽在自家的地里。小树苗长至 2~3 年，就用笸斗杏来嫁接，嫁接方法同石榴一样，有“苦掺”“热粘皮”两种，嫁接成活一年后就可移栽。按照“桃三杏四梨五年，枣树栽上就还钱”的说法，杏树长至第四年就可开花结果。

杏树虽然耐瘠薄的土壤，但对肥料的反应非常敏感。在肥水充足的条件下，可以增强树势，减少退化花数量，提高坐果率。在萌芽前、开花后、秋季和土壤封冻前各灌水 1 次，灌水与追肥可同时进行。遇到雨量多的年份，要注意杏园排水防涝。基肥在落叶前施入。追肥在萌芽前和果实膨大期施入速效氮配合磷、钾肥；采果后以追施磷、钾肥为主，少量配合氮肥；衰老树采果后可适当加大氮肥的配合量。

杏树是严格的异花授粉果树，必须做好花期人工辅助授粉。在坐果率高的年份，应进行人工疏果。疏花可结合人工授粉进行。疏果，小型果间距 8 厘米左右，大型果间距 10 厘米左右，也可结合修剪疏除或短截部分花枝进行。

采用纺锤形树形，70 厘米定干，第 1 年培养 3~4 个主枝，在 40 厘米处短截，促其萌发 2 次枝。第 2 年培养二层主枝 3~4 个，结合夏季修剪，在主枝上培养结果枝组，主枝延长枝继续留外芽短截扩大树冠。第 3 年培养 2~3 个主枝，其他同第 2 年。初果期对树的修剪，加强夏季修剪（摘心、抹芽、拉枝等），增加枝量，缓和树势，加快进入盛果期。盛果期对树的修剪，可根据枝条长势、树冠各部空间，适当疏密截弱，利用壮枝芽复壮，对下垂枝、辅养枝要及时回缩。

采果后对幼旺枝拉枝开角，缓和树势促进成花。对新梢继续进行二次摘心，以促发分枝，培养枝组。剪除树冠内的病虫枝、交叉枝、重叠枝、细弱枝、徒长枝，以减少树体消耗，加速花芽的形成。采果后追施氮、磷、钾复合肥一次。结合施肥深翻一次，深度在 20 厘米左右。

杏树的主要病害有黑斑病、疮痂病、炭疽病、杏疔病、轮纹病、穿孔，主要虫害有杏仁蜂、桃小食心虫、蚜虫、球坚蚧、红蜘蛛和桃蛀螟等。村民根据各种病虫害的发生情况和活动规律，在进行科学管理、培养健壮树势、增强抵御病虫能力的基础上，采取人工防治、生物防治和化学防治相结合的综合防治措施，控制和减少病虫危害。

6 月，杏农在路边售卖笆斗杏（2012）　邱玉田　摄

早在100多年前，黄里杏就名扬四方，四面八方的小商小贩挑着担子、推着独轮车到黄里收购杏果，有时种植户也会雇人去卖杏果，每年卖杏的钱（小制钱）都用簖子（用竹席或芦席圈转成的圆形的贮粮器具）存放。20世纪中后期，徐州食品加工厂与黄里村签订收购合同，杏加工成罐头再由徐州外贸公司运往我国香港、澳门地区等，也销往国外。改革开放后，黄里人基本不用去大街小巷吆喝着卖杏，都是外地人亲自到黄里进行收购。松林西头就是收购点。品相好的卖1元/千克，稍次的仅卖到0.4元/千克或0.6元/千克，价格非常低。进入21世纪，年轻人大多外出务工，摘杏、卖杏由老人、小孩完成。有的村民想多卖点钱就去城里或稍远点的地方零售。

随着农业采摘活动的兴起，不少城里人直接开着轿车到杏园中采摘。但这种价钱较高，最好的时候可卖到10元/千克，一小箱笆斗杏可卖到四五十元。产量低时，杏果的价钱更贵。

◉ 清汤菠菜

黄里村种植的蔬菜品种多而丰富，有菠菜、菊花心、大白菜、黑白菜、汤白菜、小青菜、芹菜、苋菜；青萝卜、红萝卜、水萝卜；番茄、黄瓜、北瓜、叶儿三南瓜、冬瓜、丝瓜；豆角、四季梅、梅豆、蚕豆、豌豆、大青豆；花菜、金针菜、大葱、大蒜、洋葱、韭菜；蘑菇、香椿、茄子、辣椒、莴苣等。最出名且具有地方特色的当属清汤菠菜。优点是叶片肥大肉厚，不涩不染汤，民间有顺口溜——“苗桥的白菜，瓦子口的葱，黄里的菠菜一茂青”。

种植规模 新中国成立前，村里的好地多用来种菜，共集聚七大块菜园地200多亩。1950年土地改革后，家家户户都分有或多或少的菜园地。到1958年成立人民公社以后，大队将土地划归各生产队管理，每个队都有20多亩的大菜园，专门抽有种菜经验的村民负责生产队菜园的种植管理。少量分给农民吃，大部分都卖掉作为生产队的收入。后黄第五生产队菜园组管理得比较好，最多时每天出四辆板车专门卖菜，一天收入可达二三百元，逢盛期一连卖上十天半个月。到了1980年以后，分田到户，生产队的菜园被拆分，村民盖新房也占用不少原来菜园的土地，蔬菜的种植面积逐渐缩小。

种植管理 种植蔬菜用水量大，每片菜园都挖有一两口水井。水井有十几米深，每口井最初用辘轳向上提水，后来配置解放水车，当地人称之为“洋井”“水磨”，用人推或用牲口（驴、马、骡）拉向上提。逢菜园活多、人手不够时，生产队长会临时安排劳动力去菜园组增援。

菠菜根据种植时间的不同分为秋菠菜、越冬菠菜、春菠菜和夏菠菜四个种类。秋菠菜一般在 8—9 月播种，播后 30~50 天可分批采收。越冬菠菜通常于 10 中旬至 11 月上旬播种，春节前后分批采收。春菠菜于开春后气温回升到 5℃以上时开始播种，3 月为播种适期，播后 30~50 天采收。夏菠菜往往在 5—7 月分期播种，6 月下旬至 9 月中旬陆续采收。

黄里的菠菜口感特别清爽，种植方法较为独特。菠菜种植一般为撒播，而黄里村民则是先将菠菜种放在木板或在硬地上，用砖头磨去外面的刺皮后，再用井水浸泡三天三夜，每天换水一次，待浸泡菠菜种的水发青且不起泡沫后，捞出淋净水，凉而不干待其发芽。等芽长至 0.5 厘米左右，在整好的菜畦灌水润透撒种，再盖上干土，两三天后菠菜苗便整齐出土。浸种催芽的整个过程忌沾油，否则菠菜种会坏掉。

留种用菠菜的播期可较越冬菠菜稍迟。条播，行距 20~23 厘米。春季返青后，陆续拔除杂株及抽薹早的雄株，留部分营养雄株，使株距达 20 厘米左右。抽薹期不宜多灌水，以免花薹细弱倒伏，降低种子产量。开花后追肥、灌水，叶面喷 1%~2% 过磷酸钙澄清液，使种子饱满。雄株结种子后拔除雄株，以利通风透光。茎、叶大部枯黄，种子成熟时收获，后熟数日脱粒。夏菠菜出苗后仍要盖遮阳网，晴盖阴揭，迟盖早揭，以利降温保温。苗期浇水，应是早晨或傍晚进行小水勤浇。出 2~3 片真叶后，追施两次速效氮肥。每次施肥后要浇清水，以促生长。

秋菠菜出真叶后浇泼 1 次清粪水。2 片真叶后，结合间苗，除草，追肥先淡后浓，前期多施腐熟粪肥。生长盛期追肥 2~3 次，每亩每次用尿素 5~10 千克。

冬菠菜播后，土壤需保持湿润。3~4 片真叶时，适当控水以利越冬。2~3 片真叶时，苗距保持 3~4 厘米。根据苗情和天气追施水肥，以腐熟人粪尿为主。霜冻和冰雪天气应覆盖塑膜和遮阳网保温，可小拱棚覆盖。开春后，选晴天追施腐熟淡粪水、防早抽薹。

春菠菜前期要覆盖塑膜保温，可直接覆盖到畦面上，出苗后即撤除薄膜或改为小拱棚覆盖，小拱棚昼揭夜盖，晴揭雨盖，让幼苗多见光，多炼苗，并及时间苗。

追施肥水，前期以腐熟人畜粪淡施、勤施，后期尤其是采收前15天要追施速效氮肥。

菠菜病虫防治方法，蚜虫用40%乐果1000倍液，或50%抗蚜威2000~3000倍液喷雾。潜叶蝇用50%辛硫磷乳油1000倍液，或80%敌百虫粉剂1000倍液喷雾。霜霉病用58%雷多米尔500倍液，或75%百菌清600倍液喷雾。炭疽病用50%甲基托布津500倍液，或50%多菌灵700倍液喷雾防治。

菠菜一般苗高10厘米以上即可分批采收。一次性采收前15天左右，可用15毫克/千克~20毫克/千克的赤霉素（九二〇）喷洒叶面，并增施尿素或硫铵，可提早收获，增加产量。

20世纪40年代，黄里菠菜已远销徐州、蚌埠、宿县、永城。特别是春节前后，黄里人端着木炭火盆，在雪窟下边挖菠菜，景象甚是独特。那时没有蔬菜大棚，别的地方的菠菜较小，无法出售，唯有黄里的菠菜能够上市。每年春节前，徐州、宿县等几个就近的城市都到黄里签订蔬菜销售合同，价格也较高，1千克菠菜可以卖到1千克高粱的价钱。黄里菜农在挖菠菜时有冻掉手指指盖（甲）的，采菜很辛苦。送菜没有交通工具，全靠人力挑担，当时就有丁在法、丁在臣、丁在胜、方孝民、崔文军几人，一担100多千克踏雪到徐州菜行送菠菜，日出即出发、日落前到，全程50多千米，非常辛苦。

◉ 食用菌

种植规模 1986年，黄里村知识青年高新玲试种蘑菇。开始只是购买栽培种，买了1000千克，种下去，净收一两千元。后来扩种到2000千克、4000千克，收入越来越多。在他的带动下，1996年黄里蘑菇种植户已达30多户。1996年，高新玲又开始培植菌种，先购买原种培植栽培种，再购买母种培植原种，后来自己又培植母种，现在能为广大的菇农提供数百个品种的菇。如黑色和灰色平菇、浅白色和纯白色平菇、秀珍菇、姬菇、鸡腿菇、金针菇、鲍菇、香菇等。在菌种的驯化栽培、自繁引进方面，高新玲都有高层次的突破，在同行业中居首位。他的纯正的种质资源，吸引来数千户菇农推广栽培。至2015年，高新玲栽培和实验菌种的面积达800多平方米。每年可培植母种1000支以上，原种1000瓶以上，栽培种7500千克以上，河南、江苏、浙江等周边地区群众也到黄里村订购。同时，每年可为淮北居民提供上万斤鲜菇，纯收入达 8 万 ~10 万元。

种植管理 食用菌大棚栽培模式是最主要的栽培方式。食用菌没有根、茎、叶、花，没有叶绿素，不能进行光合作用，所以其菌丝发育阶段无须光照；反之，过强的光照会抑制菌丝的生长。在菇类原始进化过程中，一般都生长在林地、草丛中，菌丝阶段在土壤、木头或草堆中，没有光照，但子实体（即人们食用菌用的部分）一般在散射光条件下生长，菇农搭建大棚，是为了模拟野生环境，适合菇类生长。

食用菌大多喜阴凉潮湿，栽培过程需要大棚遮阴，遮阴度根据不同种类的食用菌有所不同。过去，菇农用草帘、树皮等在棚顶遮阴，20 世纪末，遮阳网在食用菌大棚中开始大量应用。经过多年实践，遮阳网表现出很大的局限性——遮阳网为了遮阳，一般做成黑色，吸收了大量光能，所以遮阳网大棚往往比较闷热，不利于食用菌生产，也造成夏季烂棒的情况相当普遍。为了达到遮阳和防雨效果，标准大棚一般需要用两层遮阳网加上一层塑料薄膜覆盖，并且在拱形大棚之上往往还加上一层平顶，使遮阳网与农膜间保持 50 厘米距离，利用空气对流，阻隔遮阳网吸收的热能直接传导进入大棚内。

食用菌大棚专用黑白膜，由黑、白两层组成，白面反射太阳光能，达到降温效果，黑面隔离红外线穿透，在冬天起到保暖效果。质量较好的黑白膜可在露天情况下耐用三年以上，通常可使用五年左右，使用寿命是普通遮阳网的 1.5 倍。食用菌大棚专用膜遮阴降温效果大大优于遮阳网，对大棚要求更低，使用寿命更长。

食用菌病虫害防治遵循预防为主、治疗为辅的方针。换茬，轮作，切断病虫食源。对于发生过严重病害或虫害的栽培房，不应连续种植相同的品种，以防相同病虫爆发、难以控制。选用抗病性强、生命力强、高纯度菌种，引进优良菌种时选择适宜季节温度出菇的品种，这样才能减少或消除病虫害侵染的机会，安全发菌、顺利出菇。应保持制种场所环境清洁、干燥。提高菌种成品率的重要措施之一就是保持整个制种发菌场所清洁、干燥，无污染的菌袋，无积水，排水沟通畅，以及空气、水源清新、干净。这样，空气中杂菌指数低。同一菇房、同一品种、同期播种、出菇，采取这种措施便于管理和防治病虫危害。在保证正常出菇的条件下，适当降低菇房内的温度、增加通气量，有助于减少病虫菌生存条件。采菇后及时清除残菇、断根，清除污染菌袋，保持菇房清洁，最大限度地降低病虫滋生条件。

风土民情

古相山水，悠悠岁月，成就了神奇的黄里村，熏染了充满馨香的风土民情。持躬有则，笃厚勤劳；尊祖叙谱，敬宗建祠；崇文尚教，仁义诚信；更有尚礼、和谐、包容、岁时、方言、典故、传说等世代相袭，虔诚隆重，似一幅生动多彩的风俗礼仪画卷铺展。

黄里村民俗风情，始于远古，延续至今。倚时代之氤氲，呈崭新之面貌，然史脉不变，文脉永继。

◉ 礼仪习俗

婚俗　传统婚姻中男女当事人不能自己做主，一般要经人从中说合，才能“结连理”“偕秦晋”，这种说合就叫“说媒”。新中国成立后，“说媒”曾改称为“做介绍”，传统“媒人”改称为“介绍人”，但只是“牵线搭桥”。双方看中对方后，两家人再互相了解，如小孩的品性、两家的为人处事，两家满意即可定亲。近年来，也有“媒人”说亲和“介绍人”介绍的，但大部分都是自由恋爱，恋爱时间长短不一，有的一见钟情，有恋爱几个月甚至长达几年的。

相亲之后，要履行订婚手续，俗称“过礼”，黄里村曰“过启”。过启是婚姻大事，一般是男方家在女方家答应婚事后，给女方家送订婚财物，俗称聘礼。只要女方家收下聘礼，即使没有领取婚姻证，人们也会认为婚事已定。民间聘礼自古无定数，往往随时而定。男方家向女方家过启，启上写道：“白玉种良田，千年合好，红丝牵绣幕，百世良缘。”选定吉日遣媒人带丝带两副，袜子两双，红布六尺，针两包，线两团，银制首饰（耳坠、戒指、四根钗子、瓦拢、九枝莲簪子等）。另外还有酒肉鸡鱼、糕点等，聘礼装箱，一并送至女方家，女方家收下聘礼，写上回启——“兰桂同荣，山河永固，阴阳定位，地久天长”，连同帽子和笔等让媒人带回男方家，婚事即定。新中国成立后，旧习延续一段时间，到了二十世纪七八十年代，过启变为送彩礼。男方给女方买少至两身衣服，多至八身、十身不等，另外再给三五百元买“上轿红”。也有极少数女方家庭直接向男方要彩礼。黄里当时流传这样的说法——“猫猴羊，盖子猪，三转一响大瓦屋”（自行车、缝纫机、手表、收音机、瓦房）。80年代后，订婚不只要买衣服，还要买“三金”（金戒指、金耳环、金项链）。现在又有一种时髦的说法，叫“万里挑一”，即未过门的媳妇第一次“看家”，男方父母要拿出一万零一百元作为见面礼。

过启后，男方把双方生辰八字交给“风水先生”择日迎娶，俗称“看日子”。一般选在初春或深秋，农历初二、初四、初六双日为吉日。喜日定后，用红纸写上书帖遣媒人送至女方。此后双方筹备婚事。男方盖新房，置衣物，给新娘做“上轿红”，订轿，订乐队。女方为女儿作嫁衣，准备嫁妆（即木制家具，一般为4件、8件，比较富裕的家庭置办13件）。人民生活水平逐渐提高，嫁妆基本都是成套定制，家用电器洗衣机、电冰箱、空调等一应俱全。

婚嫁（2008年）　　王文　摄

佳期在即，男女双方张灯结彩，喜气洋洋。成婚前一天，男方贴双喜、贴对联，近房大门口都贴上大红喜字；女方贴单喜、贴对联，近房也贴喜字。下午，遣媒人把新娘的红衣送至女方，俗称“送红衣”。傍晚，乐队、花轿发至女方家，谓之“过轿”。有一个男孩压轿前往，后面跟着抱鸡的人。晚上，鼓乐队敲锣打鼓，吹喇叭，热闹到深夜。第二天上午，发嫁时，女方送一只母鸡，由男方抱鸡男孩一同抱回男方家，意在图个吉利，轿杆上挂一块猪肉，叫作“离娘肉”。出嫁女子要饿嫁，即出嫁前三天要少吃饭。发嫁前母亲要给女儿做一些交代，如如何孝敬公婆、如何相夫教子、如何与邻里相处等，女方亲朋好友提前好多天就给新娘送去衣物、布料之类，叫作“添箱”。

上轿前女子要梳妆打扮，穿上男方送来的上轿红红袄、红棉裤、红袜子、红鞋。头上绾发髻，戴上男方过启送的首饰，金属碰撞之声，清脆悦耳，银光闪闪。叫作“上头”。上轿时，新娘由女方兄长背上轿子，也有用椅子抬上轿的。新娘头上盖上红盖头，俗称“蒙头红子”，怀抱“拜盒”，盒里是脂粉等化妆用品。

新娘上轿后，鸣放鞭炮，轿起登程。新娘放声痛哭，以表与父母离别之痛，新娘的兄弟随轿左右送至村口，被称为“送嫁”，同时劝新人不要再哭，然后转回。女方陪办的嫁妆紧跟轿后。花轿至男方村口，放鞭炮告知男方，男方放鞭炮迎接。花轿停在新郎家的大门前，新郎上前掀起轿帘，将新娘搀扶下轿，并说：“要得发，大姑姐往家拉。”新娘子出轿，要让新娘在门口站一会，意为“圈圈性”。然后由“胭粉客”带路慢步走在芦席上（走一步退一步很慢），一般是两条芦席轮换着地。此时宾客把男方事先准备好的掺有麦皮、红枣、花生、桂圆、棉籽、秆草等撒向新人，预祝新娘“早生贵子”。

拜堂的仪式是，在喜堂正面置一香案，上置有天地牌位、祖先神座，香案上放有一双烛台，一个五升斗，斗里有粮，粮里插秤，俗称“三媒六证”，表示这门婚姻男女相配合理合法。新郎新娘站立在香案前。吉时到时，燃香点烛，燃放鞭炮，鼓乐齐鸣，开始拜天地。婚礼主持人喊令跪拜，一般是“一拜天地，二拜高堂，夫妻对拜”，叫作“合堂”，然后由新郎把新娘引入洞房。

在传统婚礼的前一天，男方已经张灯结彩准备喜宴。拜堂之后，新娘便在新房落座。新郎则走出新房接待贺客。开席前，要为新娘“开脸”，让新娘盘腿坐在用高粱秸秆制成的垫子上，再拿红鸡蛋在新娘脸前转一下，口中念到“红鸡蛋，满脸

拜堂（2016 年） 邱玉田 摄

转，今年喝喜酒，明年吃喜面”，然后用红线将新娘脸上的绒毛绞掉，把眉毛绞成柳叶状。再让新娘、新郎站立在香案前，一定是男左女右，主持人喊来男方的长辈，长辈们按从长到幼的顺序依次送上“请头礼”，新郎、新娘一一磕头拜谢，主持人把礼金放入斗里，新郎把斗拖走。主持人宣布动乐鸣炮开宴，新郎要先到首席斟酒敬酒，然后依次到各桌敬酒，把喜宴推向高潮。如今，一改过去新娘只许“坐席”不许“吃席”的旧习。席间，新郎、新娘在男方家的引领下，逐一给客人敬酒。喜宴结束后，男方家所有体面的人要把贵宾送至门口，以示敬重。新郎、新娘及其父母应送客至村口。客去人散，新郎、新娘入洞房就寝。床是由男方嫂子铺的，床一般是木制五道樽床，床的外侧是雕花板。席下放棉柴、芝麻秸，席上被褥之上放花生、红枣、桂圆、棉料，意为早生贵子。铺好床后，男方的侄子在上面滚一下。

婚后第二天，新婚夫妇带上粉丝、鲤鱼等礼品，一同拜见岳父、岳母。带上粉丝，意为细水长流；带上鲤鱼，意为过日子应年年有余，还有糕点、糖果等，随着生活水平的提高，又增添烟酒。女方则盛宴款待。女婿上门是“贵客”，女方弟弟端上漱口糖水让新郎漱口，寓意以后女婿嘴甜、喜欢叫人；再端盆清水，盆要是新的，毛巾也要是新的，让新郎洗脸，新郎掏红包以示谢意。入席时，新郎定坐上席，陪同人坐下席，陪同人必是晚辈或平辈弟弟。其他人吃馒头，只有新郎吃油饼；夹菜时，新郎吃过哪道菜后，其他人才能吃。饭后稍微休息，新婚夫妇就回去，说是"走得晚，瞎婆婆的眼"。回门时，新娘给婆婆带块油饼，说是"堵"婆婆的嘴，省得日后唠唠叨叨。所以男方妯娌、邻里带着小孩都在村口等着吃油饼。这种习俗沿袭至今。

新婚第三天，新郎、新娘由长辈或嫂子陪同到自家林地祭祖，谓之认祖。以黄里丁氏家族为例，新婚第三天新郎、新娘要带着供果、香、纸先到丁氏祠堂烧香摆供、烧纸钱，然后到丁家老林，在每个丁氏先人坟前磕头、烧香、烧纸钱。

生育 女子婚后第一胎临产前一个月内，母亲要备上红糖、鸡蛋到女儿家催生，称为"送催生糖"。婆家需煮红鸡蛋回赠。如过了预产期还没有生产，邻居家需送过路面条，意为催生。

孩子生下第6天，孩子父亲带上红糖和若干鸡蛋要到姥姥家报喜。若生男孩则还需带一本书，若生女孩则还需带一朵花，姥姥见到书本和花便知女儿生的是男孩还是女孩，然后回赠红糖、鸡蛋。产后3天，要给近房送喜面条，每碗面条放两个荷包蛋。产后3天时，孩子的伯母还要去自家林地给祖先烧喜纸、报喜。

孩子生下第9天或者是第12天、第14天时，姥姥家还会备上小孩的两套棉袄、棉裤，数片尿布，小花布被子及彩幛等。红糖、鸡蛋、面粉、小麦、谷子、芝麻、大米花装入盒子，小孩衣物挂在盒子两边，盒子上贴上封条，上面写着"× 月 × 日喜封"。盒子分为一层米，一层面，一层红糖，一层谷子和鸡蛋，共四层。姥姥家人抬着盒子送至女儿家。也有用太平车的，女方亲朋好友跟随以示贺喜。主人将客人所送衣服、花布、彩幛悬挂于门楣之上。中午设宴款待来宾。开席前，奶奶抱着小孩让姥姥家人看孩子，尊辈们一一把贺礼（也称见面礼）塞入小孩襁褓。其他亲朋好友也送礼金或红糖、鸡蛋贺喜。客人回去时送上几个红点馒头，两个鸡蛋以示谢意。现在生活条件越来越好，一些"催生"等陈规旧习逐渐消失，吃喜面越来越讲究，送给孩子的见面礼也越来越时尚。

产妇分娩后，一般要休息一个月，即"坐月子"。一个月内，产妇须头顶毛巾或戴上帽子，再热的天气也要穿袜子，不准扇扇子、洗脚、洗澡，更不能洗头、沾凉水，

送喜面，回赠红鸡蛋（2016 年）　　市方志办　提供

因产妇身体虚弱，怕受冻。期间要吃打蛋的面疙瘩，喝红糖水，也不能喝茶叶水，吃菜喝汤只能放盐，不能放佐料。随着科学知识的普及，如今“坐月子”也没有太多限制了，鸡鱼肉蛋，想吃什么就吃什么，想吃什么味道，就吃什么味道。

婴儿满月时，娘家人要把女儿连同孩子接回去住上十天半个月，即“接满月”。去时在婴儿脸上抹上锅灰，回时脸上抹点白粉，小孩母亲手拿桃条，据说这样可“驱鬼辟邪”。如果是女孩，要提前两天接，旧社会重男轻女，说是“接的早，是个小（男孩）”。回时，娘家送“铰头鸡”“铰头羊”，但只许养，不许宰杀。

旧时生活和卫生条件较差，为了预防天花，婴儿要在一周之内种牛痘，俗称“种花”。种花之后，会红肿、消肿、结疤。因为“种花”期间要保持干净的环境，怕感染，所以村民会把红布条挂在门上，以示其他人最好不要前去打扰。花疤痊愈后，小孩姥姥家的人带上红点馒头、糕点之类前去祝贺。中午放鞭炮，把一些红点馒头扔入井里，大人小孩都抢着捞馒头吃，俗称“揭花疤”。

寿诞　做寿是一件十分庄重的事，人不满 60 岁只能被称为过生日，而不能被称为“做寿”。只有满 60 岁的老人才有资格做寿。这和天干地支 60 年一轮回有关，满 60 岁意味着已经度过宇宙一个完整的周期。因此，满 60 岁的老人就能接受儿女子孙的祝拜。

祝寿前数日就开始筹备。祝寿当日，家中张灯结彩，设寿堂，两侧悬挂“福如东海长流水，寿比南山不老松”的条幅对联，堂中置案，案上有供果，点燃蜡烛、焚香。拜寿时，寿者坐于正堂，先是子女，接着是侄子侄女、亲朋好友，一一跪拜。大家送上贺礼，事主热情招待。

纵观各种老人寿礼，其最隆重、最具特殊意义的寿诞有以下几种。

六十六寿，这是专为年满 66 岁的老人做寿的寿诞习俗。是日，女儿称六斤六两的猪肉，蒸六十六个红点馒头，包六十六个饺子或扁食，称六斤六两的糕点，寓意多福多寿。由女儿、女婿送给父亲（岳父）或母亲（岳母）品尝，为老人祝寿。在老人家中设宴，在鞭炮声中接受儿女子孙的祝寿。“六十六，吃块肉”，即指这一习俗。

七十一寿，古语说：“人生七十古来稀。”70 岁被称为古稀之年。老人 71 岁生日时，女儿至少要买一只老母鸡以及糕点，给老人置一身新衣，去给老人祝寿，祝老人在这一年中大吉大利，俗称“七十一，吃个鸡”。

七十三寿，坊间有“七十三,八十四，阎王老爷不叫自己去”的不吉利说法，意思是说，老人七十三、八十四是个“旬头”，是个“关口”。是日，女儿买大鲤鱼、糕点、新衣去给老人拜寿，即给老人过七十三岁生日。“七十三，吃个鲤鱼猛一窜”，意为老人吃了鲤鱼就可跳跃过“关口”，能更长寿。

随着人们生活水平的提高以及传统文化的回归，为老人做寿的形式更加多样。特别是为古稀八十、九十和百岁老人做寿诞，比旧时更加讲究了。

丧葬 人死称为丧，对死者遗体的处理称为葬。丧葬礼仪，是人结束一生后，由亲属、邻里朋友等进行哀悼、纪念、评价的仪式，同时也是殓殡祭奠的仪式。在长期的生活实践中，黄里村形成了独特的丧葬习俗。随着时间的推移和人们思想观念的改变，丧葬习俗中一些繁杂的过程至今已有简化，一些迷信的东西有所淘汰，有些习俗仍在传承。

老人正常死亡叫“寿终正寝”，黄里村说老人“走了”“过世”，丧事又被称为“白事情”。老人临终前，亲人站立床头，待咽气后，亲人痛哭，烧纸，找来邻居替死者洗脸，俗称“净面”。梳头更衣后将尸体移至堂屋中间覆以白布，焚香、烧纸，点长明灯。为了不让灯熄灭，陆续添油。大门上贴白纸，前门插白幡，以告邻里。然后遣人向亲友报丧，报丧人见了亲友磕头行礼。

入殓时，将尸体移至靠左边，棺材放置堂屋正中，将尸体殓入棺中，死者背垫铜钱，口含金鱼手拿银圆，脸蒙草纸，棺前放长明灯，置一小罐子里放粮食，上面用红布扎上，中间插两根竹筷子，红布上面放一张饼，饼是掺上老人儿子的发碴做成的，熟后让几个儿子各咬一圈。罐俗称“阴阳瓶”，饼俗称“打狗饼”。罐前放一个土盆，俗称“老盆”，门上挂竹帘，前去吊唁的人在盆中烧纸。儿子在右，女儿、儿媳妇在左，分两侧守灵。守灵的这些人被称作“孝子”。他们手执哀棍（柳棍上贴有白纸条，如果父母双方只有一个过世就拿一个，如果父母双亡就拿一双）、披麻戴孝，有吊唁者前去吊唁，孝子跪拜行谢礼，男客由儿子跪迎，女客由媳妇跪迎。没有客人到时，孝子跪于灵柩两侧，不可离开。

出殡当天，大门外放有女儿给老人扎的纸物。若死者为父，扎纸马、纸人，纸人手拿马鞭，曰“赶马小”。若死者为母，则扎轿、扎纸人（四男是轿夫，两女是侍女）。另外还有扎牛的。20 世纪 50 年代初期，黄里仍沿用旧习。六七十年代，实行殡葬改革，一律深埋，实行送花圈、开追悼会、臂戴黑纱，向死者致哀。从 1981 年开始，黄里采用火化后殓入棺材，入土为安。出殡当日，儿女所扎的纸物更多了，除了纸马、纸轿、纸人外，还扎纸楼房、纸别墅、纸洗衣机、纸电视机等，五花八门，应有尽有，以表对父母的孝心。孝子披麻戴孝同旧习，孝子头戴白色大孝帽，身穿白色“孝氅”，腰扎麻绳，足穿白鞋。其他亲朋好友，只要有烧纸礼的，都会被回赠两条白毛巾。

村里的老人去世，一般都会被葬在山上，不占用可耕地。灵堂外放张桌子，桌子上放有“三牲”，即猪牛羊。桌前放一张席子，侄子、侄媳分立两边（两男、两女），俗称“跪棚”。亲朋好友前去吊唁，手拿草纸、挽幛，挽幛交给主事人，主事人破孝，吊唁者至棚下跪拜，男客由男跪棚者陪拜，女客由女的陪拜，然后入灵烧纸哀悼。客人到齐，开席吃饭。

出殡前，打开棺盖，揭开逝者脸上的草纸，家人、至亲围棺转一圈瞻仰死者遗容。然后用红布覆至棺口盖棺，封棺。棺起身，长孙持白幡领棺，摔“老盆”，孝子紧随，孝子一定在棺的前面。抬棺之人歇息时，孝子面对灵柩跪地痛哭，直至墓地。死者长子绕墓穴左转三圈，右转三圈，用活公鸡攫棱墓穴后，引棺入穴覆土。孝子痛哭，亲朋劝止。孝帽扯开扎在头上，孝服撕开方可回家，回去后还要“请众”（为丧事忙碌者）吃饭。黄里人把办丧事称为“早客晚殡”，因为是先待客、后出殡丧。

葬后第三天，全家人及近房同往墓地添土筑坟。摆供焚烧纸钱，孝子坟前跪哭以祭拜亡灵。拜罢，孝子给每人分一个事先煮好的糖饺，为“圆坟”。现在为了省时、省事，已经改为第二天圆坟。

老人入土后，儿女要守孝三年，不许穿红戴绿。百日内不许理发，夫妻不许同房。三年内春节不贴红对联，元宵节不蒸面灯，由邻居家送灯。

新中国成立后至 1987 年，黄里村较少有立碑者。随着人们生活水平的提高，立碑者渐渐多了，黄里村民丁训钠家族一次就立 12 块。黄里古侧柏群是丁氏家族的林地，近几年来，几乎所有坟墓前都有墓碑，“柏林”成了“碑林”。

祭祀 祭祖是中华民族的传统风俗，是子孙“慎终追远”的传统美德。旧时，村民们非常注重祭祀祖先。每年春节、清明节、中元节（农历七月十五）、农历十月初一等都要烧香、烧纸、上坟祭祖，尤其丁氏、程氏、张氏、田氏等大家族，每年清明节均举行正式的祭祖仪式。丁氏宗族祭祖活动的规模较大。据村中老人介绍，丁氏宗族是五年一小祭、十年一大祭，各祖都要派代表参加，人数不限，依条件由本祖决定。新中国成立后，祭祖活动一度停止。1994 年丁氏五修家谱时，为重建祠堂举行祭祖活动。2013 年，又举行一次祭祖活动，来自全国各地的丁氏齐祖后人，还有来自我国台湾地区的丁姓齐祖代表，约 500 多人参加，摆席近百桌。丁氏祭祖仪式程序为：各个房派到筹委会报到，祭祖仪式开始后主持人首先宣读各个房派人员到齐情况，鸣炮奏乐；全体族人向祖先三鞠躬；各个房派代表讲话；邻村外姓代表讲话；在宗祠向丁氏祖先跪拜（二十四拜）；到黄里柏树林参拜祖坟；最后是丁氏族长总结讲话，各个房派代表参加茶话会。举办祭祖活动，对维护家族团结、增强家族凝聚力和向心力，传承祖德，具有非常重要的意义。

祭祖仪式程序：

第一项：开始。

（1）播放祭祀专用音乐，开始。

（2）所有参与祭祀等人在贡案前肃立。

（3）司仪（主持人）诵读祭祀开场词。

（4）祭拜者依次进场。顺序为：依长幼顺序，在执事的带领下列于案前，两边前后列队站好肃立。

（5）乐止。司仪宣布吉时到，祭祀开始，并鸣炮。

第二项：祭祀。

（1）诵读祭文。

（2）各个房派代表讲话。

（3）邻村外姓代表讲话。

（4）跪拜。

按长房、二房、三房跪拜先祖（音乐响起）

①长房一支跪拜，一跪三叩首，平身；

②二房一支跪拜，一跪三叩首，平身；

2013 年丁氏祭祖大典　　冯广天　摄

③三房一支跪拜，一跪三叩首，平身。

（5）前往丁家老林参拜祖先。

（6）丁氏族长讲话。

（7）全体人员参加茶话会。

第三项：结束。

宴客　黄里人热情好客，凡遇婚丧嫁娶，必备宴席招待宾客。富人家不管是喜事丧事，均持续十天半个月，宾客络绎不绝。客人入席也非常讲究。男女不同席，长幼有序，长者必须坐上席。一直到现在，设宴还都是自家买菜，请厨子。厨子一到，就给开刀礼，多少不限，并送两条毛巾。厨子支锅、赁桌子。在物质不丰富的年代，一般没有炒菜，多为“油炸面蛋”，一律是合碗，且三顿都一样。办红事，条件好的置十盘子八个碗，也有八个盘子八个碗的，俗称二八席。后来逐步发展，又加四个炒碗、四个大件，俗称三八席，盘子多是四荤四素，如猪肝、猪血、炸酥鱼、热豆腐，凉拌藕片、菠菜、豆角、萝卜、绿豆芽等。中共十一届三中全会后，随着人们生活水平的提高，宴席上的菜增至二十六道到三十道，菜品有整鸡、整鱼、整鸭、猪蹄髈、八宝饭、各类海鲜、时令蔬菜等。旧时办丧事或嫁女的宴席要差一些，现在也要同样讲究了。

遇到红事，事主家的气氛都十分欢乐和喜庆。无论是主人还是乡邻，无论是大人还是孩子，都是喜气洋洋的。有钱的人家还要请唢呐班子演奏，有的还请歌手唱歌。

若是嫁女，客人们到场和主人家说几句恭喜的话后，就会被安排坐在席上等待

厨师准备宴席（2015 年）　　黄里村　提供

开席；如果是接新娘，客人们则坐在席上兴味盎然地等待新娘子的到来。

遇到丧事，来客们都心情沉重地来到事主家，男人们进入灵堂，默默鞠躬，烧纸；女人们则跪在灵前大声哭泣。帮忙的人此时会过去把来客扶起，说些安慰的话。

◉ 生产习俗

黄里人民的生产习俗，主要在种植业、果业、手工业三个方面。黄里历来以农业和果树种植为主。新中国成立后，多种植小麦、果树、蔬菜。21 世纪后，果树、蔬菜种植逐步走向专业化、集约化、规模化。随着经济社会的发展，传统手工艺渐渐消失，渐渐被新兴物品所替代。一些传统手工艺因为工艺复杂，学习时间久、鲜有使用等原因，不被年轻人所喜爱。编筐、做篦子、织席子等行当已渐渐淡出人们的视野。

果业生产　黄里村东环山，西临水，地势东高西低。历史上黄泛频发，为了生存，黄里先民在山坡开荒种石榴，栽杏树、梨树，年久日长，形成蔚为壮观的笆斗杏园、软籽石榴园和梨园。黄里村果农中流传着许多生产俗谚，如“栽树要早，莫让春晓”“榴三杏四梨五年，一亩胜过十亩田”等，都是果农长期生产、生活经验的积累。

黄里笆斗杏色泽悦目，香气扑鼻，果肉鲜甜糯软，驰名古今。笆斗杏在黄里村已有100多年的栽培历史。黄里笆斗杏，种子不能繁殖，唯有嫁接。当年6月中旬山坡荒冢上的野生小杏果成熟后，采摘收集杏果，去果肉留核待第二年春天育苗用。再者就是在每年的清明节后，挖取野生的小杏树苗，在苗床上培育。第一年成棵，第二年嫁接所需的优质品种，第三年长成后便可移栽至大田。

杏果成熟的季节性很强，特别是笆斗杏，在每年芒种节气前，虽然看似红黄鲜艳，然糖分不够，仍有酸涩之感。芒种节气是采摘笆斗杏的最佳时节，未经太阳暴晒的笆斗杏果，入口清凉，香甜浓醇，留有余香，5米之外便可闻其果香。

笆斗杏果营养丰富，药用价值也很高，尤其是杏仁。杏仁又名杏核、苦杏仁。《本草纲目》云：“杏仁能散能降，故解肌散风、降气润燥、消积治伤损药中用之。治疮杀虫，用其毒也。”因之，黄里民谣有“桃保人，杏伤人，李子树下抬死人”之说。杏仁入药治病，在黄里成俗。

杏果味甜微酸，性热，有表冷热毒功效。杏仁，味甘苦，性温，有小毒。苦杏仁有祛燥、止咳、润肠之功效，黄里先民积累了许多治病验方，如治疗肺虚久咳、干咳无痰、老年支气管炎等。

黄里软籽石榴“粒大籽软、汁甘味浓”，清乾隆时期即被作为贡果选送入宫。经过数代人的劳作，黄里村民已掌握了独特的石榴栽培技艺并形成了具有黄里特色的习俗，俗谚有“无榴不成乡”之说。

黄里石榴（2012年）　　邱玉田　摄

石榴生长所需条件简单，只要有土就行。黄里人基本不用好的耕地栽植石榴树，山坡、地头、沟垅、路边栽上就活。黄里的软籽石榴繁殖，一是直接从原软籽石榴树上剪当年生长的新枝条压条；二是在其他品种的石榴树上嫁接。只要将接穗的韧皮部与粘木的韧皮部对齐、握紧，防止水分蒸发便可成活。

长期的石榴栽植，衍生出有关石榴的许多传说和佳话。石榴多籽，黄里村民笃信其寓意“子孙满堂”“多子多福”“后继有人”；黄里村民虔敬石榴花，认为其是花中之王，五月榴花红似火，寓意“朝气蓬勃”“丹心赤诚”，预示全年生活红红火火，同时也可给村民带去吉祥幸福。因此，中秋节要用石榴祭拜月亮，重阳节则在馒头中夹石榴籽。石榴也成为节庆和新婚不可或缺的吉祥物。

黄里酥梨，因核小肉细、嚼之无渣而味纯甘甜闻名遐迩。黄里地处黄泛区，基本都是河底土壤，黄里村先人早在300多年以前就栽培酥梨了，形成了独特的生产习俗，尤其对梨树的管理很讲究。冬季必须剪枝，萌芽前必打石硫合剂，特别是每年清明节给梨花授粉，可以说比午收季节还要忙。先将酸梨、条梨等含苞欲放的花朵采摘回家，放在家中加温等其开放成熟，收集花粉再加上一些其他辅料，用各种不同的工具给酥梨花人工授粉。

黄里酥梨的花冷艳幽香，冰姿玉骨，文人墨客总把梨花比作“玉树”“玉雨”，有人甚至说它“占断天下白，压尽人间花”。每到梨花盛开的时节，各方宾客慕名而至，赏花摄影，绘画写生，有的甚至携酒在梨花树下席地开怀。黄里人忌讳将梨分食，因“分梨”谐音“分离”。

黄里酥梨是佳果，亦为良药。梨味甘性寒，有润肺、消痰、止咳、降火、清心之功效。黄里村民有熬“秋梨膏”的习俗，对患肺热久咳病者最相宜。

三夏 指黄里村民夏季农忙中的夏收、夏种和夏管。由于农作物品种杂繁，收、种、管互有交叉。古乐府《子夜四时歌夏歌》有“情知三夏热，今日偏独甚”之句，描述“三夏”期间天热农忙的境况。这是由农业生产方式所形成的风俗习惯，对村民影响至深。

立夏之后，人们开始准备夏收的工具割大麦。俗语说：小满见三鲜（大麦、豌豆、樱桃），收大麦，摘豌豆。卖了豌豆，拔了豌豆秧，就开镰割小麦了。过去割麦是用镰刀，一开镰，一家老小一起上，有割的，有搂的，有拉的，现在都用收割机割麦。运输最早是用木轮大车，黄里人称为太平车，后来用拖拉机、农用车。麦子运到场上，为了脱粒方便，用铡刀把小麦拦腰铡断，让根茎与麦穗分开，然后晾晒碾压。如是阴天，先把麦子垛起来，晴天就扒开垛把麦子摊在场上。上午摊，晒到十一点时，就该轧了，这被称为打场，一头牛拉一个磙，两帮磙三帮磙一起，轧三遍，翻场晾晒，翻场再轧。下午轧一遍，轧好后挑场，把麦穰挑在一边，把含有麦糠的麦子堆在一起待有风时扬场。扬场时一个人扬，一个人打落，也可两人扬一人打落。不一会儿一场干净的麦子就扬好了。堆好麦子就垛垛，有垛圆的，有垛方的，垛顶的下边都拽得很齐。特别是方形的，拐是拐，棱是棱，保准不漏雨。把打好的麦子囤放起来，以后晾晒。夏至前后就要耩黄豆了。“夏至耩黄豆，一天一夜扛榔头”，夏至是种黄豆的最佳时期。现在种子改良，玉米、花生、芝麻、棉花都可种麦茬的了。一边种，一边还要管理春季作物，像棉花抹“耳朵”，打杈、喷农药。高粱要锄草，特别是锄第一遍时不容易，“要想吃秫米饭，还要扒出根来看”，就是说，锄时既要把根露出来，又不能断。相反，扒芝麻时则不能动根，“芝麻不留台，吃不上芝麻盐”。等到豆苗长至 20 厘米时就要耪豆子。豆子没合拢之前，有草就耪，地干时，深耪“锄头有水”。地湿时浅耪，以防杂草再生。一般是天越热越是耪地，容易死草。伏天时还要种冬菜，“头伏萝卜，二伏芥”。庄稼起来后，草就长不起来了。夏季的果树管理也很重要，石榴、梨要及时打药、疏果，葡萄不仅要每星期打一次农药，还要打杈、去枝。

夏收（2006 年）　　邱玉田　摄

三秋 指秋季农忙时节中的秋收、秋耕和秋种。“立了秋，挂锄钩”，立秋之后气温开始下降，庄稼基本不需要管理了。“立秋三天遍地红”“立秋砍秋”，也就是春高粱、春玉米、春谷子要成熟了。收高粱时是用锄头把高粱一棵棵地从根部砍下来，按顺序放在地上，然后把穗头掐掉，先把穗头运到场上脱粒、收藏，等有时间再去打高粱秆疙瘩，打好后捆好拉到场上，也有的是拉到家里攒起来。谷子是用镰刀割下来捆好，然后拉到场上，用刀子把谷穗切下来，脱粒收藏。把谷秸垛起来，以便喂养圆蹄牲口。“砍倒秫秫割倒谷，摸摸红芋有多粗。”春红芋在这时想尝鲜就可以尝鲜了。8 月下旬，黄里葡萄就熟了。果农在前一天下午用剪子把葡萄剪下来，第二天上午到集市上去卖。9 月下旬，黄豆就成熟了，收割黄豆的方法与收割麦子大致相同，只是豆子不要捆扎。紧接着黄里酥梨也上市了，果农把酥梨从树上摘下，再小心地放在筐里，避免酥梨受损。梨还没卖完，石榴又熟了。还要刨春红芋并切片晒干，还要拾棉花。

耙晒垡、耕豆茬、春红芋茬、高粱地、玉米地，耕好耙好就到了种小麦的时候了。“秋分早，霜降迟，寒露种麦正当时”，即霜降前一定要把小麦种下。豌豆不能种得过早，种得早了，年前长得深，容易冻死，一般在农历十月十五黄里庙会之前种豌豆。种好小麦后，就要收冬菜，如萝卜、白菜、冬瓜等。这就是所谓的“大战三秋”。

黄里秋种（2006 年） 邱玉田 摄

农具（2016年） 邱玉田 摄

犁（2016年） 邱玉田 摄

耧（2016年） 邱玉田 摄

石磙、砘石（2016年） 邱玉田 摄

冬闲 立冬过后，天气开始变冷，地里的农活已基本结束，冬闲开始了。说是冬闲，其实人也不闲着，老年人或中年男人很早就起床，挎个粪箕出门拾动物的粪便，积攒起来以备春耕使用。妇女搂树叶、铲杂草，垫羊铺、垫牛铺，挖塘泥、沟泥，纺纱织布。近几年使用化肥，村里也就没有人积肥了。一般都在冬季兴修水利，如挖河、挖沟，由政府组织。抬田整地也是在冬季。黄里菜园多，村民还要卖菜。如香菜，收拾香菜时很费力、费时，用抓钩扒起一大块土，用手剥去土，将香菜一根根抽下来，然后捋齐放在一起，用毛草捆成小把才能去售卖。卖菠菜时，不上冻、不下雪的天气还好一些，如遇下雪天，村民就要端着炭火盆烤，才能挖出菠菜。

手工编织 黄里村民利用高粱秆、柳条、高粱秆等资源，用他们的巧手制造了许多工艺性很强的生产、生活用具。

纺车（2007 年）　　邱玉田　摄

黄里人旧时喜用高粱秆制作蒸锅垫、高粱秆盖帘、饺子帘、馒头筐等，供日常使用，制作过程简单容易。如制作小篦子，首先准备若干高粱秆，可以根据制作的篦子大小挑选高粱秆的粗细程度。一般小的就选择比较细的高粱秆，大的选择稍微粗点的高粱秆。将高粱秆一根根地用针线先从中间穿起来，待将需要的秆穿完以后固定好，再穿一道，保证高粱秆的稳固性。若制作大的，穿上三四道，以防松开。牢固以后，按照自己想要的大小，剪成各个形状，实用的篦子就制作好了。另外，高粱秆环保，无公害，用途比较广泛。高粱秆馒头筐在农户家中比较普遍，村中每家每户都会有好几个，有大的、有小的，平时多用作盛放馒头、包子等，非常实用。随着生活质量的提高，已经很少见到这些精美的纯手工编制品了。

二十世纪六七十年代，黄里有一个顺口溜——“白蜡杆子白蜡条，群众眼中是块宝，生产生活都需要，家家户户离不了。”这是因为，白蜡杆子白蜡条韧性好、结实，直挺光滑，弯而不折。白蜡杆子可以制作扬场用的叉子、木锨把儿，还可以做成鞭子杆儿；白蜡条可以用来编制各种用具，如粪箕子、簸箕、篮子、筐等，用途广泛，深受百姓喜爱，所以田间地头多有栽种。有的农户利用农闲的时候从事手工编织，除去自家用之外，多出来的手工编织品还可以拿到集市上出售。现在，种植白蜡杆子白蜡条的越来越少了，大部分都改成种植杏树、石榴树、梨树和苹果树，所以也很难见到村里从事编织行当的人了。

茓子现在已不那么适用了，村里年轻人对它已很陌生，甚至不知它为何物。二十世纪七八十年代，茓子是储藏粮食的主要工具。冬闲时，家家户户都织茓子。各家门前都堆满了高粱秆，人们为织茓子忙得热火朝天。大人、孩子的手里都有活干，拉高粱秆、剖高粱秆、轧糜子、浸泡、去穰、编织，每道程序都需专人操作。

拉高粱秆是第一道工序。挑选秆直无病害的高粱秆，把秆上的叶子和叶裤去掉。方法是用一片弯曲的铁片，钉在固定的木桩上，再用一把片刀，也制成弯曲状，两片弯曲的铁片合在一起，高粱秆从中间拉过去，就把叶子和叶裤去掉了。这种活很简单，又不费力气，一般都安排小孩干。

在织茓子的工序中，轧糜子算是一项重体力的活，都是由家庭中的壮劳力完成的。每家的堂屋都有一道被轧得光亮坚硬的碾道，大大的碾砣下轧着糜子，人站在碾砣上面，手拽着棚顶上悬着的保护绳，用脚蹬着碾砣滚动，碾砣下的糜子渐渐地变得柔软坚韧。

编织茓子，大多由妇女完成。上下翻动黄白相间的糜子，手指穿梭于糜子间。编织者身下是织好的茓子，不断地向后延伸，一会就编织成一条“长龙”。

制作高粱秆篦子（2006 年） 杨爱民 摄

用高粱秆制成的馒头筐、盖帘（2006 年） 杨爱民 摄

◉ 生活习俗

黄里人的生活习俗，主要体现在饮食、服饰、居住、出行等方面。总体上均随着经济发展、社会进步以及科学文化知识的普及和思想观念的更新，不断在传承过程中与时俱进。

饮食 新中国成立前，村民贫富不均，饮食也有很大差异。富人一日三餐；一般农民，农忙时天长，多一日三餐，农闲时天短，多一日两餐。新中国成立后至20世纪70年代，饮食习惯没有太大改变。80年代以来，村民生活富裕了，饮食习惯也改变了，不管是天长天短，还是农忙、农闲，都是一日三餐，一餐不少，早晨稀饭、馒头，中午米饭或者是馒头，至少四菜一汤；晚上稀饭、面条、菜汤。客人来访家中设宴，鸡鱼肉蛋已司空见惯，海参等已进入寻常家庭。年轻人早晨无须做饭，村子里的小吃部有现成的包子、油茶、油条、烫面、炒面、稀饭等，既省时又省力。

村民的主食以小麦、高粱、大豆为主，以绿豆、小米、红芋为辅。小麦面多用来做面条、面叶、馒头、烙饼、扁食皮、饺子皮等。高粱米烧稀饭，贴锅饼，捏窝头。有时，小麦、绿豆、大豆面混在一起做杂面，用杂面做面条，被称为豆杂面条。绿豆、小米放在稀饭里当“粮饭”。小米用来做小米饭，小米菜粥。冬天早晨做红芋饭，晚上红芋茶（加面粉是红芋饭，不加面粉就是红芋茶）。20世纪50年代初期，仍旧沿袭该种饮食习惯。六七十年代，黄里村民的主食是山红芋和晒干的红芋片，村中有句流行语——“红芋饭，红芋馍，离了红芋不能活”。80年代以后，村民的主食是小麦面和大米，杂面已不多见。

肉类以猪肉、羊肉为主，牛肉、鸡肉、鱼肉为辅。猪肉做红烧肉、烩菜、饺子馅、包子馅，瘦肉煮熟凉拌做下酒菜。羊肉一般用来烧汤，味道鲜美。牛肉不太多，因为耕牛属生产工具，不许乱宰杀。牛肉一般被用来烧汤或做下酒菜。家里来客人，杀个小鸡，大多是自家养的，一般不吃鸭鹅。中共十一届三中全会后，人们的生活水平日益提高，猪油、肥肉已没有多少人吃了，瘦肉、排骨、羊肉、牛肉越来越受欢迎。人们的口味要求也高了，鸡做成烧鸡块、烧鸡、叫花鸡、手撕鸡、白斩鸡等；鸭做成烤鸭、酱鸭、盐水鸭。鱼种类不同，做法各异，鲫鱼用来烧汤，味道鲜美，营养丰富；黑鱼炒鱼片，青鱼红烧，鲤鱼做糖醋鱼，鳝鱼做鳝段，鳝鱼汤味道鲜美。甚至羊耳朵、羊蹄子、牛耳朵、猪尾巴、鸭头、鹅头等，经过厨师的精心烹制，都成了佳肴。

春季有小白菜、蒜苗、三月糠萝卜、菠菜；夏季有黄瓜、茄子、辣椒、芹菜、豆角、韭菜；秋季有大白菜、红萝卜、胡萝卜、南瓜、北瓜、冬瓜；冬季把秋天收获的大白菜、萝卜冬藏。有的村民还腌制成咸菜，如萝卜干，在韭菜花里放嫩豆角、嫩梅豆、嫩黄瓜。有的是用面做成面酱，用豆子做成豆酱。由于冬天天冷，还有人把豆子做成“臭豆”，里面放上冬瓜片或萝卜片，吃起来别有风味。

大豆可做成豆腐、豆皮、豆芽等，为四季常菜。大葱、大蒜、姜、干红辣椒，均为不可或缺的调味料。后来黄里村又引进土豆、西红柿。21 世纪，随着设施蔬菜生产的推广，温室大棚种蔬菜较为普遍，蔬菜都是反季栽培了，人们一年四季都可吃上新鲜蔬菜。

服饰 村民的衣、帽、鞋袜等服饰形式多样，因时而异。它所蕴含的文化特性、文化品质，是民间习俗中最生动、最显活力的表现形式。

清朝末年，男上衣是大襟长衫或短衫，对襟短衫。富人家的男子基本都是长衫，外罩坎肩；一般家庭是以长衫为礼服，走亲访友时才穿。下装，男女悉为便装裤。女上衣是齐膝大襟短衫，富人家的女子基本也是，只是面料不同，穷人家多用家织土布，俗称老粗布。人们把白粗布染成黑色、蓝色，有的还染成各种图案的花布，蓝底白花，也很好看；有钱人家穿细布（或称“洋布”），或是绸缎。少数知识女性穿旗袍。20 世纪 50 年代初期，服装没有多大变化，只是粗布少了，人们开始都穿细布，颜色有海天蓝、三蓝、二蓝、靠白等。色彩艳丽的苏联大花布，一般被用来做小孩服装。60 年代，布的名称很多，如华达呢、咔叽、卡叽呢、灯芯绒等。中老年女性仍是大襟短衫，青年女性有的穿花布对襟短衫。男的穿中山装、青年装、列宁服，由手工缝制改为缝纫机制作。“文化大革命”期间，青年不分男女，一律是草绿色军装。

二十世纪八九十年代，服装方面有很大变革：西装，夹克衫，滑雪衫，拉链衫，羽绒服，长短呢子衣，品种繁多。也有少数女性穿上裙子，有西服裙、连衣裙、百褶裙、摆裙等。21 世纪以后，中式服装已不多见。特别是夏季，青年女性上身穿背心，下身穿超短裤、超短裙；中老年女性也很时尚，着中短袖上衣，七分裤或八分裤。有的穿买的衣服，有的是花钱做的绵绸料，五彩缤纷，鲜艳夺目。男士上身是 T 恤衫，下身也是七分裤、八分裤。冬天，青年女性上身穿打底衫，外面罩外套，外套是中短袖，下身穿打底裤，外面套短裙，也有套短裤的。中老年人不分男女都穿羽绒服、丝绵衣。青年男士在正式场合都穿西服打领带。

黄里是山地，所以黄里所生产的鞋底、鞋帮都做得很结实。人们冬天穿“双脸”棉鞋或是芦缨与麻制毛窝子，有草底的，有木底的。新中国成立前，男式穿圆头窄口黑色布鞋；女子裹脚，穿尖头绣花鞋；老年人穿套鞋，冬天也穿尖头布棉鞋。女性用白布条裹脚，不用穿袜；男性穿白布缝制袜。

新中国成立初期，老年人的鞋袜没有太大改变。年轻人有所变化，男性大都买解放鞋、球鞋，女性穿宽口布鞋。60 年代夏季，有个别男式青年、女士青年穿塑料凉鞋，后期有一些时尚青年穿翻毛皮鞋，擦油皮鞋。穿线织长筒袜，用松紧吊带在膝下处扎住，后来衍变成线织短袜、玻璃丝袜、尼龙袜。70 年代，男女均穿松紧口布鞋。80 年代，男士穿运动鞋、人造革皮鞋，真皮鞋，复式人造革、真皮凉鞋，在家穿塑料拖鞋。女士鞋有平跟的、高跟的、内增高的，有运动鞋、皮鞋、老北京布鞋，花色繁多，艳丽多姿，形式各异。儿童鞋更是花样繁多，从面料看，有布的、有草的，有皮的；从式样看，有棉的，有单的，有深腰的，有浅腰的；从色彩看，更是五彩斑斓。

旧时年轻妇女头戴毛巾，老年妇女戴自制的露出头顶的绣花帽，或者顶黑色纱。有钱男子戴礼帽，一般家庭的男人不戴帽。夏季，戴斗笠、席夹子；冬季，老年人戴线帽或瓜皮帽。60 年代，冬季妇女多用方巾、围巾，冷了便蒙在头顶，方巾有各种色彩。男的春秋季戴兵帽、鸭舌帽；冬季，戴棉兵帽，棉军帽（火车头）；夏季，戴麦秸草帽。老年人则戴斗笠，席夹子。70 年代，青年女性由方巾改为滑雪帽、线织帽。80 年代以后变化很大，冬季方巾消失了，青年女性虽然也戴线织帽，但花样繁多，不再单纯为了取暖，帽子已然成了装饰品。夏季，年轻女性的太阳帽，有化纤的、布的，样式新颖，时尚大方。为了防晒，骑电动车上下班时也戴集帽、围脖、口罩为一体的太阳帽。

清朝时，男子蓄发辫，有的盘在头顶，有的甩在脑后。辛亥革命后，人们剪去辫子，有的剃为光头，有的留中分、偏分。未婚女子在脑后梳一根独辫，根部梢部用红头绳扎紧。婚后少妇绾纂，用发网网上，用四根银叉固定中间。老年妇女一般不用发网，自头后绾起后，用长银簪固定。

50 年代初期，中老年妇女的发型样式没有多大变化。未婚女性把一根独辫改为两根，有的剪成齐耳短发。直到“文化大革命”，不管年纪大小，女的一律不留长发，老年妇女可留较长一点，把头发向上绾起，用大发卡卡住，中年妇女一律留短发，青年女性剪运动头。80 年代后，发型变化很大，中老年男性除少数留光头外，大都是平头，偏分。青年男子留平头等，女性不管是老年、中年、青年，以留“风凉头”居多。2000 年以后，大多数的青年人追求时尚，发型也各式各样。特别是年轻人，有的剪成鸡冠型的鸡冠头，心型的心型发。奥运会期间，有的还在头上剃成五环发、运动健儿发。还有个别的留长发、蓄发辫，烫发。一般女性梳马尾辫，披肩发，齐耳短发，蘑菇头，有顺直的，有烫发的，颜色各异。个别男孩、女孩，在头发上染多种颜色，形成五彩头。老年妇女人仍然是“风凉头”。

旧时，年轻的女性，婚前戴上耳坠、手腕上戴手镯，发辫上扎红头绳；婚后，头上戴丈夫过启时买的首饰。新中国成立后，大人已渐渐不戴饰品，只是偶尔有小孩子腕戴手镯，脚上戴银环，脖子上戴银项圈，头发上戴发卡。2000 年以来，饰品越来越多，女孩子不分婚前、婚后都戴。手腕上，有戴珠子手链的，有戴银镯的，有戴玉手镯的，有戴金手链的。脖子上的项链，有珠子的、银子的、黄金的、铂金的、珍珠的。手指上的戒指，有黄金的、铂金的、钻石的。头上发卡的花草鱼虫栩栩如生。冬季以及春秋季，也佩戴各式各样的围巾、丝巾，色彩艳丽。

居住　黄里住宅堂屋坐北朝南，式样有连三间，一明两暗；连五间，明三暗两。正房为主房，东西为偏房、配房。主房用来住宿，偏房为厨房或仓库，东为上，西为下。一般家庭都没有院墙。

20 世纪 50 年代前后，一般人家建土墙，草顶房，墙用泥土碎麦草垛成，用土坯砌。檀木一般为五根，稍宽的为七根。上梁时，梁贴“清龙盘玉柱”“白虎架金梁”的红纸对联，燃放鞭炮以求吉利，屋面是高粱秸秆或芦苇做箔，以麦秸或山红草覆盖，泥土压脊。富贵人家以石为基，以土打墙，土砖封檐，屋面用瓦脊压脊，即腰子墙瓦房。70 年代，一般家庭以石为基，以土打墙，屋面大部分用草，然后再用几路瓦，俗称“瓦镶边”。80 年代后，村民的居住条件进一步改善，富裕农民把草房改建成砖瓦房，也叫海青房。特别是进入 21 世纪，许多人家都住上了两层楼房，楼房为套房模式，有大客厅、大卧室、卫生间、大晾台，以地板砖铺地，高墙大院，院内水泥铺路，另有花园或是菜园，舒适宜人。城市人都羡慕不已。由于城市房价高、居住环境下降，城市居民开始到农村买宅基地建房。

用具　新中国成立前，富贵人家橱柜、箱案、桌椅床凳齐全，油漆花雕，上刻龙凤呈祥、浮云流水、草虫花卉等图案，经久耐用。黄里村有村民娶妻，嫁妆排至八里，气派非凡。村民丁仰申家至今还有一张“顶子床”，式样似轿，四根圆柱，雕花榻顶，雕花床面，床前有脚踏。一般人家仅有八仙桌，抽桌，五道檩床，方凳小板凳，式样简单。二十世纪五六十年代，没有多大改变。70 年代后，一些木制家具数量增加，式样翻新。村民家里又多了收音机，缝纫机。80 年代后，有了黑白电视机。2000 年以后，家家都有彩电，洗衣机由单缸换成双缸，现在又由双缸换成全自动，年轻人家家都有沙发。有少数几户村民家中的沙发是欧式真皮，电视机是“家庭影院”。

旧时，一般家庭是泥土支灶，灶门向北或向西，餐具是木勺、铁勺、铁铲、竹筷、黑碗、粗瓷碗。只有富户人家用细瓷碗碟。20 世纪 60 年代，村民多用大黄皮、大黑皮碗。70 年代至 80 年代，一般家庭用砖支灶台，台面用水泥制成，好擦洗。后来又贴上瓷砖，又亮又光。进入 21 世纪，已经很少有人用柴烧火做饭，经济条件差的也用煤球炉，很多家庭使用电磁炉、电饭煲、电压力锅、液化气灶，省钱、省时、省事。灶台用瓷砖和水泥制成，美观、大方、实用，锅碗瓢盆都有相应的地方放置。勺子、铲子、大刀、漏勺，材质不同，形式各异。个别家庭有沼气池，定制的大理石橱柜及燃气灶。家家是细瓷碗，大碗、小碗、碟子，各式各样。

旧时，夏天用蒲扇扇凉降温，也有用麦秸梃编制的麦秸扇，式样漂亮，后来又有芭蕉扇，富裕家庭用纸扇、绸扇。直至 20 世纪 70 年代仍沿用。到了 80 年代，大部分家庭都安装吊扇、落地扇、小台扇。2000 年后，年轻人的家中都有空调，多为壁挂式，大客厅是柜式机。旧时吃不完的饭菜，馊了臭了就倒掉了。现在大部分家庭都有冰箱、冰柜。但冷藏室使用率很低，是因为村民多食自种的新鲜蔬菜，冷冻室放肉类，更高级的还有三开门的冰箱。一年四季，村民都有新鲜菜吃。

旧时，人们照明用的是油灯，铁制带把的灯碗放上棉籽油，用数根棉线制成灯芯。后来用使用过的墨水瓶，瓶口放上方眼制钱，把用薄铁皮卷成的小铁筒穿上灯芯，即所谓的“洋油灯”。新中国成立后有所改进，但还是点煤油，有带玻璃照的罩子灯，有提着的小马灯。唯一用电（干电池）的灯就是手电筒。到了 1968 年黄里通了电，此后村民家中逐渐安装电灯，有10瓦的、20瓦的、40瓦的，遇红白喜事就用100瓦的电灯照明。2000年后，黄里人客厅用大吊灯，卧室用吸顶灯，卫生间用浴霸。在新婚夫妇的家中，还有式样华贵的台灯。

旧时，黄里村民洗衣服都是手洗，冬天村民要在结了冰的河上打个冰窟洗衣服、洗尿布。20世纪80年代初，生活逐渐富裕起来，村子里个别家庭购买了单缸洗衣机，后来又添置了单缸脱水机，再后来又添置了双缸洗衣机，2015年，黄里人几乎家家都有洗衣机，有个别比较富裕的家庭又换成全自动洗衣机，有的换成滚筒式的洗衣机。上班前把衣服向洗衣机里一扔，下班回家就可以晾晒了。

1984年，黄里村有了第一台12英寸黑白电视机。随着电视机的普及，电视机由黑白到彩色，由电子显像管到液晶显示屏，由天线接收到卫星转播，由12英寸到25英寸、26英寸、32英寸、40英寸、50英寸、55英寸不等。家家户户都有电视，有些人家里还不只一台。少数村民家里还有家庭影院。

二十世纪八九十年代，厨房家电进入黄里村民家庭，开始只是年轻人用电饭锅、电饭煲做米饭，烧水用的电水壶，做饭用的电磁炉、微波炉，到后来村中不少家庭都用上了厨房家电。有老人、孩子的家庭，讲究营养搭配，又添置了豆浆机、榨汁机。以前做饭、炒菜有油烟，时间长了，油烟凝固，黑油都往下滴，很难清除。90年代，一部分家庭安装了排气扇。21世纪，已经有一部分家庭安装了抽油烟机。

冬天，农户家中基本没有取暖设备，屋里、屋外一个温度。若是家里来个客人，便拽把柴火在屋子里烤火，整个屋子被弄得烟熏火燎的。有钱人家也只是用火盆烧木炭取暖。进入21世纪，城乡电价统一后，电费下降、电器普及。一般年轻人家里都有空调，条件好的家庭有的购置了取暖器、电油汀、暖气片等，经济条件稍差点的家庭也用上了电暖宝。现在，黄里村几乎家家户户都有太阳能热水器。个别有深水井的家庭使用电热水器。

行旅　20世纪50年代前，村民出行都是步行。村民到徐州贩卖菠菜，从黄里村到江苏徐州约60千米的路程，一天内就能往返。也有以驴、马作为代步工具的，赶集、走亲访友都是骑驴、骑马。也有村民怜惜自己的牲口，只让牲口驮着东西，由人牵着的。

拖车是比较原始的交通工具。拖车车厢为正方体，一米多高，用两根较粗而结实耐磨的木头钉在触地的地方，像是雪橇。村民走亲戚时，把一个软床（北方用绳攀起的一种床）的床腿朝上放在上面，人坐在软床上，一头牛拉着，一个人赶着，比较讲究的村民再在上面扎个苇席，可以遮风挡雨。

独轮车有“红车子”“土牛子”两种。土牛子，车面为一个平板，板下有两个撑子，中间有一个木轮，四周钉铁皮，一个人推，上面可坐 2~3 人。红车子，车面中间有一个凸形的中空短木栏，左右为平板，车轮一半在板下，一半在短栏内，一个人推木栏，左右可坐一人。推车时上身稳，腰要活，俗话说“推小车不要学，只要腚帮磨得活”。

太平车旧时亦被称作“大车”，一般是用硬料木做成的。有车厢、车帮、四个木轮子，比较富裕的家庭把车轮的周围用生铁皮裹起来，车厢也用铁皮钉上，叫作“铁边车”。太平车一般由三个牲口拉，一人赶车，一人辕车。走亲访友时用太平车较为方便。

二十世纪五六十年代，黄里平板车的轮子为胶皮轮，且轮子要比车厢高出好多，一人驾着两个车把，车绊斜挎在脖子上，用力拉。60 年代以后，车轮都改成了小型轮胎，方便乘车时人员上下及搬东西。

二十世纪六七十年代，黄里村自行车很少，只有两三辆。村民丁在炎家有一辆旧的“二六”型永久牌自行车，全村人都来借。到了 90 年代，家家都有自行车，有的甚至有几辆。现在，村中已经很少有人骑自行车了。

太平车（2006 年）　　邱玉田　摄

二十世纪七八十年代，村里有手扶拖拉机和四轮车，运庄稼、肥料都用手扶拖拉机和四轮车，当然也可以坐人，一车可坐十余人。90年代末，比较富裕的几户村民家里就有了摩托车，但摩托车太笨重，还要用汽油，价钱高且加油不太方便。随着时间的推移，村中逐渐有了两轮电动车、三轮电动车。2000年，村里就已经有几辆小型面包车了，一开始是昌河，后来又有哈飞、五菱之光等，再后来又有了轿车。如今，村中的老年人赶集买东西都是骑脚蹬三轮车或是乘电动三轮车，方便快捷。

◉ 庙会集场

黄里集市 黄里先之为村，继而成集，黄里沉淀着自身悠久而繁华的历史。至民国初年，黄里村仍有东西寨门、上街、下街、南大园、祠堂、民宅等。东西走向的西街，一年四季天天逢集。天还没放明，方圆一二十里的村民便往集上赶，待天蒙蒙放亮，上街、下街早已人流如织，时鲜农产品、餐饮等买卖兴隆起来。集市上的生活日用品，生产用的各式小型农具，家禽家畜，粮食布匹等应有尽有。至炊烟袅袅，做烙饼的鏊子声响起，赶集人逐渐散去，“鏊子响集”即告结市。

早在百年之前，黄里集即有“劳务市场”，且劳务交易长盛不衰。是时，早街一隅会有赋闲人丁手持各式工具招徕雇主。无劳力的家庭，或者家中有大的活计，自家人无法独立完成的，都会在早上到黄里集（原在后黄小学老校址西大门外的南北街上，现在黄里社区大门外）临时雇工。时间和报酬由双方当面议定。农忙时，劳务交易市场更是繁荣，有月工和日工两种，管吃不管住。有些地少的或无地的村民，早晨戴上草帽或一些小型工具，便到集市上找活干。有到本村务工的，也有到附近村庄务工的，或打短工，或做长工，还有一种是月工，双方谈妥条件，即下地干活。

商店 1940年，萧县孙圩孜张成美到黄里投奔亲戚，挑起货郎担子，手摇拨浪鼓，走街串巷卖些针头线脑等日用品。20世纪50年代初，政府在村内组织办起供销合作社，解决农产品粮食收购和村民日用品供应。1954年，生产、生活条件有所改善，张成美在自家办起了小商店，在一张小方桌旁放上一个盛盐的砂缸、一个装洋油（煤油）的小铁皮桶，在用土坯靠墙垒的简易小货架上摆放一些针头线脑、电筒、电池、手帕等小百货。当时老百姓没有钱，多采用以物易物的交易方式兑换各种生活必需品，如食盐、洋火（火柴）、洋油（煤油）、手电筒等。

黄里商业街（2013 年）　　　黄里村　提供

村民们在黄里古庙会上挑选商品（2013 年）

黄里村　提供

1955 年春天，张成美的小商店实行社会主义改造，归集体所有，店面得到了扩大，人员也得到了增加。1958 年开展人民公社化运动以后，小商店转属濉溪县钟楼供销社，派丁树林经营，店址搬迁到南大庙（即火神庙）。后随着黄里人口的不断增多，供销合作社又投资 2 万多元，委派张志国在下街新盖 8 间店面，经营的范围也扩大到纱布、烟酒、食品、日杂，同时兼收购农副产品。20 世纪 80 年代，商业大开放，地方国营供销合作社被个体市场化的商店所取代。到了 90 年代，一些颇具商业头脑的沿街村民，利用自家房产经营起日杂百货。

商业街　2000 年前后，随着改革开放的深入，个体经济得到大的发展。从前黄到后黄大桥头，再到后黄东西主大街，几乎成了商业街，共有大小超市十几个，小型店面更是多至几十个。经营的商品各式各样、应有尽有，大到大型家用电器，如冰箱、彩电、洗衣机等，小到日常生活用品，如油、盐、酱、醋、茶等生活必需品；大到生产资料，如化肥，种子、农药、电动喷雾机等生产用品，小到钉头、螺丝、手电筒、大人小孩的衣服鞋帽等生活用品，村民不出村就能置办齐备。沿街数里路分布的各具特色的小吃铺，更是方便了村民的日常生活。

古庙会　黄里自古就是远近闻名的大集镇。清光绪《宿州志》（纪健生点校本）载：“黄里集，至城八十五里。”至今人们仍常传诵“黄里集”，足见当时盛况。

黄里村（又称黄里集）一年有两次古庙会，即农历四月初五和农历十月十五。每逢庙会，黄里村的男女老少像是过年一样快乐，买不买东西都要到庙会上溜达一圈。由于两次庙会都是在农闲时节，故而逛庙会的人特别多。上海、南京、徐州等地的商人也到古庙会推销商品，其盛况不亚于农历三月十八的相山庙会。古庙会始于何时，已无从考究，但从古庙会期间香火之盛，以及到天藏寺与火神庙的香客数量之多来看，时间应该很久远。

农历四月初五的庙会，地点在黄里寨北门外一直到凤凰山西边的被称为“上场”的一大片空旷地带。该次庙会是为农民麦收做准备的一次庙会，卖农具的商贩特别多。铁匠、木匠会带着徒弟们，现场打制各类农具。农历十月初五的庙会，地点在黄里村东南火神庙前涧沟、土塘崖一带的空旷地带。黄里古庙会多以交易日常生活用品、生产工具、农副产品为主，并配以各种文艺演出。

由于村庄扩建，黄里庙会迁徙至村西濉河两岸，以后黄大桥为中心的一片场地。

二十世纪四五十年代，庙会期间文艺活动很盛，玩洋片（土电影）、杂技团（玩刀山）、动物驯化（玩猴），有时还有两帮剧团对戏，当地称之为盖戏（实为赛戏）。至六七十年代，这些玩艺逐渐退出古庙会。这时，天藏寺寺内仍有住持僧人敬斋和弟子真戒、真慈 3 人，有庙产 20 余亩，石榴园 10 余亩，这是天藏寺较为兴旺的时期。信佛者多为周边村庄村民，每年农历四月初五逢庙会，四乡群众赶庙会者、烧香拜佛者络绎不绝，人山人海，钟磬齐鸣，其声悠扬乐耳，盘旋于山谷寺庙上空，声闻数里之外，盛况动人。

改革开放后，古庙会变成了纯粹物资交流大会，文艺演出及香火已全无。黄里村的两个古庙会远近闻名，至今每到逢会期的前两天就有商客前来，辐射范围方圆可达一二百里，庙会当天的客流量可达两三万人次。经过百年的变迁，两个古庙会地址也合二为一，改在淮北凤凰山经济开发区凤霞路大桥的两侧。庙会期间，附近

黄里庙会商品交易（2012 年） 李彪 摄

2014 年农历十月庙会期间，淮北市豫剧院送戏到黄里 邱玉田 摄

的小商贩在此进行商品交易。村民们可在庙会上购买各式各样的农用商品以及日常用品，如镰刀、桑叉、扫帚、木锨等。

2013 年 5 月 14 日（农历四月初五），天藏寺配合黄里地方政府共同举办“旧历四月初五天藏寺古庙会”，周边群众数万人逛庙会，寺庙内香烟缭绕，盛况似前。既有古稀老人，亦有时尚青年，不惜翻山越岭到天藏寺朝拜，可谓“庙小香火旺，寺新名远扬。”2014 年 12 月 6 日（农历十月十五）举办的庙会规模较大，淮北市豫剧院开展送戏下乡活动，演职人员到相山区曲阳街道黄里社区唱戏三天，让黄里村民在家门口享受“文化大餐”，丰富了基层群众的精神文化生活。

农历三月十八为古相山庙会。古时，每年春、秋两季，淮北境内地方官员都要到相山显通寺举行祭礼，祈求神灵保佑平安，降福于民。而周边民众则于农历三月十八到相山庙敬献香火。新中国成立后，1965 年相山庙会曾经被改成物资交流大会，庙会上有减价的服装、淮北土特产、“农味”十足的小吃、民间工艺品等，也有民俗表演。高峰时有十余省市的客商和群众数十万人赶庙会。每逢庙会期间，黄里人多翻过寨墙山去赶庙会，祈祷神灵保佑，降福免灾。

◉ 岁时习俗

春节 春节俗称“过年”，是农历节中最隆重的节日。“吃过腊八饭就把年来办”，一般人家吃过腊八粥后就忙活过年了，家家杀猪宰羊，杀鸡杀鱼。鱼洗净后，用绳子系上，用铁钩子挂在房梁上，以备过年。腊月二十四是“祭灶”的日子。腊月二十五以后就蒸馍炸丸子，蒸馍的时候也有很多花样，有馒头，客来才吃，有花卷、杂面（玉米、高粱）团，自己吃还要蒸一个团圆馍。除夕是辞旧迎新的日子，村民一大早起来忙着贴门神、对联，在堂屋靠后墙正中的香案上摆放祭祖的供品，点着香炉中的香火，每个门旁也有三根香火。中午置美酒、佳肴，全家人在一起吃团圆饭。门口横一拦门棍，意为拦财外流。晚饭后，妇女们包扁食以备年五更的年夜饭（正月初一）。家中成年男子及老人围火聊天。小孩跑前跑后，彻底不眠。谓之熬岁。

到了五更，就算是新年第一天的开始，现在人们都把正月初一称为春节，旧称诸神下界之日。家家都起得很早，为争第一。下扁食（一定要素馅）时，要放鞭炮，扁食熟了要先盛一碗敬神灵，再盛一碗敬祖先，然后一家有几口人就盛几碗，不在家的也要摆上碗筷放上座位。还要去喂牲口几个扁食以示犒赏。吃饭时锅里一定要剩几个扁食，不能吃完，意为年年有余。年前蒸的团圆馍（圆油饼上面放上红枣、花生），初一早上全家每人都要吃一角，饭后全家人要穿上新衣服。老人置花生、瓜子、炸果、糖等待晚辈们上门拜年。自家的孩子起床后，就要给爹娘磕头拜年，孙子给爷爷奶奶拜年挣压岁钱。饭后大人带着孩子到近房长辈家去登门拜年。大家见面相互恭贺新禧，互道“新年好”“新年快乐”“恭喜发财”。最高兴的是村里的孩子们，拿着花生、瓜子、糖、压岁钱满载而归。正月初一这一天不许扫院子，不许扫屋内。

年初二为吉日，村民们开始走亲访友，一般都是去姑娘家、姨家、姥姥家，去时礼物很简单，即拿两包点心，讲究的拿四包另外带几个馒头，带点丸子，回时还要回一半。

年初三这天，大家都吃扁食，下扁食时也要放炮，曰：“初三吃顿扁，不咳也不喘。”

年初四是新婚夫妇给岳父岳母拜年的日子，去时要带点心、粉丝、鱼之类的实物，回时除了不准留鱼，其他东西均留一半。粉丝的寓意是“细水长流”。

年初五是“小年节”，早上吃扁食，放鞭炮；中午全家人共享好酒好菜，其隆重程度稍逊大年初一，这一天不准走亲访友。

从正月初一到正月初九，是农村妇女最享受的日子，因为一不要干农活，二不要做针线活。农村有这样的说法——七不动针、八不拔、九动针、打犁铧。

立春　立春既是一个节气，又是一个节日。每年 2 月 3 日、4 日或 6 日为立春之日，“春打六九头”，所以阳历在六九的第一天。十二生肖的属相也是从立春之日更替。旧时，在打春这一天，老人给小孩缝制春鸡：用一小块方形的布，有用白色的，有用红色的，也有用其他颜色的，把两个对角相对，形成三角形，然后把边缝在一起，一端缝实，一端留一点，然后翻过来，从留着口的地方塞进棉花，让其鼓起来，然后把布条或是毛线塞到留口处作为鸡尾，另一端的两边用一块小圆形的黑布当作眼睛，腰中间用一块布条，如果是白布，就用红布条，若是红布就用白布条，使搭配起来非常显眼。这样一个春鸡做成了。一般把春鸡缝在小孩的袖子上，离袖口 1~2 寸的地方。

元宵节　农历正月十五是元宵节，又称“灯节”。各家各户张灯结彩，都蒸面灯（一般是豆面掺麦面），有死面的，有发面的，除了捏小孩点的灯，还要捏 12

个月的面灯，若有闰月还要多捏一个，另外再根据自家小孩的属相捏上鸡、猪、狗、蛇、龙等，再捏两盘龙，一盘是苍龙身上放有盛粮食的囤，另一盘是钱龙嘴里放钱，还捏上口袋、折子、鸡窝。一只老母鸡趴在鸡窝里，四周有小鸡、鸡蛋，活灵活现。另外大人们还给孩子们扎上花灯，到晚上小孩子有端面灯的，有挑花灯的，有放花的，有放炮的，小孩子闹着让大人们陪着，十分热闹。元宵节这天，要吃元宵，俗称“圆子”“汤圆”。

归宁节 农历正月十六，俗称“小年下”，早餐吃面条、下扁食。曰“青丝白鹅”，饭后大家都准备去接女儿回来，有“正月十六好十六，家家都接连心肉”的说法。女儿回家后可住上几天，但不能过二月二。

二月二 农历二月二又称“龙抬头”“龙头节”。农历二月的风俗主要是与太阳和龙有关，因为冬天的严寒已经过去，太阳升高给人们带来温暖，又因为春天来了，农业开始忙了起来，作物生长需要是阳光和水，所以要祭祀龙和太阳。二月初二，村里家家都炸花子，炒豆子，吃馒头，喝灯汤、龙汤。大人、小孩都去理发，一是因为有正月剃头死舅的说法，二是“二月二龙抬头”，图个吉利。出门的女儿不许在娘家过夜，说是“二月二吃了娘家的花，死老婆婆啪嗒”。

农历二月二爆米花（2006 年） 市方志办 提供

清明节 清明节是中国传统节日之一，也是最重要的祭祀节日之一，是祭祖和扫墓的日子。黄里民间有插柳辟邪的习俗，当地俗语“清明不插柳，死了变成大黄狗”。清明节这天要吃煮鸡蛋，据说是为了纪念介子推，因此在“寒食节”当天不准升烟火做饭。各家各户去给亲人添坟、烧纸钱，讲究的还要有“三牲”（鸡、鸭、鱼）祭品，俗称扫墓。每年清明节，黄里小学组织学校师生祭扫烈士墓，使学生们了解清明节的来历，同时又接受了生动的革命传统教育、爱国主义教育、艰苦奋斗教育和集体主义教育，让学生初步树立正确的人生观、价值观、世界观。清明时节不仅有扫墓的习俗，还有踏青春游、插柳、放风筝等习俗。

端午节 农历五月初五为端午节，又名“五月节”“端阳节”。家家户户插艾，黄里当地有“五月端午不插艾，死了变个老鳖盖”的说法。据说屈原在汨罗江殉国，端午节就是他的忌日，因此要包粽子祭奠屈原。这一天，黄里人缝制香包，里面放上香草。给儿童扎上用多种颜色丝线合成的花手脖。另外，人们炸丸子、炸糖糕、包饺子，用来庆祝节日。

六月六 农历六月六，是六月里的一个大节，又称“天贶节”。一般为年过 66 岁的老人过寿，都选择这个吉日。这一天，需剪去小孩的长命缕，即五月端午节给小孩扎的花手脖，丢在水里。平民百姓也于此日晒裘衣杂物，以防虫蛀。

七夕节 农历七月初七是民间传统的七夕节，又称“女儿节”。旧时，七月初七，黄里的女孩会在这天摆上时令瓜果，朝天祭拜，穿针乞巧，乞求美丽聪明，更乞求美满的婚姻爱情。传说七夕这天，躲在葡萄树下可以在半夜子时看到牛郎织女相会。每到七夕这天，人们都说这天要下雨了，因为这天牛郎织女相会要伤心落泪。如果不下雨，人们会说，牛郎织女现在已是老夫老妻了，见面不落泪了。2006 年，国务院把七夕节列入第一批国家非物质文化遗产名录，人们把这天当作是中国人的情人节。每逢七夕，黄里的年轻人互送礼物，表达相思、相爱之情。

中元节 农历七月十五被称作中元节，俗称“鬼节”。是日，人们纷纷给已故亲人烧纸上供，有的离家远不能回去烧纸的，就在当日五更时，在三岔路口烧，以寄托对已故亲人的哀思。

中秋节 又称月夕、秋节、仲秋节、八月节、八月会、追月节、玩月节、拜月节、女儿节或团圆节，是流行于中国各民族的传统文化节日。时在农历八月十五，因其恰值三秋之半，故名“中秋节”。中秋节之所以成为佳节，还在于对月亮有着种种美丽的神话传说，其中最著名的是“嫦娥奔月”。

是日中午，黄里家家杀鸡宰鱼，共享美酒佳肴，共度佳节。而且在此前的一二十天内就备上月饼、酒等，走亲访友。晚上，人们在院子里摆上桌椅板凳，放上月饼、石榴、苹果、梨、葡萄等，曰“八月十五月儿圆，月饼石榴敬老天”。全家人围坐在一起赏月，说说笑笑，其乐融融。已订婚的男青年，节前要备贵重礼物前去看望未来岳父岳母，女方则盛宴款待。亲朋好友之间也在节前相互串门互送礼品。

重阳节 农历九月初九，二九相重，称为“重九”，民间在该日有登高的风俗，所以重阳节又称“登高节”。这一天，学校组织学生秋游，领略祖国的锦绣河山，同时也可对学生进行爱国教育。九月初九，“九九”谐音是“久久”，有长久之意，所以黄里村常在此日进行祭祖活动并推行敬老活动。2012 年 12 月 28 日通过的《中华人民共和国老年人权益保障法》明确每年农历九月初九为老年节。旧时，农历九月九是黄里大领（长工）结束一年劳动回家的日子。

腊八节 腊八节是用来祭祀祖先和神灵，祈求丰收和吉祥的节日。因相传农历十二月初八是佛教创始人释迦牟尼在佛陀耶菩提下成道并创立佛教的日子，故腊八节又被称为“佛成道节”。黄里有腊八节喝腊八粥的习俗。这一天，家家都做腊八粥，原料有小米、菠菜、花生米、豆皮、馓子等，寓意吉利。村民更是赋予腊八粥许多神奇的功效，小孩子把腊八粥抹在枣树上，说是来年可以多结枣子；抹在石榴树上，说是可以多结石榴。

祭灶 农历腊月二十四被称为“小年夜”，也称“小年节”。节俗活动最突出的是祭灶。祭灶，即祭祀敬奉灶神，送灶神“上天”。灶神，又称灶王、灶君，俗称灶王爷。旧时，淮北地区祭灶是“官三民四”，即官家在腊月二十三，民间在腊月二十四。辛亥革命后，已无此区别。祭灶这天，村民要预先请灶君像，然后将锅屋（厨房）灶门墙上的灶神像揭下焚烧，再贴新的灶神。灶神两边的对联是“上天言好事，下界保平安”。腊月二十三或二十四晚上，黄里家家设供祭灶，一般供饴糖、果品等，敬灶神时全家依次叩拜。并用饴糖抹一点在灶君嘴上及灶门上，把锅屋墙上贴的旧灶君像焚烧，称为灶君“上天”，饴糖抹嘴是让他多说好话。祭灶二更后收供，全家分吃饴糖、果品等。灶王是一家之主，自然不能总住在玉皇大帝的天宫里不回家，因此祭灶之俗便又有迎灶、接灶之举，即在正月初一五更时分村民放爆竹迎接灶神归来。

◉ 游艺习俗

舞狮　舞狮，是一种富有民族色彩的舞蹈形式，也是备受大众欢迎的游艺节目。淮北地区，从城市到乡村，逢年过节及庆典盛事，都可见舞狮活动。在锣鼓快、慢、轻、重的打击乐声中，一只或数只威武的醒狮在舞狮者的导引下，或昂首阔步，或俯颈低头，或摇头摆尾，或搔头洗耳，或舔毛擦脚，或噬炮吞烟，或登高抢球。围观者兴高采烈、击掌叫好。

斗蛐蛐　又被称为“斗蟋蟀”，黄里人善玩。秋季的傍晚，人们到山脚南瓜地里抓蟋蟀。蛐蛐叫的声音，有的清脆而短，有的浑厚沉闷而长，前者被黄里人称作锅铲头猴头嘴，不善斗，后者就是被黄里人称作老虎头（圆嘴）的公蛐蛐，善斗。捕捉时，手不能张开，四指并拢弯曲，形成一个罩形，手落下时正好罩住，蛐蛐跳起，触动手心时，五指合拢轻轻一攥，就捉住了。然后把捉住的蛐蛐放在事先准备好的南瓜柄（此柄与叶相连的部分是堵死的，其余地方是空的），用草叶堵住柄口，拿回家放在小瓶子中，用瓜子仁、南瓜仁喂养几天，圈圈野性就可以斗了。

斗时，把两只蛐蛐放在口比较大的玻璃瓶、铁盒、瓦罐中，放一些瓜子仁或南瓜子仁之类的东西。用加工过的草缨（黄里人用秧草结种子的梗子，上面结种的部分有四个结种叉，从中间劈开，用手一捋，把种子抹掉，剩下的部分即为草缨）撩拨两个蛐蛐的须，激怒它们，让其相斗。如果两个蛐蛐是同方向，要撩拨前者之尾部，前者认为尾后有攻击者，回头就咬，后者见有袭击者，就会发怒还击，两者相互撕咬，互不相让，直到一方将另一方咬伤咬败，胜者振翅高叫，败者拼命逃窜或飞出器皿之外，即结束战斗。

斗鹌鹑　斗鹌鹑是黄里人甚为喜爱的一项民间活动。旧时，就有很多人养鹌鹑。二十世纪五六十年代，黄里喂养鹌鹑的有30多人。捕捉鹌鹑应该是在深秋和春天，先用斗败的鹌鹑作“鸟媒”，将其用笼子装起来，放在下网的地方作引子（这些引子和斗鹌鹑都是雄的），深秋用“隹隹”引“可啪”，春天用“可啪”引“隹隹”（名字都是象声词，根据鹌鹑的叫声起名字）。深秋捕捉到的鹌鹑被称为“白唐”（根据颜色起名），春天捕捉到的鹌鹑被称为“菜花”。不管是什么时候捉到的鹌鹑，回到家后都要进行把把，用谷子喂，喂熟了才能斗。

逮鹌鹑，斗鹌鹑（2015 年）　　邱玉田　摄

鹌鹑也有三六九等之分，不是所有的鹌鹑都可以用来“斗”的。其中，以黑嘴白胡须的最为珍贵，有“牛不换”的称谓；其次，是黑嘴红胡须的；最后，那些杂毛横生的只限于把玩。

斗鹌鹑时一般是在立春前，逢 3、6、9 日，即 3 天斗一次。第一天，要把斗鹌鹑喂“全嗉”（即很饱），第二天不喂，在斗的这天早上喂半嗉（即半饱）。斗鹌鹑的场地是一个长方形的藤编筐中，斗鹌鹑的双方各自把着自己的鹌鹑，拿鹌鹑的手在后，拿谷子的手在前，先让鹌鹑吃几粒谷子，再各自抽开手，把鹌鹑一撒，两只鹌鹑一抬头发现有争食的，便用大嘴过去就啄，啄头、蹬肚子、翅打、锁脖子，斗得不可开交。鹌鹑上了斗场，往往三五分钟之内便可分胜负。而后回去再养、再把，三天后再斗。多次获胜的鹌鹑，身价百倍，被村民当作宠物厚养，以备来年再战。黄里有种说法，即“打败的鹌鹑斗败的鸡——上不了阵势”。鹌鹑一旦被咬败一次后，便终生不敢再被任何一只鹌鹑咬了。被斗败的鹌鹑，下场大多很悲惨：有的被摔死；有的被当作下酒菜；有的被当引子。

斗鸡　黄里村在 50 年代有三家养斗鸡的。斗鸡在黄里村被称为打鸡，体型高大魁梧，体质健壮，形似鸵鸟，喙如鹰嘴，脖子长，胸部发达，羽毛稀薄。斗鸡的优劣要看其斗性和斗技，斗性、斗技要靠养者的喂养和训练。饲养斗鸡时，不仅要喂其粮食，而且要经常给它们肉吃，使斗鸡筋骨强壮有力。撵、溜、转、跳、推、拉、托、绞，这些训练方法可以使斗鸡两腿有力，动作敏捷。

斗鸡一般选择黄里逢集或逢庙会的日子进行，观众多，热闹。斗鸡的双方经主持人的说合，选择个头、体重、鸡龄差不多的鸡。鸡的主人抱着各自的鸡，等主持人一声令下，双方同时放鸡，退出场外。两只斗鸡张开全身的羽毛，头向前伸。顷刻之间，两鸡斗得不可开交。用嘴啄，用爪蹬，用翅搏，使尽浑身解数，你追我赶。如果双方斗鸡势均力敌，则非斗个你死我活不可。

斗鸡（2007 年） 邱玉田 摄

◉ 信仰习俗

佛教 黄里人很早以前就信仰佛教，有不少佛教徒后来成了居士。活动场所有两处，一处是黄里村的天藏寺，另有一处是黄里村的关帝庙。天藏寺的住持有徐凯西、真慈、果缘等。每月农历初一、十五，佛教徒们都要到天藏寺或关帝庙，听住持讲经说法。旧时村中每逢有老人过世，事主们都要到寺庙请僧人做道场度亡灵。道场上，僧人身披袈裟，有的手执念珠，有的手敲佛铃，口念佛经，绕灵柩左三圈，右三圈，超度亡灵。

基督教 基督教也称耶稣教。“文化大革命”期间，村中一切宗教活动均被禁止。中共十一届三中全会以后，黄里落实宗教政策，宗教职业者主持教会，开展宗教活动，黄里有一部分人陆续入教。2015 年，黄里有两个传教点，即前黄社区和下街社区 1 个，黄里社区和后黄社区 1 个。每个传教点大约有百余名教徒，每星期三、星期五、星期日聚会，由传教士传教、念经。

◉ 方言

语音 黄里方言较易懂，音系较为简单，词汇、语法与普通话一致的地方多，差别不大。黄里方言主要特点：从音调方面看，与普通话有所不同，即黄里话与普通话为一声变二声、二声变三声、三声变一声、四声不变。从声母方面看，黄里话的 z、c、s，普通话读作 j、q、x，黄里话还把 e（额）字读作 ei。从韵母方面看，差异较大，如黄里话中 ěi、uǒ，普通话读 ài、ē 等。

黄里方言与普通话对照表

表 3

汉字	普通话发音	黄里话发音	汉字	普通话发音	黄里话发音
华	huá	huā	览	lǎn	lán
雄	xióng	xiōng	朗	lǎng	láng
民	mín	mīn	礼	lǐ	lí
活	huó	huō	街	jiē	jiě
今	jīn	jǐn	军	jūn	jǔn
居	jū	jǔ	俊	jùn	zùn
全	quán	cuān	选	xuǎn	suán
脉	mài	měi	推	tuī	těi
则	zé	zěi	窄	zhǎi	zhěi
科	kē	kuǒ	乐	lè	luǒ
勺	sháo	shuǒ	备	bèi	bì
佛	fó	fú	厕	cè	cì
获	huò	huí	绿	lǜ	lǔ
没	mò	mū	否	fǒu	fáo
嫩	nèn	lùn	酿	niàng	ráng
沮	jǔ	zú	肴	yāo	xiāo

构词 黄里方言有许多运用词缀附加在词干上的方法构成的词。如，“黄”后面加后缀“不乎的”，读作“黄不乎的”；“酸”后面加“不拉几的”，读作“酸不拉几的”；“憨”后面加“不拉式的”，读作“憨不拉式的”；“笑”后面加“不查的”，读作“笑不查的”等。

黄里方言中“儿化”的用法较为普遍，如“今天”“明天”“昨天”“前天”，黄里方面就读作“今个儿”“明个儿”“昨个儿”“前个儿”。

黄里常用重叠式构词，与普通话不同的有：BB 式，“般般长”“般般齐”“突突叫”；ABA 式，“脚跟脚”“实打实”“话撵话”；A 巴 A 巴，“撕巴撕巴”“揉巴揉巴”“窝巴窝巴”等。

黄里方言中的人称代词有我、俺、咱、你、恁、我们、俺们、咱们、你们、他们等。在黄里方言中，“我”和“俺”有时意思相同，但有时只能用“俺”而不用“我”，如“俺爹”“俺娘”“俺家”“俺妹”等。“您”“咱”有单数、复数两种用法。如“您家几口人”就表单数，“你家几口人”“您都坐下吧”就表复数。

黄里方言中的“啥子”“咋的”，普通话则是“什么”“怎么”；黄里话“这哈”“那哈”，普通话则是“这儿”“那儿”；黄里话“血酸”“血苦”，普通话则是“太酸”“太苦”的意思；黄里话“拢共拢”“头一来”，普通话则是“总共”“开始”的意思。

黄里方言中常用的介词、连词的用法，与普通话中的用法也有许多不同之处。如“他喜欢给我在一起”的“给”，普通话则是“跟”；“他给我说”的“给”，普通话则是“对”；“你起哪儿来”的“起”，普通话则是“从”的意思；“你打哪儿来”的“打”，普通话则是“从”的意思。连词“错不”在黄里话与普通话中的意思也不同。如黄里话“错不是你，换个我都不干”，普通话则是“除非”的意思。

也有一些量词的用法，黄里方言与普通话也不相同。黄里话“一充牌”的“充”、“一合门”的“合”，普通话则是“副”“扇”。许多量词加“子”尾，如“出子”（闹一出子笑话），“帮子”（一帮子人）等。还有省略号数词，如“一斤五两”，黄里话说“斤半”；“一丈多”，黄里话说“丈把”。

◉ 用语

名词

达 dā（父亲）
外姥爷（外公）
姥娘 （外婆）
大伯哥（丈夫的哥哥）
小叔子（丈夫的弟弟）
寡汉条（未婚男子）
破小子（小男孩）
鲇鱼胡（男少年）
小闺女（小女孩）
硬眼子头（固执的人）
拧劲子头（任性的人）
生坯子（性情粗暴的人）
月姥娘（月亮）
晚黑来（晚上）
合黑（天刚黑）
月黑头（阴暗的晚上）
晌午顶（正中午）
清起来（早晨）
傍晌午（接近中午）
前个儿（前天）
昨个儿（昨天）
今个儿（今天）
明个儿（明天）
后个儿（后天）
第天（第二天）
年时（去年）
贼星（流星）
冷子（冰雹）
蝎虎子（壁虎）
蚂蛇子（蜥蜴）
黄狼（lǎng）子（黄鼠狼）
皮钱儿（蟋蟀）
罗罗蛛（蜘蛛）
光光蜓（tǐng）（蜻蜓）
蛐（qǔ）蟮（蚯蚓）
蚰（yōu）子（蝈蝈）
马喳（zhā）子（喜鹊）
小小鹑（麻雀）
黄老公子（黄鹂鸟）
老鸹（乌鸦）
参子木（啄木鸟）
猫老头（猫头鹰）
砍头螂（螳螂）
蝶拉子、伏了子（蝉）
屋老牛（蜗牛）
海帕（pǎ）子（河蚌）
虼子（跳蚤）
曹鱼（鲫鱼）
火头（黑鱼）
草鸡（母鸡）
壳（kē）篓（半大的猪）
牴牛（母牛）

牙狗（公狗）
牙猪（公猪）
水羊（母羊）
草驴（母驴）
叫驴（公驴）
红芋（白薯、红薯）
地蛋（马铃薯）
秫秫（高粱）
玉秫秫（玉米）
转莲（向日葵）
树栽（zǎi）子（小树苗）
树坷巴（树杈）
猪耳棵（kuǒ）子（车前子）
马苓菜（马齿苋）
莎（suǒ）衣草（香附草）
胳（gē）崩（béng）子（脖子）
脊莫鼓（背部）
胳拉拜子（膝盖）
牙花子（齿龈）
妈妈（乳房）
被袱（fǔ）子（被单）
手巾（毛巾）
手捏子（手帕）
胰子（肥皂）
龟打子（杂粮面做的饼）
扁食（素馅饺子）
引脚（juē）头（酵母）
裤查（zhā）子（裤头）
锅拍（pěi）（锅盖）
锅腔（qìng）子（旧式炉灶）
模梳（梳子）
浅子（碟子）
门上坎儿（门横木）
恶撒（ě sá）（垃圾）
恶水（脏水）
活（棺材）

代词

往天（以前）
这来（这里）
任哪来（到处）
老末（mǒ）把（最小的儿子）
老生（shěng）子（最小的孩子）

动词

摆使（摆弄）
哆拉（撒娇）
淘老神（调皮）
咋呼（zhǎ hú）（大声叫）
吆唤（呼叫）
作井（糟蹋）
藏老梦（捉迷藏）
吊猴（躲躲闪闪）
加钢（添油加醋）
抛撒（浪费）
拿糖（故意做作推诿）
数门鼻子（要饭）
硌牙（小孩发生纠纷）
样样（试一试）
咂摸咂摸（仔细思考）

施维（修理）
迷娄（比画）
瞎嗙（páng）（胡说乱吹）
噘人（骂人）
刺猛（潜泳）
忽（hǔ）（用手打）
霍（huǒ）水（泼水）
扳（bāi）掉（扔掉）
欻（chuá）（快速用手夺）
谝（pián）（炫耀显示）
缺（qué）（折断）
尅（kēi）（打、做、吃）

形容词

甩子（笨拙）
嘈（cāo）（奸狡）
搜（sǒu）（小气）
突突叫（快）
板正（整齐、平整）
利朗（利索）
朗离（稀疏、整齐）
鲜灵（鲜亮、鲜艳）
寡净（干净、漂亮）
差（chá）乎（事情办错，办砸）
不失闲［（xiē），儿化］（闲不住）
涮溜（动作敏捷）
要鼓（gū）（灵活轻快）
派拉（不讲卫生）
严绳（严实）
口（kóu）（嘴厉害、泼辣）
撅拱（不务正业、不安分）
粘牙（难缠）
腌拉巴攒（不干净）
埗（bū）土杠烟（尘土飞扬）
迷娄麻（糊糊涂涂）
坷腾八洼（高低不平）
可模定星（勉强够）
希了呼哧（动作快）
希不烂（破烂不堪）
火火燎燎（火辣辣的）
软不拉几（松软）
甜不赖歪（甜味不正）
松皮耷拉（松松垮垮）
刺毛撅腚（不整洁）
热古毒的（闷热难受）
吭哧赖歪（吃力的样子）
吃娄巴睁（迷糊不清醒）
肉鼻拉眼（没有眼色）
滴拉耷拉（长短不齐）
急脚慌忙（慌张沉不住气）
胡娄倒汤（糊里糊涂）
花老胡梢（颜色杂乱）
马展（立刻、马上）
无条拉道（不按常理做事）
憨拉八即（不精明的样子）
就手（顺手、顺便）

俗谚

晒根的秫秫，培根的谷，芝麻留台长得粗。

麦前锄完三遍地，麦后才能沉住气。

干耪棉花湿耪麻，不干不湿耪芝麻。

想吃高粱面，还得扒出根来看。

家土换野土，一亩顶三亩。

一亩园，十亩田（收入）。

柴多火焰高，粪多庄稼好。

过了三月三，南瓜、葫芦地里安。

谷雨前，好种棉；谷雨后，点瓜豆。

枣树发芽，好种棉花。

棉花不打杈，光长柴火架。

夏至耩黄豆，一天一夜扛榔头。

知了喊，豆子晚。

头伏萝卜，二伏芥，三伏里头种白菜。

秋分早，霜降迟，寒露种麦正当时。

茄子栽夹，椒子栽花。

立了秋，挂锄钩。

麦怕胎来旱，人怕老来苦，秫秫就怕苞里捂。

今冬麦盖三床被，来年枕着馒头睡。

旱豇豆，涝小豆，不淹不旱收绿豆。

清明小麦没老鸹。

三星对门，门口坐人。

一穗二穗一月上囤（小麦）。

天河南北，好种荞麦。

麦子去了头，秫秫没了牛。

砍倒秫秫割倒谷，摸摸红芋有多粗。

芒种忙，麦上场。

谷上垛，麦上场，豆子扛到肩膀上，红芋片晒干才稳当。

八成就要收，莫等十成丢。

桃三杏四梨五年，枣树当年就还钱。

栽树要早，莫让春晓。

春寒多有雨，夏寒断水流。

交了处暑节，夜寒白天热。

重阳不下（雨）看十三、十三不下一冬干。

十月三场雾，黄牛水中凫。

旱了东风不下雨，涝了西风不晴天。

早上烧霞，晚上沤麻。

早上瓦瓦云，中午晒死人。

清明晒干柳，窝窝头砸死狗。

蚂蚁搬家，蛇挡道，大雨一会就来到。

月晕有风，日晕有雨。

烟搭棚，天要晴。

有钱难买五月旱，六月连阴吃饱饭。

东虹风，西虹雨。

日出胭脂红，不雨就是风。

晚上鸡鸭早归笼，明朝太阳红彤彤。

雨夹雪，下半月。

西北来云无好货，不是风来就是雹。

早上下雨当日晴，晚上下雨到天明。

晚上星星稠，明日热死牛。

牛怕肚底水，马怕满天星。

圈要干，槽要净，防止牲畜传染病。

寸草铡三刀，无料也添膘。

有料无料，四角拌到。

马抖毛，牛倒沫，就是有病也不多。

温食暖圈，一天一夜长斤半。

不怕使十天，就怕猛三鞭。

不怕不卖钱，就怕货不全。

秤足端满，顾客心暖。

褒贬是买主，喝彩是闲人。

买卖讲公道，顾客做广告。

和气能生财，强横客不来。

若要生意好，秤尺莫要少。

百问不烦礼相待，买卖不成仁义在。

经商最重三件宝，货真价实信誉好。

市场是个晴雨表，调查研究不可少。

要想身体好，吃饭莫过饱。

睡前烫烫脚，胜似催眠药。

黄金有价，药无价。

大蒜是个宝，常吃身体好。

吃药不忌嘴，跑断大夫腿。

心宽甜睡，长命百岁。

乐观少忧愁，白发难上头。

桃保人，杏伤人，李子树下埋死人。

儿女成行，累死爹娘。

天作长有雨，人作长有祸。

三年不吸烟，省个大老犍。

一天省一把，三年买匹马。

头刀韭，谢花藕，新娶的媳妇小两口。

远亲不如近邻，近邻不如对门。

打人不打脸，骂人不揭短。

良言一语三冬暖，恶语伤人六月寒。

冒山的萝卜，瓦子口的葱，苗桥的白菜出家东。

黄里的石榴，土型的瓜，临涣的酱菜和包瓜。

歇后语

拉车跟个牛犊子——不使劲

锅底下掏红芋——捡熟的拿

推磨跟个驴驹子——外转

老驴扤痒——一来一往

秃子买把木梳——没梳（说）的

癞蛤蟆垫桌腿——死撑

癞蛤蟆不咬人——一样难看

庙后的葱——神算

闺女穿娘的鞋——老样

绱鞋不用锥子——针（真）好

黑碗蒜臼子——一窑的货

兔子枕着狗腿睡——混大胆了

下雨顶筛子——漏得匀

连边胡子吹喇叭——毛鼓（冒估）着

下雨顶粪筐——漏得脏

狗舔磨盘——团团转

鸭子吃蜗牛——食而不知其味

要饭的牵猴——玩心不退

裁缝掉剪子——就落尺（吃）

砍头郎喝烘柿——线点脸都不要

卖盆的不吆喝——敲缸

豆腐掉在灰窝里——吹打不得

卖梨膏的上楼——熬上去了

马尾系豆腐——不能提

狗吃糖稀——拖拖不断

猫咬尿泡——瞎喜欢

枣核解板——两锯（句）

螃蟹作揖——对夹子

打绳的摆手——到劲

裹脚布围嘴——臭一圈

哑巴吃扁食——心中有数

罗锅腰上山——前心重（钱）

老牛掉在枯井里——有力无处使

一个指头和面——捣家

房檐下的吊葱——不死心

猪肉汤洗脸——荤（昏）头荤（昏）脑

漫地烤火——一面子热

羊屎蛋子上天——能豆

猪八戒吃酒糟——酒足饭饱

出窑的砖头——定型

盐店失火——烧包

门槛子拴小猪——里外拱

罗罗蛛掉碟子——断网（不来往）

一角钱买十一个——一分不值

黄鼠狼拉油条——一路货色

南瓜花炒鸡蛋——对上色了

麻子照镜子——自我观点

小两口顶嘴——豆（斗）芽

没钱赶集——闲逛

大腿上诊脉——选错了地方

土语

搁哪喝的？摸拿喝的？——在什么地方的？

自儿——舒服得劲

可管？——行不行？

弄啥子——干什么

徐吊——啰唆

Zhāng 晚——什么时候

毛格子——硬币

噫嘻——做错什么事情，感到惋惜

猫比了——没戏了

一比吊糟——差劲到家了

弄熊的——干什么的

摆饰——做什么

脚丫把子——脚

批脸呼——向脸上打

乌了牛——田螺

啥家呼——什么东西

板掉——扔掉

俺朗——俺外婆

家走——回家

拉呱——聊天

爹拉猴——蝉蛹

磨牙——小孩吵架

扤痒——抓痒

干哕——想吐的感觉

我的孩来，我的乖来——表示对对方的藐视

蒲种——说话做事粗野

真有抹——真有本事

支了八叉的——做事说话不稳重

车古轮子——车轮子

败乎——浪费

可管筋——行不行

刀菜——夹菜

挺不湿——很湿

马展——马上、立刻

不甩你——不理你

崔咋着——不管怎么样

吐沫子——唾液

瞎轻轻——很轻

瞎迷喽——乱比画

蝉脸呼——向脸上打

叽歪——对对方说话表示不耐烦

左着——紧紧抓着

白（bēi）叼板——没有用

啥黄子——对别人的说话做事表示疑问

肃清——很清

我的咣当来——表惊讶

迷瞪一会儿——闭眼休息一会儿

区不黑——很黑

格拔地——很好

剋——吃、干

咽熊——算了

拔了——不行了

黄里风光（2015 年）　　韩云峰　摄

古树春意（2017 年）　　宋华　摄

社会生活

明清时期，黄里为富庶之乡。民国时期，社会动荡，天灾人祸频发，黄里农民生活困苦。新中国成立后，农业生产得到发展，农民收入水平不断提高。特别是1981年推行家庭联产承包责任制后，农民收入大幅度增长，至2015年，人均纯收入达到7000多元。彩电家家都有，冰箱、洗衣机、热水器、空调和电脑等被广泛使用，摩托车、面包车、小轿车进入寻常百姓家，移动电话广泛普及。黄里村不少村民在城市购买了商品房。生活越来越富裕的黄里人更注重生态居住，追求健康长寿、生活和谐幸福。

黄里生产力得到解放后，农业生产飞速发展，农民生活水平不断提高，收入大幅增长。乡村经济发展的同时，广大村民的精神生活也日益充实。

◉ 民生变迁

村民收入　新中国成立前，黄里村民基本以种田为生，少地或无地的村民靠租地、打工养家糊口。一年收种两茬庄稼，基本靠天吃饭，粮食产量较低。劳累一年，扣除地租、杂税以及种子等费用，所剩口粮无几，村民们常常是半年糠菜、半年粮，生活困苦。黄里几乎家家都进行人工纺纱，多用于自给自足。在此时期，普通村民之间收入差距不大，但地主与村民之间的收入差距悬殊。新中国成立初期，废除封建土地制度，村民获得了土地等生产资料，免除了向地主缴纳的苛刻地租，农业生产力获得了极大解放，村民生活有所改善。但是由于生产力发展十分缓慢，村民收入少，生活依然贫困。二十世纪六七十年代，春秋两季分配粮食徘徊在 100 千克左右，花钱靠贷款，吃粮靠回销，温饱问题仍未根本解决。到 1978 年改革开放后，实行家庭联产承包责任制，农业生产条件大大改善，农业获得丰收，村民收入增长较快。

20 世纪 50 年代，黄里高级农业生产合作社办起了工副业厂（后为队办企业；1984 年，改为村办企业）。70 年代初期，厂里的职工与生产队的农民一样记工分。改革开放后，黄里村大力发展集体经济，涌现出五金厂、面粉厂、预制板厂、石料厂、运输队、建筑施工队等一批队办（村办）企业，村办企业渐成规模，吸引部分村民就业。1979 年，后黄石料厂员工平均月工资 120 元左右；1981 年，水泥预制厂的人员每月工资 100~150 元。70 年代初，黄里第一支建筑队到城里揽活，开始时承揽一些疏通下水道、垒墙头之类的粗活。后来，开始打地坪、盖小房等。慢慢地，施工队伍日渐强大，盖平房、盖大楼等工程都能承揽。建筑队的收益也逐年增加，外出务工的村民收入也大幅提高。如今，黄里仍有数十个小型施工队伍，带动一部分村民就业。

黄里地处城市近郊，果树和蔬菜种植历史悠久，新中国成立前有七大块菜园地共约 200 亩，山坡荒地种植果树 5000 多亩。除自给自足外，大部分水果和蔬菜销往淮北市及周边萧县、徐州、永城、蚌埠等地。果园和菜园的经济收入占村民收入的一大部分。农业连年丰收，村民收入大幅度增长，生活水平显著提高。1980—1985 年，人均收入翻了两番。1985 年，人均收入为 5536 元。

20 世纪 90 年代，村民就业机会增多，就业形式多样，收入来源日趋广泛，收入水平继续大幅提高。1992—1997 年，村办企业快速发展，随着农村产业结构合理调整及农副产品的提价，村民人均纯收入由原来的 600 多元增加至 2000 元左右。到 2000 年后，农村进行综合改革，激发了农民的生产积极性，耕地逐渐被改成果园，少数农民成为养殖专业户。有不少剩余劳动力到临近食品加工厂打工，年人均收入提高到 6000 多元。2010 年，村民人均年纯收入 6300 元。2015 年，人均纯收入 7000 多元。黄里人的生活逐步由温饱向小康过渡。

消费支出 新中国成立前，村民们都是节衣缩食，穿戴简陋，衣服鞋袜的布料是用自家棉花土纺土织而成，一件衣服往往穿好多年，有“新三年，旧三年，缝缝补补又三年”之说。冬天空袄筒，夏天光脊梁。小孩子在夏季更是光屁股、光脚丫。新中国成立后，村民着装变化不大，色彩单调。“文化大革命”时期，男女青年均穿绿色军装，穿着消费支出仍较少。20 世纪 80 年代后，农村经济逐渐发展，村民的生活水平不断提高，衣着消费支出日益增加。老粗布渐渐淡出视野，的确良、华达呢等布料和各式各样的服装进入黄里，年轻人的衣着打扮开始像城里人一样讲究起来。90 年代后，村民大多购买成衣（时装）穿着，衣服式样日益丰富，村民的衣着逐步与潮流同步。

黄里村民的幸福生活（2008 年）　　李彪　摄

新中国成立后，黄里村民基本远离了吃糠咽菜的日子。1958 年，推行“一大二公”，村里办起了大食堂，村民吃饭不花钱。1960 年，大食堂基本解散。二十世纪六七十年代，村民生活仍比较困苦，仅仅是能够吃饱，粗粮多细粮少，春秋两季更是离不开红薯。只有过年或家里来客时，才能吃上一些白面馍。饮食结构比较单调，以小麦、红薯、蔬菜为主，肉类较少。推行家庭联产承包责任制后，农业生产迅速发展，小麦等粮食作物产量大幅提高，村民吃的面条、馒头全部为小麦面，鸡鸭鱼肉蛋逐渐成为饭桌上的日常菜肴，杂面馍慢慢变成了稀罕物。90 年代后，饮食消费支出占日常消费支出的比重逐年增加，饮食结构日趋多样化，肉类所占比重增加，糕点、奶制品、水果等食物消费日益普及。进入 21 世纪，随着人们收入水平的提高和保健知识的普及，人们开始注重健康饮食，讲究营养搭配。饮食消费习惯也有所改变，除在家吃饭外，待客或家人团聚也开始到饭店就餐。

新中国成立前，黄里村的房屋低矮，几乎全是草房、土墩。50 年代和 60 年代，村中建房多为石基土墙、草面，少数为砖基瓦檐。70 年代，多为石基土墙、瓦面。进入 80 年代，黄里村建房 95% 以上为砖瓦结构，人均住房面积有所增加。1988 年以后，不少村民相继建造楼房，多为水泥钢构，并用马赛克、瓷砖、花岗岩等高档材料装修。黄里村民的住房面积不断扩大，有少数村民的住房比城市居民的住房还要高档，经济条件好的村民还在城里购买了商品房。

新中国成立前，黄里村所在地交通不发达，村民们赶集、走亲访友，中青年人全是步行，老人、妇女、儿童走亲戚或运送货物，常用四轮太平车，或用平面的独轮手推车。村民活动范围很小，许多人一辈子行程范围半径不到 30 千米。若有人需乘火车远行，必须先到濉溪、萧县再乘车到符离集、宿县、徐州，然后才能转乘火车。新中国成立后，太平车的用途越来越少，手推独轮车渐渐地被胶轮车所取代。20 世纪 60 年代，平板车较为普遍。六七十年代，黄里村只有两三辆自行车。80 年代后，村民在交通方面的消费支出逐年增多。90 年代，家家都有自行车，有的一家甚至有几辆。90 年代末，比较富裕的几户村民添置了摩托车。随着时间的推移、人们需求的变更，逐渐有了两轮电动车、三轮电动车。进入 21 世纪，一些家庭添置了面包车和小轿车，有昌河、哈飞、五菱之光等，出行更加方便。凤凰山隧道开通后，被纳入城区路网之中，从黄里到淮北市区、到淮北火车站、长途汽车站更加方便。

二十世纪五六十年代，村民多承袭旧时用具。60 年代后，搪瓷、塑料、玻璃使用十分广泛。70 年代后，木制家具数量增加，式样翻新。一些家庭又添置收音机、缝纫机。夏季纳凉一般多为蒲扇、麦秸扇、芭蕉扇，富裕家庭用纸扇、绸扇。80 年代后，有了黑白电视机、电扇、洗衣机、录音机等家用电器。一般家庭用砖支灶台，再贴上瓷砖，便于清洁。照明用灯盏基本绝迹，家家用上了电灯。进入 21 世纪，黑白电视机换成了彩色电视机，还有了“家庭影院”；洗衣机由单缸换成了双缸，又由双缸换成了全自动洗衣机；空调、电饭锅、电磁炉、热水器、电脑等电器，一些高档家具陆续进入村民家中，城乡差别越来越小。

二十世纪七八十年代的黄里民居（2006 年）邱玉田　摄

黄里现代农家小院（2016 年）　邱玉田　摄

家庭生活 家庭作为社会的基本组织形式，在黄里村一带几乎是与其村落同时形成的。旧时，黄里村几代同堂现象为多。新中国成立后，孩子多，一般家庭七八口人，多的有十余口人。改革开放后，家庭机构发生了很大变化，家庭人口规模逐渐小型化，而且呈现经济越发达，人口素质越高，家庭人口的规模也越小的趋势。3~5 口人家已经成为黄里家庭规模的主体。随着社会保障体系的完善，老人的生活均有保障，老人有自己多年的生活习惯，单独生活的老人数量多。年轻人成家后一般喜欢单独生活。三代、两代人户呈减少趋势，一代人户有所增加。

新中国成立初期，农业机械化水平低下，大部分农活依靠人工完成。一年四季有干不完的活，一年到头大人孩子闲不住。农家的孩子除上学、回家完成作业以外，还要挑水、看带弟弟妹妹，烧火做饭，割草喂猪、放羊，有时也要干一些地里的农活，体力劳动繁重。

改革开放后，农村生活条件逐渐变好，除生活、居住环境有改观外，烦琐的家务事也减少了很多。大人、孩子不再仅为着生计忙活，有了更多休闲娱乐的时间。

劳作习惯 黄里自古以来以农为本，男主外，女主内。新中国成立后，随着生产力的提高，妇女逐渐从家务中解脱出来，务农、务工和经商的妇女渐渐多起来。

快乐童年（2006 年） 杨爱民 摄

黄里村民在锄禾路上（2009 年）　　　　邱玉田　摄

旧时，农业生产节奏缓慢，而且生产方式单一。村民日出而作，日落而息。一年中有春耕春种、夏收夏种、秋收秋种几个农忙时节。农忙季节，日出前即下地，日落后方收工。起早贪黑，休息时间很少。特别是秋收时节，边收边耕边种，家家没有闲人，大人小孩一起上。农历十月中旬，粮食柴草等拾掇完毕，即进入冬闲。有的人家则外出打短工。

随着经济社会的快速发展，村民从繁重的农业劳动中解放出来。农业耕种已经完全是机械化操作，从种到收“一条龙”服务。村民有的自谋职业，有的外出打工，有的经商做买卖。节假日或休息，或走亲会友。村民中，老年人的生活更是惬意，晒晒太阳、打打牌，遛遛鸟，三五人聚在一起谈天说地。孩子们更是一点农活都不用干了，即便是帮助大人干点家务活也算是“体验生活”。

集体生产　20 世纪 50 年代，伴随着人民公社的诞生，黄里社队企业大多由农村副业转化而来。在农村社会主义改造过程中，一些兼营手工业的农民和一部分分散在农村的专业手工业者，相继参加农业生产合作社，农业生产合作社依靠这些技术骨干办起了各类合作社（组）。60 年代，坚持“社办社有、队办队有”和“谁创办、谁得益”的原则，有效地调动了社、队集体和广大群众发展社队企业的积极性。工业、农业、建筑业、交通运输业、商业服务业相互促进，共同发展，逐步成为经济发展的一支新生力量。70 年代初期，劳动力充裕，村办企业的职工与生产队的农民一样，记工分，开始创办队办企业面粉厂、小五金厂、毛石厂、水泥预制厂、石料厂等。70 年代末期至 80 年代初期，铁木业社、面粉厂、五金厂等被淘汰。

随着农村家庭联产承包责任制的推广、农业劳动生产率的提高，农村经济发生了一系列较大的变化，其中最重要的是农业劳动力逐步从土地的束缚中解放出来，形成日益庞大的待业群体。为了吸收消化大量的农村富余劳动力，社队企业又在农村就业压力下进一步得到扩张，发展成为农村经济新的增长点。黄里办起了石料厂、建筑队等，吸收大量劳动力。1992 年，前黄村总产值 450 万元，缴纳企业管理费 0.9 万元；后黄村总产值 350 万元，缴纳企业管理费 0.7 万元。2007 年，渠沟镇为改善人民群众生活水平，解决各村剩余劳动力的就业问题，成立前黄村、后黄村等 12 家建筑工程处。截至 2016 年，黄里仍有数十个建筑队伍。

黄里村东靠相山，有丰富的石料资源，先后出现大大小小几十个石料厂，主要以卖毛石为主。1978 年，前黄村投资 5 万多元购进滚筒破碎机 2 台、小型破石机 3 台，在前黄村与任井村交界处建起前黄大队石料厂、石灰窑厂各 1 座，配有江淮 -40 拖拉机 1 台，李守信任厂长。开始每年向大队缴管理费 1.5 万元，1980 年后每年上缴 3.5 万元，所有人员记工分，多劳多得，平均月工资在 320 元左右。1979 年，后黄大队投资 10 多万元，购置 1 台 40 千瓦的变压器，配有撞筛式的大型碎石机 1 台，建成中型石料厂。石料厂经营状况良好，有四五十名职工，人员平均月工资达 120 元左右，剩余利润上缴大队。1997 年石料厂实行改制，变为由私人承包。2002 年 6 月，淮北市人民政府决定封山育林，保护黄里生态环境，至 2004 年 6 月底，29 家采石厂陆续全部停产。

20 世纪 70 年代初，黄里村生产队为增加集体收入，挑选 10 余人组建一支建筑队到城里打工。村民丁仰振被选为建筑队长。他卖掉家里唯一一只羊，购买了建筑工具。开始时仅承揽一些疏通下水道、垒墙头之类的粗活。后来，开始打地坪、盖小房。他高薪从蚌埠聘请了工程师，扩充了施工队伍，建筑队慢慢能承揽盖平房、盖大楼等工程。1980 年前后，建筑队承接淮北发电厂凤凰山防空洞工程，工程顺利完工，共盈利 300 多万元，“淘”到“第一桶金”。两三年后，建筑队逐渐壮大，工程越做越大、质量越做越好。在丁仰振的带动下，黄里村陆续组建了数十个小型施工队伍，有的建筑队施工人数最多时达到 200 多人。建筑队吸收了农村大量富余劳动力，大大提高了村民的收入水平。

◉ 教育文化

教育　黄里历来有重视教育的传统。黄里村民从启蒙意识开始，首先接收的是家规家教的熏陶。村里一般家庭靠代代口传身教、长时间的潜移默化形成良好的家风。崇尚“忠厚传家久，诗书继世长”。清朝末年，黄里曾出过丁企滔、丁仰一、丁仰彬 3 名秀才。1919 年，村里较有名望的老人商议，在丁在蓝家筹办起第一所私塾学校，学生自带桌椅板凳，任教教师有丁仰彬、丁仰俊、蒋云松（萧县人）。教育宗旨为“忠君、尊孔、尚公、尚武、尚实”五条。初等小学学习年数为五年，教授科目有修身、读经、讲经、中国文学、算术、历史、地理、格致、体操。高等小学堂学习年数为四年，其教授科目共九项，除了初等小学堂相同的八项外，添加“图画”一项。修身课大都讲古人的嘉言懿行，旨在潜移默化引导儿童。采用的教材有《三字经》《百家姓》《千字文》《弟子规》《四言杂字》《龙文鞭影》《幼学琼林》等。蒙童主要是认字、念书歌、写毛笔字。经馆不仅开讲四书五经，而且选读的科目也越来越复杂。常见的有《古文观止》《左传》《东莱博议》《千家诗》《唐诗三百首》《论说指南》等，同时开始学习八股文。塾师报酬由学生负担，实行“谁上学谁缴粮”。那时十里八乡的学生都在该校就读。1925 年，宿县州试时，前 13 名均是黄里的学生。民国时期宿县督学丁仲选，中国工农红军独立师副师长丁茂修，以及原上海劳改局局长丁仰军，幼年时均在该校就读。1932—1949 年，学校迁入丁氏祠堂，主办人丁仲选，教师有张兴波、顾纯修、丁在旭、丁怀坡、丁在则、丁怀卓。教师报酬仍由学生负担，周边乡村孩子仍在黄里就读。1944—1945 年，下街村在田家祠堂也开办一所小学，由丁在宽负责；1946 年，该小学撤并到丁氏祠堂。

1952 年，丁氏祠堂东西院设为黄里小学东校、西校，总占地面积 3600 平方米，建筑面积 617 平方米，设有 1~6 个年级，1~2 年级双班制，有学生 321 人。该时期办学质量高，办学规模大，南至董庄，西南至任土楼，北至孙圩孜等村的高小生都在该校就读。1958—1961 年，黄里小学改为黄里农中，并设为辅导区（今中心校），校长为屈书田。学校提倡“一条龙”办学，此时入学率达 60%。1959 年，黄里小学西校北扩，占地 4400 平方米，建筑面积 725 平方米。1962—1965 年，学生入学率 80%，教育方法仍沿袭苏联教育家凯洛夫的教学法，教育教学质量高于周边地区。

黄里小学（2016 年）　　邱玉田　摄

“文化大革命”开始后，校长以及一些家庭出身成分高的教师受到极大冲击。大字报贴满墙，开校会受批斗，不准教师授课。暑假期间赴濉溪县集训 113 天，其间同时就餐、同时“放风”、同时就寝，就寝期间必须同时翻身，受到非人待遇。一半以上的教师被整“黑材料”，被定为黑帮分子。直到 1967 年元月，清算错误路线时才予以平反。由于受极“左”思潮的影响，教学质量下降；受读书“无用论”的影响，该时期入学率下降，辍学率高。1968 年，黄里小学附设初中班。1966 届至 1968 届，3 个年级的学生并成一班上初一，学生无课本，教师无教材，只有用印制的资料进行教学，学生无组织、无纪律，教学质量差。

1968 年以后，由于“文化大革命”造成师资缺乏，教育形成断层阶段，农村公办教师极缺，大多聘用回乡知青担任教师，即民办教师（以下简称民师）。民办教师报酬实行工分制，每天 6 分，等同于农村妇女的工分。民师工资微薄、工作量大：1966 年，每人每月 3 元；1970 年，每人每月 6 元；1978 年，每人每月 12 元。1980 年以后，农村实行家庭联产承包责任制，民师承担着双重任务：一要管理好自家的土地，一年收成的好坏关系到一家人的生活问题；二要抓好学校的教育教学工作。但此时期的办学条件较差，教师在暑假期间和星期天还需承担一些义务劳动，如维修教室、黑板、制作泥桌子、板凳等。在报酬低、工作任务重的情况下，民师无怨无悔、默默耕耘，为黄里培养出大批优秀人才。2001 年，民师被全部转为公办教师。

1969 年，根据省革委会“上小学不出村，上初中不出大队，上高中不出公社”的指示，农村小学下放给大队办，贫下中农管理学校，公办教师回原籍任教。1970 年元月，各类学校各年级由秋季始业改为春季始业，实行十年学制，即小学五年，中学五年。为使学生能够就近入学，提高学生入学率，1974 年，黄里小学分为前黄小学、后黄小学两所小学，沿用五段教学法，教学质量有所回升。1975 年下半年，执行“德、智、体、美、劳全面发展”的教育方针，实行勤工俭学。如发动师生割青草卖；学习大寨人精神在凤凰山西脚下造起层层梯田；拾的粪卖一大部分，留一部分；建竹器厂，造筢子，编竹篮子，到四邻集镇去出售，收益给学生免学杂费。当时黄里小学生产的竹筢子、竹篮子，大寨田生产的红芋、芝麻等物品曾在宿县地区教育主管部门展览过，被教育部门评为“开门办学”的典范。黄里村的教育教学质量在钟楼人民公社名列第一，在 1979 年五年级升学考试中，毕业的 41 名学生中，共考上 37 人，被黄里村民传为佳话。孩子们编成顺口溜歌颂老师：“钟楼公社教育行，谁能比上俺后黄许（福昌）老师、樊（俊田）老师，为抓质量日夜忙，俺毕业四十一，考上三十七……”

2001 年 6 月，为改善办学条件，黄里村前黄小学筹建一幢四层、共 1991 平方米的

2016 年 11 月 16 日，相山区戏曲进校园活动走进黄里小学　　邱玉田　摄

黄里开展素质教育培训（2011 年）　　李彪　摄

教学楼，2002 年 9 月交付使用。2006 年 6 月，前黄小学与后黄村小学再次合并成为一个学校，校址定为前黄小学，两校合并后校名更改为“黄里小学”。学校教学设施配备齐全，基本达到城市小学标准，建有图书室、科学实验室、微机室、少先队活动室、留守儿童之家、心理咨询室等，时任校长丁怀宇，学校有教职工 23 人（含支教教师 2 人），小学高级教师 13 人，大学本科学历 13 人，学历达标率 100%。在校学生 453 人。教育教学质量在渠沟镇名列前茅。在 2008 年、2009 年、2010 年渠沟镇的小学毕业考试时均为第一名。

2010—2015 年，黄里小学坚持“以人为本”的办学理念，持续深化素质教育，促进学生全面发展，注重学生兴趣培养，举办各种体育比赛、文娱活动、普法教育等，开展丰富多彩的课余生活，促进学生综合素质的提高。

1958 年，黄里村黄里农中附设幼儿教育。共设有一个班级，有 2 名教师，幼儿 32 名。2002 年，后黄小学附设幼儿园，地址在后黄小学校内西南角，单门独院，有 2 名幼师，招收幼儿 30~50 名。2006 年，前黄小学、后黄小学合并，后黄小学院内附设幼儿园一所。共有 3 个教室，分小班、中班和大班。任教教师均是幼师毕业生，该幼儿园招收幼儿 85~90 名。前黄小学也附设一所幼儿园，有幼儿 154 名。前黄张莉办起一所幼儿园，有幼儿 32 名；丁荣在下街开办一所幼儿园，招收幼儿 35 名；田秀荣在家开办一所幼儿园，有幼儿 29 名。2009 年 8 月，丁配蔚在后黄村办起一所幼儿园。该园占地 1.05 亩，建筑面积 200 平方米。有 9 名教职工，其中具有幼师资格的专业教师 4 名、保育员 4 名、勤杂员 1 名。园内设小班、中班和大班，共有幼儿 96 名。2015 年，丁配蔚又承包后黄幼儿园。

新中国成立前，村民受教育程度较差，只有部分村民受过教育，女性受教育的程度更逊于男性。新中国成立初期，国家进行扫盲，村里办起了扫盲识字班，抽出几名有文化的人担任扫盲教师。培训扫盲骨干，分片包干，地点在小学的教室。上课时照明用的是手提马灯以及煤油灯，学习内容是比较简单的看图识字，如男、女、人、口、手、足、头、上、下、左、右、前、后、山、石、田、土等字。学员学习兴趣极高，父子互帮、夫妻互帮，兄弟互帮、姊妹互帮，相互学习，相互提高。当时经济条件不好，人们利用大地作纸张，用石子、小棒作笔，识字学习。该时期，共扫除文盲 500 人次。1958 年受自然灾害以及"读书无用论"的影响，黄里的文盲数量上升。1994 年，黄里村再次掀起扫除青壮年文盲的热潮。学校教室作为农民文化教育夜校班的上课地点。前黄、后黄两个村文盲人数达 290 人，扫盲班使用《成人初级文化技术课本》，经过一个学年的授课，共 282 人脱盲，脱盲率达 97%。

文化 过去，黄里村民文化生活比较困乏。五六十年代，村民白天干农活，晚上则早早睡觉。冬天听"唱书"、农闲听"丝弦"、晚上听"大鼓"，偶尔举办一些比赛型的小活动，为平淡的生活增添色彩。那时，露天电影是村民们的最爱。20 世纪 80

黄里幼儿园设施齐全（2016 年） 黄里村 提供

冬日，黄里村民在屋外晒太阳取暖（2007 年）　　杨爱民　摄

年代后，黄里村民有了电视机，虽然收到的频道很少，节目单一，但村民却非常喜欢看。现在这种现象已经不再，电视入户率达 95% 以上，能接收 30 多套电视节目，大多为有线光缆传输；政府送戏下乡，农民足不出户就能过一把文化瘾。过去可望而不可即的数码产品也进入寻常百姓家，村民生活多姿多彩。

1952 年，黄里几个梆子戏爱好者创建梆子戏剧团。农闲、阴雨闲暇时，到当时的北菜园丁仰羽的园屋内清唱练习。后来丁仰棣卖掉自家林地上的 200 多棵松树，许知廉卖掉自家的一片石榴园，加上村里众多贤达人士的支持，正式成立黄里梆子戏剧团。聘请洪登其、彭老三等任指导老师（师傅）教戏，由丁仰召、许知廉任正副团长，20 多个村民为团员。剧团活动地址在火神庙，主要排演一些传统历史名剧，如《穆桂英挂帅》《辕门斩子》《铡美案》《打金枝》等。偶尔也会根据需要编排一些临时性宣传节目，多在冬春季趁农闲时在村内演出。逢黄里农历四月初五、农历十月十五两次传统庙会必演，春节必演，有时也被临近一些村庄请去演出。该剧团还会邀请一些名角助演，如周成立（红脸）、王德信（花旦）、郭金铃（黑头）等。1954—1956 年，黄里梆子戏剧团达到鼎盛时期，有正式（磕头认师傅）和非正式（俗称“跟着喝戏汤”）的团员四五十人。

1965 年，黄里有以丁仰荣为首的文化宣传队，其主要成员是黄里村绿化队队员。队里有编导、导演和琴师，有主要演员 10 余人及乐队。宣传队自编自演的戏剧有《渡江第一船》《卖箩筐》《扒瓜园》以及《红灯记》部分选段等，剧情生动，深受群众欢迎。

20 世纪 80 年代末至 90 年代初，由于受外来文化的冲击，以及历史原因所造成的老一辈们村民自身文化素质过低、观念落后，使得他们在面对外来文化冲击时显得犹豫、盲目以及不适应，村里传统的文化传统，如看大戏、听说书、祭祖等淡出人们的视野，农村文化阵地明显萎缩，文化建设发展缓慢。90 年代后期开始，农村文化生活逐渐丰富起来。1980 年左右出生的人开始成为农村家庭的家长，这些人大都受过初中以上文化教育，思想观念和文化素质都有了很大提高，他们对各种新鲜事物感兴趣，并且能很快接受新鲜事物，于是一度单调沉闷的农村文化生活逐渐变得丰富多样，听广播、看电视、打扑克、搓麻将、看电影等休闲娱乐活动得到广泛接受和普及。

2011 年起，黄里人逐渐接受城市的休闲娱乐活动。村民彭明云带着几个年轻妇女晚上在凉亭学跳广场舞，队伍越来越壮大。有小到几岁的孩子，有大到 60 多岁的老太太。受她们的感染，徐孝忠门前、后黄社区也有人组织跳舞。2013—2015 年，退休教师樊俊田在自家门前用播放器带着几个年纪稍大的邻居天天做中老年保健操。

2014 年，黄里社区第一书记丁仰振倡导成立黄里社区文化站。2015 年 3 月 5 日，文化站举办首届元宵节联欢会，六角凉亭作为联欢会的舞台。前黄、下街、黄里、后黄 4 个社区居民自选、自编、自演 22 个节目。主要有黄里小学编排的舞蹈《舞动青春》，舞蹈《山里红》，三句半《说说我们村的新变化》，豫剧选段联唱，广场舞《炫舞青春》，沂蒙小调《六大爱》，鼻子吹笛子，猜灯谜活动等。

黄里群众文化活动丰富多彩（2016 年）　　李彪　摄

新中国成立初期，黄里村的艺班以张道德、张道明兄弟俩的唢呐班为主。村里谁家有红白喜事或老人过寿等，都要请张家艺班。当时黄里村民就有顺口溜——“道德的喇叭，道明的笙，十里八村听得清，吹不响时（指大型、隆重的场合时）会搬兵（聘请名家高手助阵帮忙）”。20世纪60年代，艺班青黄不接，渐渐淡出人们视野。80年代，金华领头创办唢呐艺班，服务于黄里村村民及周边群众。

1958年9月，黄里村安装了广播喇叭。1969年，黄里村在火神庙建立村广播站，由丁怀云担任广播员，一天广播三次，大都是转播中央人民广播电台、省人民广播电台、县人民广播站的内容。播报通知或大队书记召开广播会议都用此广播。后广播站几经搬迁，房子没了，机子没地方放，广播站也就此消失了。20世纪70年代末，黄里几乎每家每户都有广播箱。之后电子收音机的广泛使用渐渐代替了有线广播。

1953年，黄里村在里山河西岸的打麦场上放映第一部活电影《白毛女》。1956—1968年，黄里村一年能观看2~3次县、公社组织放映的电影。只要听说放映队要到村里来的消息，周边好几个村的村民都会聚到一起准时前去观看。尽管这些电影多半内容一般，而且常常是附带农业技术内容的科教片，但是在娱乐休闲匮乏的年代，村民无不看得津津有味，这也为人们单调乏味的生活增添了色彩。1978年，社办电影队诞生，村民每年看电影的次数逐渐增多。1985年年底，黄里村共有2个16毫米放映机队，可以随时放映电影。电视走进村民家庭中后，电影放映次数渐渐少了，村民看电影多到电影院、放映厅。

1984年，黄里村有了第一台12英寸黑白电视机。随着村民生活水平的提高，电视机由黑白到彩色、由显像管到液晶显示屏、由天线接收到卫星接收器，再到网络越来越普及，电视逐渐成为村民娱乐生活中的重要组成部分。

进入21世纪，随着电脑及互联网的普及，网上游戏、网上影视、网上聊天等成为村民休闲生活的组成部分。“足不出户，一览天下事”已名副其实。很多村民尤其是年轻村民家中拥有电脑，而且都连上互联网。村民可以通过网络进行购物、娱乐、办公等，学生也可以通过网络解决学习上的许多问题。

◉ 卫生体育

卫生　20世纪50年代前后，黄里没有医院、医生。仅有几个自学成才的针灸医生，如朱纪伦、丁仰环、丁怀自。他们凭借几根银针给村民看病、扎针，不收取费用。丁企洪精通《伤寒论》，疟疾流行时，经他用竹签刺一下手腕就好，既不用药，也不用针扎。牛成军在部队卫生部门工作过，水平也较高。因为没有医疗室，也没有药铺，两人一般都是在家坐诊。

1953 年春，丁企洪、牛成军合伙在下街找了两间小屋，开办黄里第一家小诊所，主要是外伤包扎、打针、针灸。他们采摘黄里山上的各种草药，自制草药。后来又有濉溪的吕百祥，在原黄里小学西门内两间西屋开设西医诊所。1961 年，丁在英从马鞍山钢铁公司医院退休回家，利用火神庙的 3 间破房，又办起一家私人诊所。1963 年，该诊所变成集体性质，设置内科、外科，小病在村内基本上可解决。1965 年，村卫生室由火神庙迁到原前黄小学旧址。1967 年，前黄卫生所设在现下街社区路西北角，后黄卫生所设在北梨园五队的牛屋。1973 年，卫生所几经迁移，后黄大队部、丁家祠堂都做过医务室。直到 1992 年，丁怀睦用 6470 元征用丁配安的老宅基地建起卫生室（今黄里卫生院前身），后又征用方孝民的老宅基地进行扩建。 2011 年，黄里村卫生院有两层带门洞的主楼（共有 6 间房间），东屋、南屋配房各 3 间，使用面积共 600 多平方米。有病床 12 张，人员水平、医疗设备大为改善。2015 年，黄里卫生室有 3 人达到正式乡村医生资格。

1970 年，黄里村实行农村合作医疗，开展“一根针（针灸）、一把草（中草药）”活动，每人每月 2 角钱，看病只收每次 5 分钱的挂号费，每次处方不超过 1 角钱。然而在实际运行过程中，因监督管理跟不上，资金筹款困难，不得不停办合作医疗。2007 年 1 月 1 日，淮北市全面启动“市级统筹”新型农村合作医疗，市委、市人民政府自筹资金，采取由市财政、区财政分别补助人均 10 元、农民个人缴纳 10 元，共 30 元标准筹集基金。2008 年，参合农民人均筹资标准由原来的 30 元提高到 100 元，参合农民个人缴费标准由每人每年 10 元提高到 20 元。门诊部分能报销，住院更享受优惠政策，实现 100% 全覆盖。群众再也不会担忧因病致贫，因病返贫。2011 年，黄里村参加农村新型合作医疗的共 3161 人，约占总人口的 50.5%。2012 年，乡镇卫生院对村卫生室实行“五统一”“两独立”的乡村卫生服务一体化管理。

1941—1942 年，由于生活水平较低，医疗条件差，黄里村发现过一些疫病。据村里老年人介绍，霍乱造成黄里村死了不少人，因出天花感染导致脸部出现“麻子”的病例也不少。1951 年、1955 年、1967 年，村民三次普种牛痘苗，天花在黄里亦绝迹。1957 年，濉溪县防治黑热病领导小组组织医务人员对黄里进行重点调查，对查出的病人全部进行治疗，该类病人一年后全部治愈，以后就没有发现黑热病新病例。1973 年，小儿麻痹症流行，黄里采取的防疫措施是发放脊髓灰质炎减毒活疫苗（小儿麻痹糖丸），至 1985 年后脊髓灰质炎在黄里再也没有发现。20 世纪 50 年代至 80 年代，疟疾在黄里发病率很高，夏秋为发病高峰。1960 年、1970 年，发生两次大爆发。1960 年后，黄里每年都由生产队卫生员逐门逐户普查登记前一年的疟史病人，按照上级卫生防疫部门要求，“送药到手，看服到口，不咽不走”。2006 年 6 月，国家规定接种的第一类儿童计划免疫“五苗”（卡介苗、脊髓灰质炎疫苗、百白破疫苗、麻疹疫苗、新生儿用乙肝疫苗）全部免费接种。2008 年 8 月，扩大国家免疫规划接种，婴幼儿从出生到 6 周岁免费接种各类疫苗多达 10 种，自愿、自费接种疫苗也有 10 种，且规定入托、入学时，必须查验预防接种证，发现未依照国家免疫规划受种的儿童，及时到接种单位补种，全村漏种情况得到有效控制。

新中国成立前，受封建迷信思想束缚，加上卫生、医药、营养等条件限制，孕产妇和婴幼儿很少得到科学的保健照顾，产妇生产均由村内接生婆接生，接生过程缺乏消毒措施，新生儿的死亡率较高，多是因破伤风而死，黄里村民称为“七风”。20 世纪 30 年代初，略懂接生技术的王文华从濉溪县城嫁到黄里，她除备一些简单药械之外，还把一些生育知识口授给孕产妇。1953 年，她又参加濉溪县新法接生培训，之后按照新法为黄里产妇接生。此后，黄里村新生儿的死亡率、产妇产后感染的发病率都大大降低。王

黄里村卫生室（2016 年）　　邱玉田　摄

文华接生不收费，如今黄里村 80% 左右的 40 周岁至 80 周岁的村民都是经王文华接生出生的。继王文华之后，丁月恒接下该项工作。她于 1986 年到淮北矿工医院二分院妇产科学习两年，1994 年又到淮北市妇幼保健院进修两年。从 80 年代末到 90 年代初期，70%~80% 的产妇都是在家由丁月恒接生的。1996 年，提倡孕妇到定点医院生产。1998 年，医疗卫生部门规定产妇必须到乡镇以上医院进行生产。截至 2000 年，黄里基本上就没有在家生产的了。妇女健康保健、生殖健康保健与优生优育知识得到普及，并有药具免费发放与相关医疗费用报销、计划生育技术支持，妇幼保健水平明显提高。妇联每年定期组织育龄妇女体检，为新生儿进行预防接种，极少发生孕产妇、婴幼儿死亡情况。

20 世纪 70 年代以前，生活条件差，村民卫生意识不强，夏、秋季一般是到沟、河里洗澡，冬春季很少有人洗澡，有条件的则是在年关前到濉溪县城澡堂洗澡。七八十年代，生活水平有所提升，村民卫生意识、健康意识增强。养成了刷牙、勤洗澡、勤换衣的好习惯。年轻人到浴池洗澡，年老者冬天洗澡的人仍然很少。1990 年，后黄村丁昆仑利用自家住房改建成小浴池，澡票按每张 0.5 元收取。进入 21 世纪，大多数村民家中安装太阳能热水器、电热水器，洗澡成为一种习惯。截至 2015 年年底，黄里共有上规模、上档次的浴池有 4 家。

1952 年 2 月，村里进行爱国卫生运动，制定爱国卫生公约，家家户户都在自家门口墙上设牌，挂卫生公约，树立“讲究卫生，减少疫病，提高健康水平”的意识。村民积极投入到爱国卫生运动中。农村推行农历初一、十五举行爱国卫生日活动，村民一起动手除“四害”，消灭老鼠、苍蝇、蚊子、臭虫、虱子、跳蚤。1960 年，“四害”中增添蟑螂、除去臭虫。70 年代，“鼠害”抬头；到了 80 年代，乡村又一次开展创建卫生村活动。免费发放鼠药，抓老鼠。1984 年，学校要求每个学生每周必须灭鼠 10 只。

新中国成立初期，由于经济落后，村中环境卫生条件较差，柴火垛、粪堆、猪圈等杂乱无章，污水、垃圾随处可见。70 年代中期，按照农村要把卫生工作和积肥、水利建设等生产活动结合起来的要求，大队要求每个生产队要建两三个水厕所。80 年代后，村民开始重视环境卫生，房前屋后都被打扫得干干净净。进入 21 世纪，黄里以“清洁乡村，美化家园”为主题，开展环境卫生清洁工程，对垃圾进行集中处理，环境卫生大大改善。

体育 新中国成立初期，体育活动在黄里村兴起。1954 年春季，黄里村成立第一个篮球队，组成人员有丁仰杰、丁仰钊、丁怀坊、丁在坤、许知廉、高树成等人。他们艰苦训练，参加第一届濉溪县农联篮球赛，获得第一名。1964 年，程其福、丁在跃、丁在银、丁配宜、丁在杰等篮球队员参加第三届濉溪县刘桥区篮球赛。1978 年，黄里篮球队参加安徽省农民篮球赛，队员有丁配宜、丁在生、丁在明、丁仰振、丁在领、丁怀生、丁在德、丁配海、丁光冉。该次比赛共有 6 支队伍参赛，黄里篮球队获第三名。1985 年，丁在銮、丁光冉作为南坪镇篮球队队员代表濉溪县参加安徽省农民篮球赛预赛。

青少年尤其喜爱乒乓球运动，用水泥板搭建简易乒乓球台，自我摸索、互相切磋，提高技术水平。2003 年，后黄小学购置一副双鱼牌乒乓球案。至今，黄里学生、成年人等一批爱好者仍钟情于该项运动。

黄里人有相当一部分村民喜欢象棋活动，上至七八十岁的老人，下至十多岁的儿童，只要一有空闲，两人就可“杀”上两盘。特别是农闲时，人们喜欢聚集在后黄大桥桥头六角凉亭处下象棋。喜欢下棋的人，搬个凳子，棋盘一摆就开始，一些象棋爱好者也会围过去观看。

过去由于经济条件有限，孩子们在完成家长布置的农活后，就开始玩自己创造的游戏项目。年龄较小的孩子，用土蒸馒头，用泥做饭菜，你到我家做客，我到你家吃饭，有时还扮新娘、新郎。有的几个小孩在一起捏泥人，做泥猪、泥马、泥鸡鸭等，看谁捏

杏园童趣（2009 年）　　陈志峰　摄

的好。有民间艺人卖“水鸡”，就是用泥做的经过烧制而成的小鸡型的“小响叭”，还有用小竹筒做的“小响叭”。吹糖牛的，俗称“换荒的”，又被称为“货郎挑子”，常走街串巷。他们用一点糖稀一吹，马上一个栩栩如生的小人、小猴子、小鸡等就吹制而成。吹糖牛的只要一进村，孩子们就纷纷往家跑，向大人要钱买小玩意。货郎的拨浪鼓一响，溜村叫卖“破衣服，破套子，不能戴的破帽子，拿来换，拿来换”“小制钱，铜壳子，破锡烂铜，拿来换，拿来换”。孩子们拿出早已准备好的“破玩意”去货郎挑子处换好玩的、好吃的。有糖吃的吧嗒着小嘴，没糖吃的舔着小嘴唇，流着口水。

打梭是男孩喜爱的一种游戏。梭是用一小根揸把长、鸡蛋粗细的圆木棍，把两头削尖而做成的。打梭用的木棍长约半米、擀面杖粗细，以比较结实、表面光滑、用起来称手为准。两人玩时，谁先守城，要用石头、剪子、布来决定。守城者先在地上画一个“回”字形的城，外面的大“口”叫大城，里面的“小口”叫小城。守城者把梭放在小城内用木棒撬起的一端敲梭，梭跳起来，然后用木棒快打一下。攻城者拾起梭向小城投去，投进小城就算赢了。如果投不进去，守城者再敲，攻城者再投，如果投进大城也不算赢，如果压着小城的线，守城者把木棒放在腿下敲梭（被称为“压马”），直到攻城者把梭投进小城，才可攻守互换继续玩。

打陀螺是一种在黄里较为普遍的体育活动。一头尖、一头平的圆锥形被称为陀螺。玩时用一根细绳子缠绕尖的一端，然后快速往地上放，一拉绳子，陀螺就在地上转了起来。转时用绳子抽打陀螺，使之转得更快时间更长。还有两头尖，其中一端带着小疙瘩的，被称为“拉杻”，玩法与陀螺差不多。冬天河上结冰了，大人小孩都去滑冰，并在冰上玩陀螺和“拉杻”。

黄里的女孩子则喜欢踢毽子、跳绳。踢毽子有落脚、落肩、落头、跪跳等。跳绳有单人跳、单脚跳、双脚跳、双臂交叉单脚跳和双脚跳；两人甩绳，其他人跳。有时上一人，有时可上几个人同时跳，还有弹玻璃球的。年龄稍大点的女孩子也有玩“抛石子”“丢楝窑”“踢瓦”“丢沙包”等的。二十世纪六七十年，“石子”换成“骨头子”；90年代后，这种游戏基本难见了。

丢手绢是一种最为普遍的儿童游戏活动。有月亮时，小孩玩“丢手绢”，特别是春夏交换时，“三星对门，门口坐人”。大人们坐在门口闲聊，孩子们玩要，等到半夜大人们聊困了、孩子们玩累了，才各自回家休息。

挑兵逗游也是孩子们喜爱的游戏之一。游戏开始时，孩子们先站成一排，由一人组织分队，一边说“麦穰垛，砍半个，隔一个拽一个”，一边就将孩子们分成了两个战队。每一队的小朋友要手牵着手排成一排，站在自己一方的界线前。两方之间的界线，相距约十米左右。这时候，一方要向另一方挑战并唱道“杨树皮，砍大刀，恁的人马尽俺挑”，对方会问“挑谁嘞”，回答“挑张毛”。然后向对方点将，被点中的那个人就要鼓足力气冲过去，如果能够冲破对方的阵脚，就可以“俘虏”对方一人归队；如果没有将对方的阵脚冲破，则要被对方扣留，接着更换另一队挑战。这样重复进行。游戏的最后，以人多的一方为胜。该游戏旨在通过对两军对垒的模拟，在充满竞争的气氛中，培养孩子的团队合作精神。

“杀羊”也是一种小游戏。一个比较有力的男孩或大人代表“羊头”，一手拉一个小孩代表“羊角”，身后依次搂着前边人的腰，“杀羊人”在“羊头”的前边。玩起来时，“羊头”要左右摇摆，“杀羊人”很难杀到“羊身”（即后面的孩子）。

过去，冬季很冷。下课间隙或太阳好的日子里，孩子们凑在一起玩“挤棉油”的游戏。一般是在靠墙的地方，几个人站着在墙根，两边人使劲往中间挤，边挤边说“挤掉谁，谁没娘”。挤着挤着大家就暖和了。

“打宝”在黄里也算风靡的游戏了。“打宝”流行的季节，通常是在冬天。无论是放假、放学，还是下课十分钟，又无论是教室空地、学校操场，或是路边田地、家中门堂，到处都可以听见“打宝”的噼噼啪啪声。“打宝”的规则很简单，用一张纸，通常是旧书、旧本子或者是烟盒封面，折成“宝”。一面是“口”形，另一面是“×”形。有大的，有小的，有厚的，有薄的，一般是两个人玩。玩游戏时，一人先将“宝”放在地上，另一人用自己的“宝”用力拍，谁把对方的“宝”拍得翻了个儿，就算赢。

“斗鸡”是一种最简单的体育活动，两个人什么器材都不用，用两只手搬着一条弯起的腿，另一条站着，一个人去撞另一个人，两条弯起的腿撞在一起，一般谁有力，谁就是胜者，特别是冬季，玩“斗鸡”既能锻炼身体，又能取暖。

推铁环也是黄里的男孩子爱玩的游戏。铁环的制法与玩法很简单，用根钢筋弯成一个直径 40 厘米左右的圆圈，再用一根大约半米长、稍细的钢筋，一头折个钩作“车把”推着铁环向前转。黄里的男孩一般都会推铁环。

新时期，黄里孩子们的活动多样化。小孩从小就有小三轮车、小自行车、积木、布娃娃、溜溜球等玩具，还有电动玩具、遥控玩具。稍大的孩子，踢足球，打羽毛球、篮球、乒乓球，滑滑板凳。

◉ 民生保障

养老保险 1992 年 1 月，根据《民政部关于印发〈县级农村社会养老保险基本方案（试行）〉的通知》，农村养老保险工作在全国逐步推广。1999 年 7 月，农村养老保险业务进行整顿并停止办理。2014 年 6 月，黄里领取社会养老保险金的人数为前黄社区 156 人、下街社区 247 人、黄里社区 249 人、后黄社区 848 人，共计 1500 人。2014 年年初，每人每月领取 55 元，至 2015 年每人每月可领取 70 元，社会养老保险金成为老年人一项较好的生活补助。

老龄补助 截至 2015 年年底，前黄社区有高龄（90 周岁以上含 90 周岁）人员 12 人，下街社区有高龄人员 30 人，黄里社区有高龄人员 55 人，后黄社区有高龄人员 39 人，共计 136 人，均享受政府所发放的老龄津贴补助费 30 元。他们中的大部分人员还享受每月低保津贴 320 元。

最低生活保障 1994 年，对失地农民、年迈体弱多病丧失劳动力能力的，女 55 周岁以上，男 60 周岁，政府给予最低生活保障补助费。2006 年，淮北凤凰山经济开发区启动建设，征用前黄村、后黄村的土地，造成村民失去土地。2010 年，黄里村失地农民已转入城市户口的男 60 周岁（含 60 周岁），女 55 周岁（含 55 周岁）以上的无收入、子女无赡养能力的老人和 18 周岁（含 18 周岁）以下儿童纳入城市低保，标准为：70 周岁及以上老人每人每月 180 元；男 60~70 周岁、女 55~70 周岁的老人每人每月 55 元；18 周岁（含 18 周岁）以下人员每人每月 60 元。2011 年 4 月，黄里村享受城市低保人员 781 名，农村低保 62 人。是年 9 月，黄里村划归相山区曲阳街道后，享受最低生活保障补助费的人员为前黄社区 166 人、下街社区 241 人、黄里社区 233 人、后黄社区 848 人，合计 1488 人。享受的标准是：女 55~59 周岁的每人每月 200 元；60~69 周岁每人每月 240 元；70~79 周岁的每人每月 300 元；80~99 周岁的每人每月 320 元，另外还享受每人每月高龄补助费 30 元，共 350 元。随着社会经济发展水平和社会消费水平的提高，最低生活保障线不断提升。

五保户救助 1980 年以前，集体所有制时期，黄里对五保户的救助是由五保户所在的生产小队负担，实行保吃、保住、保穿、保医、保葬。改革开放后，黄里村实行家庭联产承包责任制，五保户成员每人分得 2 亩责任田（一般村民每人大约分 1 亩责任田）。村里约定，谁耕种五保户责任田谁就负责五保户的生活。1992 年，黄里村划归相山区渠沟镇管辖，政府每年给予五保户大约 2000 多元津贴补助费，每年上调费用。截至 2011 年 4 月，黄里村有五保户供养对象 12 名。划归相山区曲阳街道管辖后，农村五保户转为城市“三无”人员。2015 年，黄里村有“三无”人员 23 人，其中前黄社区 7 人、下街社区 8 人、黄里社区 5 人、后黄社区 3 人，享受每人每月 450 元的津贴补助费。

残疾人救助 2011 年 4 月，黄里村有残疾人 97 名，重度贫困残疾人 37 名。截至 2015 年年底，前黄社区 1~2 级的残疾人 12 人；下街社区 1~2 级的残疾人 35 人；黄里社区 1~2 级的残疾人为 16 人，3 级的残疾人为 6 人；后黄社区 1~2 级的残疾人为 9 人，3 级的残疾人为 18 人。2015 年，1~2 级残疾人补助费每人每年 800 元，3 级残疾人补助费每人每年 400 元。

危房改造救助 前黄、后黄等 4 个社区的居民住房均有危房现象。为了保障群众生命财产的安全，政府对危房进行改造，每户给予 2 万元的建房补助。2015 年，4 个社区共有 8 个危房改建户，全部改建完毕。

离任村干部生活补助 根据《关于认真做好离任村干部生活补助工作的实施意见》精神，补助对象为新中国成立以来累计在村任职 3 年以上，正常离任且年满 60 周岁的村“两委”（支委、村委）干部、村“两委”班子仍健在的成员。截至 2015 年年底，享受政府发放离任村干部生活补助的人数为前黄社区 6 人、下街社区 3 人、黄里社区 9 人、后黄社区 4 人。

村干部待遇 1980 年以前，黄里村在职干部待遇由各个生产小队对大队干部实行承包，有的生产小队承包 1~2 名大队干部。夏季给村干部的口粮为小麦，标准是 100 千克左右；秋季给村干部一些大豆、高粱、红芋等农作物，另外所在的生产队再按照一个劳动力常年收入的标准分配给村干部一些粮食作物等。1980 年以后，黄里村实行家庭联产承包责任制，集体所有制解体，村干部的待遇靠大队原有的两辆丰收 –50 型拖拉机的租金以及农村提留费来维持，每年每人大约 500 元。1992 年 3 月，黄里村划归相山区渠沟镇管辖后，村干部的待遇为每人每年 3000 元津贴补助费。2011 年，黄里村划归相山区曲阳街道办事处管辖后，社区干部的待遇为每人每月 1400 元的津贴补助费。

◉ 劳务输出

民国时期赴法务工 1914年，第一次世界大战爆发。法国为抗击德国军队的入侵，决定从殖民地国家招募一批强劳动力，当时处于半封建半殖民地社会的中国便成了招募的对象。黄里村，湖地洼，十年九涝，村民生活苦不堪言，村民丁仰胜家人口多，常靠讨饭度日。1916年，他和同村的堂叔丁企绪一起报名去法国做苦力——华人劳工。在上海吴淞口港乘坐邮轮去法国。经过3个月的海上颠簸到达法国的马赛港。当时，中国投入第一次世界大战的劳工生活在劳工集中营，英国、法国两国按军事建制整编劳工。丁仰胜被分配到前线，为部队运送武器弹药，也挖过战壕、掩埋过尸体、筑路架桥、装卸给养等。每天工作10小时，一周工作7天，一年只有3天假期。1918年11月11日德国投降，第一次世界大战结束后，丁仰胜和其他华工仍继续做战场清理工作，后来进工厂工作。1920年，丁仰胜终于踏上回国的邮轮，回到黄里村。

2006年起，黄里村陆续有十几个村民走出国门去国外务工。下街村村民张三到非洲阿尔及利亚投奔亲戚。2012年，陈国良、张三、丁香亭、梁敏杰、田品明、田品亮、田雪到安哥拉务工。2013年，陈国良、张三、刘洪水、张登勤、丁在亮、牛明道等人到伊朗务工。黄里村外出务工人员多从事开山放炮、修铁路、修高速公路、打隧道等技术活。

集体劳务 新中国成立后，1950年冬季至1951年的夏收前，黄里村派出90多人参加北淝河除涝工程。尽管当时农村生活很艰苦，政府也能保证到河工工地参加劳务的青壮年吃饱饭，而且是大米白面。政府按完成工程的土方数另付工人少量工钱。1951年秋季，黄里出工70多人参加闸河疏浚工程，加高培厚西堤。虽然工程量不大，但工期紧，民工们夜以继日，仅用20多天就提前完成所分担的工程量。1954年春，黄里村民响应国家主席毛泽东“一定要把淮河修好”的号召，参加北淝河疏浚工程。1957年冬至1958年春，开挖新濉河，黄里村所分担的工地恰好在黄里村北大圩附近，黄里村民们不必在工地搭建工棚。1970年冬至1971年春天，新濉河又一次疏浚，黄里村每个生产队出10人左右，民工劳动强度有所减轻，用拉坡机（卷扬机）运土。1969—1971年，黄里村参加新汴河工程，在灵璧县大王家平地开河。上工人数最多，每个生产队都在15~20人。另一项是新汴河下游淮河入洪泽湖口的双沟切岭工程，每个生产队出两三人。

1970 年春季，黄里村派出民工 240 多人，参加疏浚新北沱河工程。

打工潮 20 世纪 80 年代初，家庭联产承包责任制带动农民种田积极性的提高以及农业生产效率的极大提高。农业所需要的劳动力大大减少，因而出现大量的剩余劳动力，迫使其外出另谋生路。这一时期，黄里村民外出打工主要选择就近方便之地，投亲奔友，“离土不离乡”。仅淮北发电厂建设凤凰山防空洞工程，工地上就有将近 100 人，铁匠、石工、木工、瓦工、运输队、勤杂人员等一应俱全，以黄里村民居多。当时黄里有大小石塘 20 多处，多为人工、半人工开采，解决了大量的黄里村剩余劳动力的就业问题。90 年代初以后，农村劳动力流动进入高潮。一些村民逐渐走出去，每年外出务工青壮年大多在 500~600 人，其中 70%~80% 的人从事建筑业，木工、装饰、水电安装、钢筋工等一些技术工种较多，工资也较高，年收入 3 万 ~5 万元。绝大多数分布在淮北市内各个建筑工地，也有出安徽省到江苏南京，河南漯河、平顶山，山东潍坊，河北邯郸，黑龙江哈尔滨及云南、陕西、内蒙古等地的，还有去北京、上海、广州、深圳等大城市的。另有一些外出务工人员随中煤特殊凿井有限责任公司到山西、陕西、河北、内蒙古等地从事矿建、巷道掘进等工作，工资待遇都比较好。

村民程飞也是外出务工的人员之一。2012 年，程飞外出到建筑工地打工，后来组建了自己的施工队伍。2015 年，他承包了某冷库项目的钢筋工程。临近年关，工地的工程款未能发放。为了让工人能够安心回家过年，他拿出自己多年的存款，把工资发到工人手中。程飞不仅解决了自己班组的工人工资问题，同时还帮助其他班组的班组长劝解工人，让工人通过合法途径讨薪。2016 年 2 月 4 日，程飞在工地上发现有人站在楼上准备轻生，他赶忙上前安慰劝阻，并又拿出自己的存款垫付了该位工人的工资，把工人从危险中解救出来。2016 年 5 月，在安徽省优秀农民工和农民工工作先进集体表彰会上，程飞荣获全省“优秀农民工”称号。

2005 年以后，黄里人田志春与新疆建设兵团工作人员取得联系，开始组团打工，每年棉花采摘季节，集体奔赴新疆采摘棉花。可夫妻同行前去。按采棉多少付酬，每千克 3~6 元不等，最多每天每人可挣 150~200 元。

名人与黄里

先祖乐土，自然灵气。黄里村民世代敬宗尊祖，崇文尚教，年复一年，代代相袭。在这块“相山一隅，险阻四塞”的土地上，文风鼎盛，孕育了一代代名人贤士：道光年丁鸿磐，咸丰年丁长庚、丁广中，光绪年丁煋、丁瑜、丁南以及现代丁训钖、丁茂修等。他们或以文垂世，留下千秋文章；或精忠报国，保一方平安；或忠贞廉洁，留下千古清名；或体恤乡民，反哺故里。他们激励着当代黄里人励精图治，自强不息；当代贤达回归故乡，寄托着对梓里的难忘记忆和无尽的眷恋。

黄里地灵人杰。清朝涌现大批义行、忠义之士。农民运动领袖丁茂修，捐资修寨丁训钠，精通园艺丁仰斋，爱国抗日丁仰宽等乡里贤达，不胜枚举。

◉ 人物传略

丁瑜（生卒年不详） 宿州相乡黄里村人。乐善好施，儿子丁时纯，秉承良好家风，也喜欢做善事，乐于拿财物接济有困难的人。明朝时期，由于战争频仍，各地民不聊生，黄里一带也闹起了饥荒。饥民到处袭击地方官府和地方豪绅，抢夺富豪的粮食和财物，焚烧恶霸富豪的房屋和不义之财。有些饥民甚至想掘宋共姬墓，以获不义之财。当时，丁时纯从家中拿出粮食进行赈灾，平息了饥民的行为，共姬墓才得以保存完好。丁瑜父子都活了80多岁，不论走到哪里对乡民都很热情，是乡民的榜样。丁瑜一家人德义的名声在黄里广为流传，人们都说有德的人必有好报。

丁煋（生卒年不详） 字宇偕，号仁齐，中过进士，被循例赠与“儒林郎”，曾担任沭阳县学教谕，后又在县里做事。丁煋本姓武，自幼父母双亡，被姑母收养。姑母武安人为丁时纯的妻子，无儿无女，将其视同己出。丁煋结婚后做了官，也不寻宗。死后葬在丁小楼庄南，光绪戊子年（1888）三修丁氏家谱，大家一致同意将丁煋载入丁氏族谱，表达对他的亲爱和睦之意。2014 年，迁葬黄里丁姓墓园林地。后人年年给他烧纸添坟。

丁南（生卒年不详） 黄里集（今淮北市相山区黄里村）人，文生。平素有胆略，在清朝将领冯景尼兵营做文书，评价很高，被举荐为县长。随军队到浦口剿匪，不怕刀剑，同士兵们一起冲锋陷阵，不幸被俘。面对酷刑，坚守本心，英勇牺牲。

丁长庚（生卒年不详） 又名丁广庚，字瑞西，相乡（今淮北市相山区黄里）人。出生习武世家，做过卫千总（官名）。丁长庚慷慨好施，族人亲戚每遇到困难，他都解囊周济。咸丰年间（1851—1861）闹兵灾，百姓流离失所，当地人多逃到萧县以北、徐州以南避难。丁长庚感慨地说："逃，不是办法啊！这到底该怎么办才好呢？"于是，让儿子武生丁训庄冒险回到村里，捐地十余顷，深挖护城河，建立栅栏，把村子围起来。那时，捻军闹得正凶，刘忝详率数万人，昼夜来攻黄里，圩子差点被攻陷。捻军扬言："丁长庚如把儿子当人质，我们就离去！"丁长庚忍冬割爱，命令五儿子丁训经出去作人质。临行前，全村人痛哭挽留，愿意一战到底。丁长庚大义从容，丁训经也是毫不畏惧，捻军被丁长庚的无畏无惧行为所感动，收起刀兵，又把丁训经送回来了。丁长庚的这一壮举，至今仍受到黄里村民的称赞和传颂。丁长庚活了七十一岁，死后葬在黄里黑山后林地。

徐学益（生卒年不详） 字宾虞，宿州人。明万历年间（1573—1620）中举，历任河南柘城、山东高苑县令及甘肃定西临洮知府。地缘之故，入仕前常去黄里观光游览。知柘城事时，因柘城与宿地毗邻，或公干，或省亲，顺路造访黄里，故地重游，小唱抒怀。《石佛峪》即为是时景、是时情，景实情真，语出肺腑，堪称咏黄里佳作，迄今流传乡里。

明万历二十二年（1594），徐学益应三年一次的乡试中举，旋即知河南柘城事。其天性笃信，为官谋事一丝不苟。柘城知县任上，励精图治，奖励农耕，办了许多解民忧、得民心的实事。明朝建立伊始，整顿修复了全国的驿站，然而到了正德、嘉靖以后，政治日益腐败，邮驿制度存在许多弊端。万历年间，当朝宰相张居正对驿制进行改革，万历十年（1582）张居正去世以后，明代邮驿又一次陷入了混乱状态，严重地干扰了人民的生活，妨碍了正常的农业生产，加重了人民的负担。徐学益上任两年来，多次上书州府，主张对邮驿进行改革。然而明朝政治已腐败到不可救药，地方官员无计可施，上书朝廷如石沉大海。徐学益虽然踌躇满志、壮心不已，然而人微言轻，自然改变不了什么，不免产生回天无力的沮丧。

此刻，他不禁想起了故乡，忆起了与故乡同属一块土地的黄里，并从中得到些许慰藉。初春时分，徐学益轻车简从，取道永城、百善、夹沟，赴睢阳。进入宿州府地界，到百善驿站，一股暖流扑面而来，宿地古相的土地温馨芬芳，连家乡的空气都格外清新。此次黄里故地重游，心情别样。远眺、近看、耳闻、目睹、追忆、遐想，于是便有了《石佛峪》诗作。为官从政被压抑良久的沉重心事释然了许多。黄里的山、水、沟、壑、风、云、花、草、楼台，好似牵绕着他的心境，撩动着他的思绪，它们有声有色，形神兼备，抒发了对故乡无限的情意。

深山佛现影，古道欲□函。
水涨濯缨石，去封避诏岩。
桃花生客屐，鹿子忆僧衫。
到此空名想，诗成不署衔。

丁鸿磐（1804—？） 原名丁广钧，字蓝亭，号相西山人。黄里人。清道光年间，以鸿磐名录取为宿州生员，例赠文林郎（朝廷推恩把官爵授给官员已去世的父祖辈）。

丁鸿磐年幼时，就失去父母，是他的祖母任氏将其抚养成人。丁鸿磐非常孝顺他的祖母，每到夏季炎热的时候，拿扇子给祖母扇凉，晚上为祖母把床上的枕席也扇凉，驱赶蚊虫；冬季寒冷时，他替祖母把被窝暖热。事必躬亲，无微不至。有一次祖母得了很严重的疾病，一家人围着祖母哭泣，毫无办法。这时，丁鸿磐问祖母："您还有什么想吃的吗？"祖母说："我想吃鲇鱼了。"那个季节，市场上根本就没有卖鲇鱼的。正当大家发愁的时候，丁鸿磐二话不说，找来捕鱼的工具，冒着严寒到河边破冰、撒网，功夫不负有心人，最终还打到了几条鱼。也许是丁鸿磐的孝心感动了上苍，祖母吃了鱼之后，病渐渐好转，并多活了十四年，至九十六岁无疾而终。

丁鸿磐热爱家乡的山山水水，熟稔家乡的风土人情，撰写《天藏寺记》以记载黄里天藏寺的盛况。丁鸿磐所撰《天藏寺记》是有关天藏寺记载为数不多的文章之一，极具史料价值。

丁训钖（1870—1947） 字品修，清贡生。幼年勤奋好学，天资聪颖，且娴于辞令，陟逾书山，游泮学海。1926 年，为四修丁氏家谱主修并作序；为丁氏《合族自治会规则》作序，丁氏《家祭礼文》作跋，被众族人推举为自治会副族政。

20 世纪初，土匪武装蜂起。1915 年，为防匪患，丁训钖从河南洛阳请来专业技师，指导黄里村丁仰志等青年自制枪炮，每 30 亩地配一支枪，村民仅付造枪成本，其他费用盖由丁训钖负担。1934 年前后，丁训钖变卖良田 40 多亩，从芒砀山请来石匠，聚全村人之力，耗时数年，打寨墙 1500 米（1 米高的石基，1.5 米的土墙，宽 80 厘米有余）、寨门 2 座，炮楼 9 个（连寨门楼共 11 个），拒匪安民。是时，每到日落之时，周边村庄的村民便牵着牲畜，携家带眷到黄里村避难，次日日出后方才敢回家。方圆数十里贫苦百姓皆得益于该项工程。丁训钖家境殷实，一生热心慈善公益，惠及乡邻，恩泽一方。一次芒砀山逢会，遇到一位卖牛笼嘴老者，午时已过买者寥寥，老者满脸愁容。丁训钖见此情景，怜悯之心油然而生，随即把老者所剩牛笼嘴全部买下，老者感动万分。村中若遇大病小灾、生活贫困不济者，丁训钖有求必应，扶危济贫。乡邻感其恩德有口皆碑，迄今依然。

丁仰斋（1883—1938） 黄里人。自幼喜欢园艺栽培，一生勤奋学习，刻苦钻研各种栽培知识，先后在黄里山上栽植笆斗杏、石榴、酥梨、银杏树近 6 万株，而且都是从外地引进的良种。

黄里杏品种繁多，有菜籽黄、面杏、关公脸等，其中最好的当属笆斗杏，因其形状似笆斗而得名。此品种系由技师丁仰斋于民国初年嫁接培育而成。其特点是个头大，产量高，果皮光滑，色红黄，肉质厚，酸甜适口。大棵每棵产量 250 千克以上，一般棵产量 50 千克以上。在他的鼓励和带动下，几户村民也开始栽种笆斗杏树。虽然方法相同，但是其他村民由于种植的经验不足，栽植之后在管理上仍然力不从心，丁仰斋不遗余力地加以指导。有些村民家里条件差，没有钱购买树苗，丁仰斋就无偿地把自己培育的良种献出。一代代相传，黄里笆斗杏的种植规模逐渐扩大，种植收益成为黄里村民收入的重要组成部分。

丁家老林面积大，树木多。由于自然死亡或人为毁坏，林地树木的数量少了不少。1912 年，丁仰斋独自出资从外地买来 600 余株小柏树苗，并出资雇人，把近 70 亩的丁氏老柏树林地全部补齐。黄里村民至今传颂他的公而忘私的崇高品德。有人书曰：“精通园艺一生创业非小，懿德风范永存鉴照后人。”

丁茂修（1902—1940） 原名丁在德，字剑修，又名丁超五，丁仰斋之子。黄里村人。

1919年五四运动爆发后，投身反帝反封建斗争。是年，发起创建宿县县立第三高等小学学生会，参加进步青年组织“濉溪青年社”。1925年冬，任中共濉溪支部干事、中共刁山小组组长、濉溪镇酒业工会负责人。是年，任濉溪镇工人联合会委员和农民协会执行委员。丁茂修是第一个到烈山煤矿从事工人运动的中共党员。

1927年8月，中共宿县临时委员会成立后，他被任命为濉溪区委书记。在他的领导下，濉溪地区的党团组织和工人运动、民众运动、妇女运动都有较大发展。1928年，国民党反动派实行白色恐怖，清洗和搜捕共产党人，丁茂修是主要追捕对象。中共江苏省委决定把他调离濉溪，任中共泗县县委书记。1930年7月20日，中共泗县县委扩大会议决定合并党团组织，成立泗县行动委员会，丁茂修被任命为行委书记，并决定8月1日在石梁河地区举行武装暴动。在仇岗地区与国民党的激烈战斗中，打垮了泗县自卫第二中队，乘胜围攻上塘集团练局，缴获长短枪35支，子弹500余发。接着又打败了马寒章率领的双沟常备队和傅圩、周桥、罗岗、官塘等地的团练队。是日晚，中共江苏省委军委委员赵良文、徐怀云在陈吕庄召集各地农民自卫军负责人开会，宣布成立中国工农红军独立师，何凤池任师长，丁茂修任副师长。8月2日，红军独立师收缴邓湾、邓圩等村的地主武装，在泗县至五河的公路上袭击了泗县县长张海舟率领的武装。次日，收缴白庙地主徐华庭的枪支。其后，红军独立师挥师东进，行至唐沟，被泗县警备队和3个区的团练队包围。战斗到黄昏，独立师将士们的子弹打光了，被迫分散突围。是役，师长何凤池等一百多人被俘，副师长丁茂修在突围时受伤，暴动失败，国民党泗县政府下令追捕所有参加武装暴动的人员，丁茂修被迫秘密回到家乡疗伤。

抗日战争爆发后，他在家乡联络与组织失去联系的共产党员，组织抗日救亡社，组建抗日游击队。1938年8月，中共宿县特别支部把宿县各地的抗日游击队合并组建宿县抗日游击总队，任命丁茂修为参谋长。1939年1月，根据八路军苏鲁豫支队的命令，丁茂修领导的抗日游击队和萧县西南地区的抗日武装合并，成立萧宿抗日游击队，丁茂修任队长。6月，萧宿抗日游击队被改编为八路军苏鲁豫支队宿西独立营，丁茂修为营长。7月，丁茂修领导的宿西独立营划归宿西县委领导，成立宿西独立大队，下辖三个营和一个特务连，共1800多人。同年11月，宿西独立大队改编为新四军游击支队第三总队第八团。后丁茂修又重新组建了 11 支游击队，主要活动在萧宿永边界地区。其后，这些抗日游击队有的被升编为八路军主力部队，有的被升编为新四军主力部队，有的交由中共萧县中心县委和宿西县委领导，为发展壮大八路军、新四军和地方武装做出重要贡献。丁茂修获“萧宿永边区群众领袖”和“游击专家”的称号，他领导的抗日游击队被誉为“游击队的典型”。1940 年 6 月，豫皖苏保安司令部成立后，他被调到司令部政治部工作。同年 12 月，保安司令耿蕴斋、八路军第四纵队六旅副旅长吴信容和六旅十七团团长刘子仁率部叛变。是时，丁茂修正在宿西做伪军的策反工作。闻讯后，只身冒险奔赴在萧宿边界活动的马海川部驻地，劝阻马海川率部投敌。马海川非但不听其劝，反而将其残忍杀害。

丁茂修虽然牺牲了，但他为民族解放事业、为家乡解放所做的贡献，永载史册，流芳后世。

田启松（1920—2000） 1950 年后，曾担任皖北濉溪县第一任县委书记兼县长。他为家乡的解放、建设、发展殚精竭虑，无私奉献。

田启松从青年时代就投身革命工作，早年他以地下党的身份，又回到家乡黄里在田学珍和田志高家里作长工，白天干活，晚上宣传抗日，并且积极参加游击战争，长期在淮北、宿西、涡阳、永城一带坚持斗争。

1948 年淮海战役开始后，田启松时任淮海战役宿西县战勤指挥部政委和百善总兵站站长，率领宿西人民全力以赴支援淮海战役特别是双堆集战役，提出了“集中一切人力、物力、财力支前”的口号。共出动民工 40959 人，担架 11244 副，车 19495 辆，粮食 4907954.5 千克，牲口 58485 头，草 12884891 千克，动员群众参军参战，为淮海战役，特别是双堆集战役的胜利做出了重要贡献。

1949 年 6 月，宿西、宿东两个县合并成立宿县，田启松任县委书记。1950 年 6 月 23 日，宿县划分为宿县和濉溪两个县，田启松任濉溪县委书记。濉溪县成立后，境内土匪猖獗，自然灾害频仍，战争留下的创伤没有得到恢复，各项事业百废待举，田启松积极领导全县人民开展生产救灾、剿匪反霸、整纪纠偏、治理濉河等一系列工作，开展抗美援朝、土地改革、镇压反革命运动。

1950 年 7 月起，濉溪地区又普降大雨，全县 70% 以上的庄稼被淹，房屋倒塌无数，受灾人口占总人口的 78%。全县还遭受水、旱、风、雹、虫等自然灾害，尤其是涝灾更甚，一半以上的地亩减产或绝收。连续的、大面积的灾害，造成了不少百姓生活异常贫困。7 月 9 日，县委成立生产救灾指挥部，田启松任指挥兼政委，并要求各区也建立相应的组织，动员和组织全县人民积极投身到防汛、抢种、补种、救灾工作。他号召党员、干部立即走上第一线，起模范带头作用。工作中，田启松等领导干部与群众吃住在一起，晴天一身土，雨天一身泥，不分昼夜，身先士卒，共同战斗在第一线。

1950 年 7 月 24 日，田启松兼任代理县长。是月，濉溪工会联合会成立，田启松任名誉主席。10 月 12 日，中共濉溪县纪律检查委员会成立，田启松任纪检书记。11 月 8 日，濉溪县人民法院成立，田启松兼任院长。在领导全县人民进行生产自救的同时，剿匪反霸斗争也取得重大胜利，共破获各类案件 91 件，活捉匪首 49 人，击毙匪首 23 人，县境内匪患基本上被消灭，巩固了新生的人民政权。1951 年 2 月 11 日，濉溪县开始土地改革工作。6 月 30 日，县土地改革委员会成立，田启松任主席。接着，县委组织 1500 人的土地改革工作队，深入到全县各地，开展全面彻底的土地改革工作，实行农村土地所有制。

1951 年 7 月 31 日，田启松到宿县地区工作。1952 年 2 月，田启松被调往上海。2000 年病逝。

◉ 人物印记

丁仰振 1950 年出生，黄里村人，中共党员，高级经济师、工程师。全国优秀乡镇企业家，运河瓷收藏家，淮北市第五届人大代表，安徽省第七届人大代表，杜集区第六届政协常委，淮北市第八届政协委员。2013 年，丁仰振退休还乡，以自己的学识、技艺、财富及文化修养反哺桑梓、泽被乡里，重构乡村传统文化，赢得社会和村民的广泛赞誉。

丁仰振童年十分困苦。青壮年时期，他靠吃苦能干、踏实做人和经济头脑赢得村民和族人的信任，被推举为生产队出外承揽工程的建筑队长。他虚心好学，敢闯敢干，不断探索，在淮北市建筑市场打出了一片天地，成为改革开放后最早投身建筑事业的成功企业家。1987 年国务院副总理田纪云、农业部部长何康为丁仰振颁发全国优秀农民企业家证书。2004 年，丁仰振向市委、市政府提议建造淮北市博物馆，并将自己多年收藏的 2000 件古瓷无偿献出，被淮北市人民政府授予博物馆“名誉馆长”称号。此举为淮北招商引资，振兴淮北经济做出了贡献，为大运河的申遗成功奠定了基础。2008 年，丁仰振被评为“薪火相传”全国文物保护先进个人。2010 年，荣获淮北市建市 50 周年“淮北优秀人物”称号。

丁仰振，离乡创业 30 多年，看到城市化发展迅速，中国农村遭遇千年未有之大变革，寄托着乡愁的家乡、古色古香的风韵逐年消失，萌生了叶落归根“文化治村”的念头，2013 年 6 月，他决然告老还乡，挑起黄里社区第一书记的重担。

一是重续传统文化。千年柏林长期缺少管理，林中杂草丛生。治理古柏林是他回村带领村民做的第一项工程。投资 10 余万元修建丁氏祠堂，投资 20 余万元六修丁氏族谱，编纂村志，以宣传儒家文化为基础，逐步恢复激活传统文化，让村民尤其是年轻一代，接受传统文化的熏陶，重建“尊师重教”“敬贤尊老”“勤劳朴素”乡村文化价值观和人生观。二是推进公共文化设施建设。此前是他投资兴建成黄里小学、土楼中学。他投资 20 万元解决村民出行难，百姓称该路为“和谐路”。老人茶余饭后没去处，他个人出资 30 万元，在村头兴建一座六角凉亭，被命名为“和谐亭”。丁仰振回村 3 年已经为村捐款 200 万元，建水冲厕所、打水井，建老年娱乐中心、村文化室、图书馆等，致力于提高村民道德修养、文化素质、法律意识，不仅要让古村文化活起来，更要让村民的脑袋富起来。

丁彩云　主任医师，淮北市妇产科领军人物。在人民医院妇产科从医近 40 年，村里上到七八十岁老人，下至刚出生及未出生的孩子，几乎都找她治过病，丁彩云成为黄里村老少爷们的“健康守护神”。

丁彩云于 20 世纪 70 年代从医学院毕业，其后一直在人民医院妇产科从医，因故里近在咫尺，她便成为黄里村民的全科医生。村里事关妇科、产科的疾病自然都找她。有的时候，她不仅要给乡亲们看病，还要为家境困难的付医药费，个别情况还要管顿饭。不少乡亲结婚生子，丁彩云都要为其儿子接生，过了若干年为其孙子接生，有的甚至为重孙接生，成为佳话。如今，丁彩云已退休，受聘于淮北市友好妇产医院，部分乡亲闻讯到友好妇产医院找她看病。现今丁彩云的儿子也成为人民医院医生，许多乡亲转而找到唐喆看病。薪火相传，丁彩云一家人为黄里村民的健康保驾护航，始终恪守的原则是“一切为了乡亲”。

春游（2016年）　　邱玉田　摄

艺文掌故

黄里古迹胜景、自然风光与民间生活，吸引古今诗人、作家吟咏描绘这片美丽的土地，留下一批艺文佳作。呈现出黄里乡土文化特色和文化品质。

◉ 诗文

石佛峪

〔明〕徐学益[①]

深山佛现影，古道欲□函。
水涨濯缨石，去封避诏岩。
桃花生客屐，鹿子忆僧衫。
到此空名想，诗成不署衔。

① 光绪《宿州志》（纪健生点校本）载：徐学益，字宾虞，宿州人。以选贡中万历甲午（1594）乡试，知柘城事，力请上官除驿累，永著为令，柘人有“召父杜母”之称。天性孝友，不苟言笑。迎父丧于杭州学署，哀感路人，或谓孺子泣复见今日。服除，起知高苑县。举边才，升临洮府同知。著《名言拔萃集》。

天藏寺

〔明〕周复振等

其一

从林森森照法台，群仙特地谒如来。
野鹿每记宝忏去，山蝉迭送笙歌来。
片片白云飞远岫，交交黄鸟栖岑崖。
天藏古塔堪题处，精洁原不染尘埃。

其二

群仙驾鹤□天藏，氤氲曾闻烛□香。
屋角银杏时岚映，石山碧桃风露凉。
甘泉堪洗今时钵，□春犹带昔年香。
山腰小洞白云绕，崖下如来顶上光。
□□落落惊犬吠，鹊声喳喳引莺忙。
绿树奇山真地杰，山人屡题不为狂。

天藏寺记

〔清〕丁鸿磐

宿邑以相灵为主山，其东侧三峰鼎峙，高插天半，自中峰落脉，相山庙据殊胜焉。自北峰蜿蜒曲折，突起一峰，昔人尝避乱于此，名为寨山。自寨山南出西转，分为二条，中有深峪，即天藏寺之所在也。

骚人逸士，选胜登临，由谷口而东，羊肠路曲，树木阴翳，怪石嶙峋，山鸟欢迎，山花笑绽，一声长啸，众山响诺。而且与耳谋者，风声也；与目谋者，云气也，与心谋而相适者，山青于染，四周壁立，天入于井，如桃源避世，无一尘飞到也。谷尽处乃抵悬崖，登崖一望，庙貌森然，规模虽隘，而殊多胜概焉。

是寺之建，不知始于何时。庙中有石宝，室供天然佛像。东有石井，相传赵宋时，有西僧卓锡于此，苦无水，乃于石壁手书“天一”二字，去后，石山滃然水出，庙祝因凿石为井，虽水不满，而资用不竭，亦一奇也。寺角银杏大十余围，盖千余年物也。

黄里春杏[①]

无心樵　解华顶

黄隈寒梅馥夕曛，里中消息靓宜人。
暖风撩雨近清明，杏花惹蝶上碧岑。
磐石雅拥松竹老，春濉偷染杨柳新。
一曲樵唱花雨落，掬得芬芳堪洗心。

走过黄里的一场杏花春雨[②]

华虹

万亩杏林
如烟如织
春心湿了花雨
冬的满目疮痍终于获救
黄里，这默默无闻的小村
因了你而马蹄踏踏而门庭若市

一花一世界
半晌时光
我穿越了广袤的天地
在枝条的缝隙里
万物争先跳春天的芭蕾
四目相望
电光火石
你这春天的眼
你睁开，春天才真正的苏醒

① 原载《淮北日报》2011 年 4 月 22 日。
② 原载《相城》2017 年第 2 期。

柔软和坚强
全凭醒来的那一瞬
春风终究与你耳语了什么
竟痴痴间一夜绽放
满目柔情满心欢喜
又在某个不经意的清晨
苍白了容颜
花泪四溅
你这易感的女子
在短短的二月天
上演爱恨交织悲喜交集
你在期冀一种怎样轰轰烈烈的人生

我不喜欢谎话这样的字眼
对于一朵花
绽放便是一生的信仰
至于结果
那是造化和时间的事

别人红就红绿就绿
你在你的白里安心就好

走过黄里的一场杏花春雨
仿佛
走过一生

黄里印象[①]

马飞

远看是一幅国画
近看是一幅国画
无论从哪个角度看黄里
都是一幅不断变化着的国画
就是 CCTV 用最先进的设备俯拍
黄里仍是一幅被相山搂在怀里的国画

没有一个画家能画出她的全部
并不是因为她宏伟巨大
并不是因为她山高坡陡
是因为她不时变化着的色彩

黄里的整个春天是淹没在花丛里的
最先映入眼帘的是温润如玉的杏花
这是黄里的第一张明信片
紧接着粉艳的桃花和金黄色的油菜花
把蜿蜒的黄里披上俏丽的时装
五月红似火的石榴花
是黄里最贴身的花兜兜

黄里的瓜香果甜从初夏到深秋
溢出相山的果实被冬季储存
他们没有被榨成汁仍以果子的形象站立着
黄里的人和黄里的果子一样善良纯正
拒绝农药拒绝化肥拒绝添加剂

① 原载《相城》2017 年第 2 期。

黄里的房子和黄里的树都依山而生
错落有致无拘无束的样子却个性鲜明

这里是淮北市的后花园
这里是淮北人的水果篮
这里是淮北人绿色氧吧
虽然生活在都市的怀抱里
却拥有一颗少女般的心灵

刚好遇见你[①]

—— 献给黄里的杏花

李劲

阳春三月，
春风暖意。
蠢蠢欲动的心，
盼望久违的你，
是否仍在那山坳里？

周末的熹微，
清晰艳丽；
穿过人流，
去黄里寻你。
懵懂的少年
你是否还认得？

飞过沉睡的榴园，
漫过千年侧柏林；

① 原载《相城》2017 年第 2 期。

在相山头，
在石佛峪，
在天藏寺，
刚好遇见你。

刚好遇见你，
依然亭亭玉立，
似待嫁的少女，
出落在深闺，
羞答答，
姗姗来迟！

感谢风，
感谢雨，
感谢上苍赐予我这福气。
在这灿烂的年纪遇见你，
在这浪漫的花季，
与你相依相偎。
漫天雪花，
飞扬在暮鼓晨钟里。

刚好遇见你，
你依然楚楚美丽；
在我心中，
你是唯一，
今生继续前生的约定。
不离不弃。

伸开双手，

为我就是风雨；
一路走来，
我会珍惜。
闭上眼睛，
和你比翼飞向天际。

料峭的山风，
鼓动天真的你；
不期而至的我，
怕惊扰你的梦。
命中有你，
真的怕失去你。

“因为我刚好遇见你，
留下足迹才美丽；
风吹花落泪如雨，
因为不想分离。
因为刚好遇见你，
留下十年的期许；
如果再相遇，
我想我会记得你。”

我不是李玉刚，
也不是王菲；
更不是可泽，
我是从前爱我的你，
很想揽你入怀
不再分离？

来年的此时，
茫茫人海中，
风风雨雨里，
还想遇见怒放的你，
在黄里，
在这寂静的山坳里 ......

忐忑地问：
你是否愿意？
我要为你写诗，
因为刚好遇见你。

黄里的杏[①]

林汝

黄里真可谓是淮北的一颗璀璨明珠。它不仅有香甜可口的青香蕉、大金帅，汁水饱满欲溢的大酥梨，珍珠串串的葡萄，还有粒似玛瑙驰名中外的黄里石榴，但更使人垂涎的还是黄里的杏。

初春，各种果树还没有动静，杏树就争先开了花。有时还是雪花纷飞，那粉红色的花朵就傲然枝头，与那欢喜漫天雪的蜡梅争奇斗艳。远远望去，山坡上真好似落下了朵朵白云。

过三四十天，这里的花树就不见了，映入你眼帘的是枝繁叶茂的树冠。离远了，你分不清哪是叶、哪是果，走到树下抬眼细瞧，你可不要嘴馋，不然它就会惩治你。不信就摘一颗尝尝，那涩苦酸味会让你连连吐唾，后悔莫及。

想吃，不要急嘛。再过一个多月来，远远望去就会看到那黄金般的东西在阳光的照耀下闪闪发光于绿叶之中，那便是熟了的杏果，这时你可要馋涎欲滴了，你会不由自主地想起孙悟空偷吃人参果的情景来。咬上一口香中带甜，甜中有酸，真是酸甜可口。

听说这黄里的杏，可不要流口水。“菜籽黄”“ 鹅头黄”现在就有，任你品尝。想

① 原载《淮北日报》1990年4月19日第3版。

吃色更美、味更鲜的大笆斗、小笆斗，再过十来天，保你过个瘾。

这就是黄里的杏。

独特的黄里笆斗杏 ①

张辉

麦黄杏，麦黄杏，每年的六月，麦子金黄的时候，杏子也熟了。从挤满杏子的树上摘一颗下来，放在嘴里，酸甜酸甜的味道就沁入心里了。

吃过不少杏，金黄的、青涩的，尤其是杏仁苦苦的余香，个中滋味，实难言表。说到淮北的杏子，尤以黄里笆斗杏最为出名。顾名思义，笆斗杏个大，形状似笆斗，果皮光滑，色红黄，肉质厚，香味浓，酸甜适口，因而得名。相传，黄里笆斗杏栽种于清朝年间，由技师丁仰斋于民国初年嫁接培育而成，不经意间，这杏子的绵甜已经横亘了百年。摘二三斤杏子放在房内，不到半日，满屋香气扑鼻，颇有余香绕梁之势，深得美味之精髓。

对于笆斗杏的起源，当地还有个传说。据丁仰斋的侄子，当地的笆斗杏种植大户丁在喜叙述，笆斗杏开源地当属陕西临潼，原本口味并非如此。当年其祖上颇有些资财，好走南闯北，搜罗各地奇珍异果，植于自家园中，聊以自娱，后家道萧条，卖果为生，此为后话。其祖当年在临潼一尝此杏之后，就决定将此树移栽自己园中。怎奈路途遥远，数月方能往返，恐果树难以存活，于是将果条置于西瓜之内，快马运回。路途中不知用了多少西瓜，才终于让笆斗杏在黄里落地生根。为使笆斗杏口味更佳，富户出身的技师丁仰斋又将本地杏树品种与之嫁接，形成了今天口味独特的笆斗杏。今日我们能品尝到如此美味真要多谢丁氏了。

杏浑身是宝。杏果可食、杏仁可入药，杏木、杏叶也有特殊的用途。杏仁更有止咳定喘、润肠通便的功效。民间用杏仁、绿豆粳米磨成浆，加白糖煮熟饮，为夏天解暑、清热润肺的清凉饮料，名曰“杏仁茶”。所以，杏树在黄里遍植，房前屋后，山脚坡地，规模蔚为壮观。

其实黄里笆斗杏吸引我的，不仅仅只是酸脆欲滴的杏子，更是满山的杏花。如果你不曾深入其中，你不会了解那种震撼。每年的三四月份，成百上千亩的杏树满山狂野的

① 原载《阅读淮北》。

吐花露蕊，形成一片迷茫的杏花海，对，就是杏花海！东临黄里，以观花海，享受花海给你的平静，这在灯红酒绿的都市是难以想象的。

古谚云“橘生淮南则为橘，生于淮北则为枳”，其实笆斗杏也是“嫌贫爱富”的。曾有人将笆斗杏从黄里移植至外地，结果其果实虽有笆斗杏之名，但口感却与黄里笆斗杏大有不同。这其中的玄妙之处就在于黄里的水土。黄里和相山公园一山之隔，位于相山北麓，凤凰山南侧，西临新濉河，依山傍水，地面辽阔。面积约 630 余公顷，其中山坡地 304.3 公顷，果园林地 227.1 公顷，老林地面积 3.6 公顷，村庄 96.1 公顷，至今基本保持原生态的自然环境。加之黄里山势独特，凤凰山、拖拉山与市区北部的相山、鹰山、老虎山等山体相连。其山势、山体独特，有缓坡、陡壁、三处山隅，群峰叠嶂、风景秀丽。独特的地理位置造就了黄里优越的水土环境，也成就了笆斗杏的盛名。

黄里有山、有水、有笆斗杏、有杏花海……如果你想的话，来这里吧。

黄里的麦黄杏 ①

李世剑

麦黄时节，黄澄澄的杏子笑逐颜开。在淮北，最有名的杏林要数黄里了。虽然有大庄的葡萄、榴园的石榴远近闻名，但是它们的收获只能在秋天，与之齐名的还有黄里的石榴，而黄里杏早已在初夏就声名远扬了。小时候读叶绍翁的《游园不值》“应怜屐齿印苍台，小扣柴扉久不开。春色满园关不住，一枝红杏出墙来。”能关上门春色难关，感觉春天太美了。后来读杜牧《清明》“清明时节雨纷纷，路上行人欲断魂。借问酒家何处有，牧童遥指杏花村。”虽然凄美，但影响千年。一个杏花村，竞争两地千年。诗人之功，千年敬佩。

淮北的农村几乎家家户户都有杏树，房前屋后，沟边井沿都有杏树的身影，杏林最大当然是黄里。站在杏林之下，思绪万千，情意绵绵。山上山下，青绿无边。陆游“桃花烂漫杏花稀，春色撩人不忍为。”范成大“东厢月，一天风露，杏花如雪。”李商隐“日日春光斗日光，山城斜路杏花香。”杏花的花瓣白色或稍带红晕，美如少女。如今有给女孩子取名叫杏花。假如杏花不美，谁赋予孩子这个名字。天下酒桌上摆着杏花酒。客人一声杏花，上菜。几分香甜，几分醉意。我欣赏范成大“小轩今日开窗了，揉蓝染

① 原载《淮北晨刊》2017 年 5 月 25 日。

碧绿阶草。檐佩可伶风，杏稍烟雨红。飘零欢事少，鬓点吴霜早。天色不愁人，眼前无限春。”桃花开杏花败，杏花是抢占春头的。每到春天，黄里就是人山人海。不然的话，难有郭应祥“春事日相催，红尽浅桃深杏。可惜窥园无暇，任绿苔封径。凭谁说与雨和风，休要太狂横。等待禁烟予告，要选幽寻胜。”人们欣赏杏花，总念叨杏花雨的出现。那美在眼前，更美在心头。陆游“桃杏酣酣蜂蝶狂，儿童相唤踏春阳。老人自笑还多事，预恐明朝雨坏墙。”一场杏花雨即将到了，那是多美的场景啊！由杏花想到诗人李石“花深红，花浅红，桃杏浅深花不同，年年吹暖风。莺语中，燕语中，唤起碧窗春睡浓，日高花影重。”意境悠悠，情意悠悠。不败的杏花永远在人们心头。

黄里的杏年头久远，树龄长达几十年至百年。杏树的品种多样。早年家里就有一颗棵狗屎蛋子杏，曾令很多小伙伴垂涎三尺。快到麦黄了，大家时时注目这棵狗屎蛋子杏。等到杏要熟的时候，树上往往站满十来个小伙伴。那杏酸酸的，后味又甜。开始吃着想淌眼泪，后来越吃越想吃，总想过个吃杏瘾。可是，黄里的杏品种多样，现在看到的杏，有青青的、淡黄的、橙黄的。本来枝叶繁茂，如今是不论杏的大小，都争先恐后地露脸。青的带毛，淡的映红，黄的发亮。杏林之中，又有石榴树相衬。蜜蜂嘤嘤，蝴蝶翩翩。榴花火红，杏子爽黄。杏树被压弯的枝头，自然地伸到榴花上，一红一黄，晃晃悠悠，甚是美哉。向前拍张特写，青黄搭配，红绿相间。杏大的如鸡蛋，小的如溜溜蛋。摘一个杏子，放在嘴里，酸甜可口，食欲大增。不能不说早上游逛淮北，发现买杏的居多，向前一问，哪里的杏，答曰黄里。很想拍照，又怕人家笑话。所以黄里看杏、赏杏、吃杏、写杏的愿望立即实现。漫山遍野，杏林如丛。全国各地，车辆纷纷。黄里的幸运，夏有杏子秋有石榴。与其说白云生处有人家，不如说杏黄时节榴花艳。一边看榴花，一边品黄杏。那是什么韵味啊。山里人大方，花随赏，杏随吃。门上竖个牌子，“买杏，自己摘”。特别耐人寻味。苏轼“花褪残红青杏小，燕子飞时，绿水人家绕。枝上柳绵吹又少，天涯何处无芳草。墙里秋千墙外道，墙外行人，墙里佳人笑。笑渐不闻声渐悄，多情却被无情恼。”白居易“使君何在在江东，池柳初黄杏欲红。有兴即来闲便宿，不知谁是主人翁。”置身这里，贴切、贴切。

在黄里陶醉了半天，离意没有。想想家人与朋友，总要让他们分享一番。酸味与甜味涌来，兴致与诗意涌来。果实展现在他们眼前，一顿口福，可那些与杏有关的杏花、杏花雨、杏坛等等故事一直萦绕在心头。再去黄里，分享人间滋味。

黄里村探访札记 ①

张丹

羊年仲夏，安徽省地方志办公室与淮北市地方志办公室及省市有关部门的同志，一起来到淮北市相山区曲阳街道办黄里村考察探访。选择黄里村，首先是因为黄里村是皖北地区第一个启动村志编修工作的行政村；另一方面是因为在传统村落保护上，安徽省皖北比之皖南等地较为乏力，其为数不多的传统村落，有的正失去原汁原味，逐步城镇化或“空心化”；有的村落由于文化资源的不断消失破坏，而逐步“萎缩化”；有的则正处在自生自灭之中。因此，顺便造访一下黄里村，以此考究皖北地区古村落保护、复活、发展的路径，或提出一些问题、记录一些场景，为新农村建设献计出力。

皖北山村　古韵犹存

黄里村地处淮北市相山山脉西麓，春秋时期古相城遗址西侧。村子沿寨墙山、程山、凤凰山错落分布，逶迤数里，新濉河绕村而过。群山环抱中，从从迭迭延绵十里的石榴树、笆斗杏树，静静享受着山村的宁静和惬意。关山阻隘 、封闭独立的自然环境，孕育出其皖北山村的独特气度和淳朴民风。黄里村现有 2460 户人家，近万人口，据讲是皖北地区规模最大的自然村。

为弄清黄里村的来历，大家拜乡贤、访村民。据老一辈人口口传袭，早在夏商时期，先祖就已定居于此。近年村东山头发现圆形石盘，疑是古人用于测定时刻的日晷晷面，经考证此处为古天文台遗址。商汤东迁相城时已有黄里村，时名“黄粒村”，随时代变迁，村名演变为黄里村至今。

黄里村东环山，西临水，地势东高西低。历史上黄泛频发，十年淹八年，村民水中捞麦、水中割麦穗，那是年逾七旬的丁在炎孩童时常见的场景，“大水下去，眼前像‘黄土高原’一样，满湖找不到一棵草”。为活计，民居逐渐向山坡迁徙，在山坡开荒种石榴栽杏树，年久日长，形成蔚为壮观的软籽石榴园、笆斗杏园。明嘉靖年大夫吴梦骞所著《随年》记载，相山西麓石榴“粒大籽软，汁甘味浓”。清乾隆时期即作为贡果选送入宫。

黄里村有程、田、张、牛等 40 多姓氏，许氏、丁氏入住最早。许氏后裔许福昌家藏一通八棱石碑，上载许氏先祖早在宋嘉定年（1208—1224）即定居黄里村。丁氏光绪

---

① 原载《淮北文化》总第七期。

年宗谱载，其先祖于明天顺年间迁宿州相右黄里集。

黄里先之为村，继而成集，它沉淀着黄里悠久而繁华的历史。丁在炎老师凭童年记忆，制作三张不同时期的黄里村平面示意图，细致地描绘出黄里村东西寨门、上街、下街、南大园、祠堂、民宅等繁华景象。时东西走向的西街，俗称鏊子街，天蒙蒙放亮，炊烟袅袅，做烙饼的鏊子声起，上街、下街已人流如织，时鲜水果、粮食，餐饮等买卖兴隆起来。是时，早街一隅会有赋闲人丁手持各式工具招徕雇主，或打短工，或做长工，还有一种叫月工，双方谈妥条件，即下地干活。一个自然村的街市，居然有类似现代都市的“劳务市场”，足见其文化底蕴不可小觑。

黄里村先民对土地、阎王、火神、华佗、关帝等神祇信奉甚笃，村内建有土地庙、阎王庙等九座寺庙。村东寨墙山峪下天藏寺历年最久。据光绪《宿州志》记载，此庙建于明天启年间（1621—1627）。大殿三间，东西配房各三间，大殿后留有一门，仅一步之遥的石壁凿一石洞，洞内雕一佛像，故称一步两庙，原寺角一棵银杏树，大十余围，盖千余年物也。寺前有名家楹联：“深山藏古寺，白果镇乾坤”。清代乡贤丁鸿磐曾撰《天藏寺记》以载其盛。原大殿于 1966 年被毁，古银树也因保护不力致死。2007 年，天藏寺在原址下方百米处重建，规模大不如前。

黄里村民自古崇文重教，1919 年村民筹资兴办私塾，周边十里八乡的学童都到这里就读，1925 年宿县州试，前十三名均是黄里村的学生。黄里村乡贤才俊代不乏人，宿州督学丁仲选，中国工农红军独立师副师长丁茂修，上海市劳动局局长丁仰军等幼年时期曾在此就读。

出村东沿山麓上行百米，既来到丁家柏林。随行老乡讲，丁氏宗亲于明景泰三年（1452）由蒙城迁坟至相城黄里柏林。柏林占地 70 余亩，大小柏树 500 多棵，其大树为元代栽植，树龄 600 多年；小树多为民国时期栽种，树龄已百年以上。据介绍此乃全省规模最大的宗族柏林。只见松柏枝干遒劲，碧绿成荫，山路曲折静谧，泉水潺潺入耳，间或听到几声鸟鸣，给人淡然安逸、清新悦目的感觉，使人情绪得以安慰，性情得以陶冶。中小学校常组织学生来此观光，也是摄影写生的好去处。

传承根脉　增强活力

漫步黄里村的大街小巷，能感受到徐徐的文化气息。这个历经漫长历史变迁的山村，物质遗存很多已毁坏，尚存的历史遗址、老树、古碑，被村民们视作“传家宝”倍加珍爱。不少家族都坚持续修宗谱，世代不辍。丁氏宗谱刚刚进行第六次续修，他们送给大家一本精装大开本《清明祭祖纪念册》，内载丁氏先祖恩德传略、家训家诫，并详尽记载着今年 4 月 5 日祭祖仪式和内容，参加祭祖人员中年轻一代占多数，丁氏十九世孙宣读了家训家诫。书是今年 5 月印制的，还散发着浓郁的书香，一书在手大家感喟良多，孝老敬亲是中国人伦道德的根本，是中国传统文化的重要内容，现代年轻人不忘祖训，涵泳其中，实为村之幸事，国之福音。老百姓尤其是青年人，做到学以立德、学以增智、学以创业的文化自觉，这才是最为珍贵的。

最让大家感怀不忘的是杏园里的村志编纂办公室。两间屋，桌椅、电脑、空调配齐到位，参与编纂的人员多为 60 岁以上的村民，有的已年逾八旬。2013 年 11 月正式启动志书编纂工作，是淮北市乃至皖北地区第一个启动村志编修工作的行政村。现已完成建置沿革、风土民情等章节初稿的撰写，形成文字十余万言。

古村的文脉还在继承着，它的根还活着。这种文化精神的皈依深入血液，其对培养华夏民族的文化格调、文化品位，发挥着润物细无声的作用。

几天探访下来，大家虽然得到慰藉，但仍为黄里村发展的羽翼不够丰满、古村保护面临不少挑战而忧虑。

历史文化、遗存景观方面：能说的多，能看的少；绿色盎然，然而美景不多，能留住乡愁让人流连忘返的地方少。

新农村建设方面：村子大，但民宅等建筑相对凌乱无序；村容村貌不够精致整洁。

乡村产业方面：软籽石榴、笆斗杏，有特色，缺规模，仍处于散户经营，没有形成产业链。

由于上述原因，经济和社会事业发展相对滞后，村民收入增长较慢，年轻人靠打工，老年人靠低保，村民自嘲说“捧着金碗讨饭吃”。

乡亲们对古村的保护和发展，各家有各家的看法，人人心中都有自己的“小九九”，说出来又是那么的一致：坚持走“绿水青山”这条路。修复、整理历史遗存；发展生态、观光农业；壮大软籽石榴、笆斗杏特色产业，打破一家一户的散种模式，形成和不断延伸产业链；全力推进“美丽乡村”建设，整治村容村貌，完善服务设施，逐步发展乡村旅游、乡村采摘、乡村漫步等新的经济业态……如是，产业反哺支撑古村落文化遗存保护、文化传承又丰富产业内涵。

“发展有基础缺规划，干部有想法缺实力，村民有热情缺统筹”，曾担任黄里大队书记现已八十岁高龄的丁仰义谈到古村的发展直言快语："黄里村要搞好，可难了，不得拼命也不轻，要多大干劲，要花多少钱，主要看干部，要有一个正确的思想，团结全村群众搞旅游等特色经济。"

64 岁的丁仰振，离乡创业三十多年，成为全国优秀建筑企业家、安徽省第七届人大代表。看到寄托着乡愁的家乡，古色古香的风韵逐年消失，村民素质亦没有过去那么淳朴，让他忧心忡忡，于是萌生了"文化治村"的念头，2013 年 6 月，他决然告老还乡，挑起黄里社区第一书记的重担。

丁仰振的治村计划是成功的。一是重续传统文化。千年柏林长期缺少管理，林中杂草丛生，治理古柏林是他回村带领村民做的第一项工程。继而续修宗谱，编纂村志，以宣传儒家文化为基础，逐步恢复激活传统文化，让村民尤其是年轻一代，接受传统文化的熏陶，重建"尊师重教""敬贤尊老""勤劳朴素"乡村文化价值观和人生观。二是实施"文化治村"。黄里小学是他带头捐款建成的，老人茶余饭后没有去处，他个人出资三十万元，在村头兴建一座六角凉亭，红色琉璃瓦，雕梁画栋，夜幕降临亭中彩灯闪烁、金碧辉煌，歌舞说唱便开始了，村民高兴地称它是"和谐亭"。到目前，丁仰振回村两年已经为村捐款 200 万元，修"和谐路"、建水冲厕所、打水井，建老年娱乐中心、村文化室、图书馆等，致力于提高村民道德修养、文化素质、法律意识，不仅要让古村文化活起来，更要让村民的脑袋富起来。

春风化雨，浸润着每一位村民的心灵——治理村南北大道，许多村民无偿出工出力，有的村民自觉清除自建设施，路面由 4 米扩大到 7 米；今年春节慰问 95 户孤寡老人，村民一天就捐款一万六千元。

在黄里村考察采访期间，村民交口传递着一则喜讯：濉河堤美化工程已完成图纸设计，并将于 8 月开工，年内竣工。该工程计划修沿堤大道、安装太阳能路灯，大道两旁绿化美化，并建设软籽石榴园、笆斗杏园，还要配套建设采摘园、农家乐等，为发展壮大旅游业创造条件。

和皖北地区其他古村一样，黄里古村保护目前存在着资金匮乏、土地紧张、产权复杂、政策缺位与机制不畅、人才缺乏与管理不善、可持续发展模式等问题。破解保护和发展难题，留住文化根脉，为行将消失的"农耕文化"活标本注入新的血液，使之重换生机，已到了时不我待、迫在眉睫的关头，我们期待黄里村不断彰显自身特点，逐步把文化优势、环境优势变为经济实力，使古村落活态保护传承下去，成为皖北地区古村保护发展的龙头。

◉ 楹联

天藏寺门联[①]

上联：天藏寺古

下联：地幽山深

明天启三十一年扩建天藏寺石上刻文[②]

深山藏古寺

白果震乾坤

丁氏六世祖文秀方石碣补联[③]

上联：祖德昭铭承渭水源流万代繁昌作胤

下联：宗勋丕烈继济阳泽佩千秋茂育祯祥

横批：源远流长

丁家祠堂对联[④]

上联：龙跃右命公称望

下联：虎观谈经殿者铭

横批：海岱家风

---

① 此门联镶嵌于寺庙大门上，何人所撰无考。

② 明天启三年（1623）太祭孟秋，萧县儒生周复振、宿县庠生孟遴、黄里明增广生丁时泰等八人募资捐款进行重修扩建天藏寺时，在释迦牟尼石像西边大石头上刻文。此诗文应该是集体撰镌。

③ 丁氏六世祖文秀大爷葬于丁氏老林黄里古侧柏群内，墓地前立于清雍正十二年（1734）三月初二的石碑，高宽之比为 3∶2，一般墓前石碑高宽比多为 3∶1。此碑近似于方形，故丁氏后人称此碑为方碣碑。只有碑文，石碑两边并没有对联。1994 年丁氏五修家谱时，将此碑进行了护修，众族人委托丁在杰为此碑撰联。

④ 丁氏宗祠于清道光年间（1821—1850）建立，历经 160 余年，祠上椽落瓦解，势将倾颓，当时贼匪猖獗，手素囊空，无计可施。众族人触物兴怀，合族公议，变卖老林死柏九株得钱 71 千文，于光绪八年（1882）重修，后又于 1939 年重修。今又于 1994 年五修家谱时重建。对联镶嵌于厚重的柏木门上，何人所撰无考。

一九九四年十月重建丁氏祠堂楹联

丁配祥

上联：渭水家声声贯秦晋

下联：济阳世泽泽润齐鲁

横批：源远流长

◉ 民间传说

麻茶的故事 宋朝的时候，江南有位去东京（今河南开封市）赶考的举子，路过淮北相山，顺便观赏相山奇妙的景色，却无意中发现了一种茶（有人叫它“麻茶”）。他掐了片叶子尝了尝，顿觉芳香满口，爽彻肺腑，味道好极了。

他回到江南老家后，便派个老仆年年春天带着盘缠到这里采茶。这老仆每次都是住在相山庙里，有时阴天下雨，他就同老和尚下棋、拉家常，以后两人竟成了十分要好的朋友。可是老和尚却从来没有问过老仆采茶、制茶的事。

这年春天，老仆采制完茶后，收拾停当准备回江南，临别送给和尚一包茶叶，叫他尝尝味道。可是和尚从不饮茶，也不把它当成什么珍品，顺手扔到风棚上去了。

时间像流水一样，转眼几年过去了，那老头没再来过相山、又过了两年，南京有位大官听说相山老爷很灵，能叫做官的官运亨通，步步青云；能叫经商的财源茂盛，生意兴隆；能叫读书的魁名高中，所以他特地买了许多上等好香，来给相山老爷上香。一行人刚走到奏鸣台附近，那官儿就觉口渴难耐，忙命从人献上茶来。可是那帮子随从平日里看不惯他那种贪赃枉法的卑劣行径，出门故意没给他带茶叶。于是，那大官就此令随从去找相山庙的长老要茶叶。

相山庙老和尚一听犯了愁：平时不采茶，现在立刻就要，却向何处去寻？正在发愁，突然想起几年前采茶老头给的一包茶叶来，于是叫小和尚爬上风棚，扒了半天才找出来，拍了拍灰尘，揭去外面一层牛皮纸，定睛一看：里面是一层黄布，黄布里面是一层木炭，木炭里面是一个猪泡皮包的包，再里面是个双层细毛边纸包。还未曾打开，就有一股清香扑鼻而来。和尚小心翼翼地打开纸包，里面只有一小撮茶叶，大小如同绿豆粒，色泽鲜亮，晶莹剔透，俨然似一颗颗绿莹莹的珍珠。和尚把茶叶托在手心里，犹豫了一会，递给了差役拿去泡了。

那当官的接过茶杯，刚一打开盖，一股惊异的神色顿时飞上眉梢。他反复地看看闻闻，闻闻看看，足足闹了大半个时辰，才慢慢地把嘴挨近杯子，先用舌头舔了两下，咂了咂嘴，又舔了两下。品尝了好大一阵子，他才细细地喝了几口，那顺杯子流下的一滴茶水也被他伸舌头舔净。一杯茶刚喝一半，他就感到浑身疲劳顿消，精神焕发。

相山庙的大殿里烛光辉映，香烟缭绕。那大官进庙做完佛事，便问长老："适才所赐仙茶，何山所采？"

"此乃本山所出。"

"好，真是名山出名茶，果不其然！长老可知此茶的名贵处吗？"

"贫僧素不好茶……还望大人赐教。"

那大官兴致颇高，赞不绝口："此茶生在绝壁下，日光只能照其叶，而不能照其根，故能温胃和中，滋阴壮阳；又常处在云雾笼罩之中，承云、雾、雨露之精美，故饮之能除五脏六腑之淤滞，开七窍之闭塞。常饮此茶，能令人容颜光泽，返老还童，实乃茗中仙品。如若不信，可泡一杯，把熟的肥肉片放进去，不消片刻，即可融化。"

经过实验，果如其言。从此相山产名茶的佳话，就在江淮大地传扬开了。

黄里村的传说 黄里村历来无黄氏，人们对村名由来颇费思量。关于"黄里"村名的来历，有两个版本的传说。一是李氏宗谱《陇西堂》中记载：一千多年前在相山西北的山脚下住着几户人家，日子过得很苦。一天，狂风暴雨，山洪暴发，一块石头从山涧被冲到了山脚下，上面刻有"皇立"二字，鲜红鲜红的，好奇的人们纷纷前去观看。后来，风水先生看了之后，认为这是神灵点化的地方，是个风水宝地。接着，四面八方的人接踵而至，纷纷在此地落户生根，就这样"皇立"村逐渐形成。再后来，村民们还集资建起了庙宇，祈求上苍保佑"皇立"村的子民。"皇立"村一代一代繁衍着，不知何时"皇立"被演化成"黄里"二字。

另一种是：很久以前的一个秋天，有一对逃难的婆媳来到黄里，在下街牛王庙住了下来。婆婆年事已高，大约 70 多岁，媳妇 40 多岁。媳妇非常孝敬婆婆，拾柴、要饭、晚上给婆婆洗脚，暖床，什么都干。虽然饥寒交迫，但婆媳二人心里都是暖暖的。漫长的冬天终于熬过去了，春天很快到来。各种野菜长满了田地和山野，婆媳的日子比冬天好过多了。但婆婆突发重病，说想吃鲜麦仁饭。殊不知，当时节气还不到小满，哪里去弄鲜麦仁？这可急坏了媳妇。贤孝的媳妇便漫无目的地走出庙门，向村外的麦田走去，望着茫茫的田野，绿油油的麦子才刚刚抽穗，哪里会有能搓上手的小麦？想着重病的婆婆，她便伤心地坐在麦田里哭了起来，哭啊哭啊，不知不觉昏睡了过去。梦中，她看见田野的麦子全部熟了，媳妇赶忙去摘麦穗，一起身梦醒了，她揉了揉眼睛，眼前真有一小片黄了的麦子，媳妇连忙小心翼翼地一穗一穗采摘下来，但她感觉有些少，无法做成麦仁饭。正在发愁之际，转身又见身后黄了一片。因此后人就把该地称为“前黄粒”“后黄粒”。实际上，“黄粒”的说法十分牵强。因为作为地域名称，“粒”没有什么讲法，而“里”在古代是行政区划的基本单位，所谓“五家为邻，五邻为里”。黄里附近就有丁里、朔里、坡里、罗里、徐里等地名，说明“黄里”本来就是一个地名。1934年为防匪患，村民在挖壕筑寨时挖出一块石碑，上面刻有“黄里”二字，看来“黄里”村名由来已久。

“离合饭”的传说　黄里一带有个风俗：婚丧嫁娶中的设席摆宴，总要上一碗不荤不素不咸不淡，说是饭却当菜，说是菜而实际又是饭的“糯米甜饭”，现在叫它八宝粥，以前叫作“离合饭”。关于它的来历，有个传说故事。

唐代贞观年间（627—649），民安物阜，南来北往的生意人比比皆是。湖南的张龙做百合生意，卖货回家路经砀山，正巧与山东的李常相遇。李常捣弄梨买卖，也发了大财，两人吃喝完毕后，共同在米家客栈住了下来。张龙头枕着钱褡，心里盘算着：萍水相逢的过路人，住一宿就要各奔东西，今晚何不动点手脚谋他财物，只怕店主……想到此，张龙悄悄起身遛到上房，与店主嘀咕起来：“出门在外，多一事好，还是少一事好？”店主一听，眨了眨眼：“当然是少一事好喽……”张龙低声安排道：“今晚，无论下房有什么动静，你装作听不见……”说着，将一包上等百合塞到桌下。店主推辞不掉，只好收下。待张龙走后，他摇着头，又看了看内室的梨子，心中犯难了，原来李常也有此意，已事先来过。他急忙唤来老婆商量，决定晚饭时挑明此事，让他们各有所防。

店主老婆是个明白人，她眉头一皱说：“不用你点破，免得客人难堪。再说了，这事传出去，也有碍咱的生意，我自有办法……”妇道人家的办法无非就是做饭，她盛来大米并淘净，又将百合洗好，梨子切丁，放在一锅，熬成可口的稀饭。晚上，张李二人一端碗，见其中掺有百合与梨丁，顿时明白过来。心中都暗自懊悔。店主见火候一到，起身笑着说：“客官明天就要起身，各奔前程，难得相聚一回，今晚，都兑了点家乡特产，在我处煮饭，既有百合，又有一离（梨），我看这饭就叫‘离合饭’吧！人嘛，有分有聚，有离有合，来日方长，切不可只顾眼下呀！”

两人听后，频频点头，满满一锅饭，被吃得干干净净。

从此，黄里一带无论红事还是白事，都要在宴席上加一碗“离合饭”，现在人图省事，只上碗甜米饭，讲究一点的，掺几枚红枣或青红丝，再讲究的，加上梨和百合及莲子等，可真正知道它的来历的不多。

◉ 家规家训

丁氏家规 要奉官、要去恶、要和睦、要名节、要遵祖、要知义、要睦族、要苦读、要勤耕、要为善、不许为奴、不许作婢、不许当优、不许充役、交友慎之、结亲慎之。

田氏族规 1. 要族人嘉言嘉模，欲使族人同归于善宗旨。2. 要每年清明十一修理祖堂焚香化纸，按户出户，如不出丁者罚钱以作烧纸之费。3. 要族政会遇事凡办事人员过半数即准开会，期间不准插言，安分听其挥。4. 要族政会以工农商学为范围，如由正路贫困而不能生活者，族等酌情怜悯少有补助，指本骨肉之亲谊。5. 要如有众多欺凌纵横凶恶不服规诫者，共同联名送官惩处，望一源同流，一支同体，同心同德共造幸福，共乐光天化日之下，如此方尽善尽美矣。

丁氏家训 1. 热爱祖国无私奉献。2. 遵纪守法去恶从善。3. 热爱公益见义勇为。4. 矜怜孤寡扶贫救危。5. 和睦乡邻排解纠纷。6. 兄友弟恭长幼有序。7. 奋发学习勇攀高峰。8. 克勤克俭艰苦创业。9. 品行端正谦虚待人。10. 男女平等婚姻自由。

程氏家训 1. 敦孝友。父母之恩，昊天罔极，弟兄之谊，手足相依，不能孝友便非人类。族人如有忤逆凌犯事族，房长扭送宗祠，同大家族众，共同议定，重责不恕。2. 和睦乡党。乡党亦叔父兄弟所在者，则非亲即邻，守望相助，患难相恤，最宜和好，慎勿小不忍而失和气。3. 勤耕读。读书明理，种地养生，二者本也。凡我族人或读或耕，各守职业，否则为工为商亦可。断不可游手好闲，流入匪僻。4. 护墓田。凡族中之墓田、林树，皆有大关系，不准个人私行当卖、损伤，致起风潮，如遇绝产，而无所归者，入祠堂可也。5. 端品行。凡我族人须亲贤就道，切莫狎昵恶少结交无赖，致使己身寡廉鲜耻，肆意妄行，慎行戒之。6. 戒设赌。博为盗媒，不许大开赌局，伤风化而滋祸端，违者定罚不贷，凡酗酒吸洋烟类亦勿亲昵。切戒。7. 息争讼。斗必有伤，讼则终凶。族中有不得已须偕族长房长至宗祠，同大宗议处，孰是孰非，或责或罚，不准私自兴讼，若与异姓必须就大宗酌议施行。8. 勿收螟蛉。或有乏嗣者，凡同姓之人，概准过继，今后不准弃养。异姓之子，致紊脉派，违者议罚，而逐归宗。9. 勿入异端。凡我族人，须守先人正学礼教，以外皆为异端，顺同流俗，即得罪先贤，慎勿喜新厌故，以误子孙。10. 举大宗。大宗为奉先首领，合族表率，为德才兼优者，堪任之，忠信亦可。若妄自尊大，不清不公，准族人另行改选。

张氏家训 热爱祖国，无私奉献。遵纪守法，去恶从善。热爱公益，见义勇为。矜怜孤寡，扶贫救危。和睦乡邻，排解纠纷。兄友弟恭，长幼有序。奋发学习，勇攀高峰。克勤克俭，艰苦创业。品行端正，谦虚待人。男女平等，婚姻自由。

田氏家训 1. 务要敬奉官长。2. 务要孝礼先视。3. 务要和睦乡党。4. 务要信义忠厚。5. 务要长幼有序。6. 务要辛苦耕读。7. 务要禁止博淫。8. 务要亲爱九族。9. 务要缔婚正当。10. 不许为婢为奴。

许氏家训 孝敬老人、严教子孙、勤俭持家、艰苦奋进、调解纠纷、和家睦邻、隐恶扬善、推己及人、多予少取、扶危济困、大度忍让、谦虚谨慎、淡泊名利、诚实守信、遵纪守法、爱国爱民。

李氏家训 训为家魂，告诫族人：尊祖敬宗，以人为本；两仪既定，乾坤宜尊；父慈子孝，人之本分；兄友弟悌，应重人伦；夫勤妇俭，妯娌谦逊；对国要忠，对友要信；善待邻里，万事和亲；尊老爱幼，文明待人；恭行道德，信义宜遵；嫁不重聘，娶勿重婚；生财有道，莫要贪心；穷则安分，富则济贫；莫要盗赌，严禁娼淫；远离邪教，莫信鬼神；勿抗捐税，寇盗勿亲；士农工商，各安本分；为官要清，务农要勤；工须精细，商凭良心；惩恶扬善，正义宜伸；遵纪守法，严教子孙；为国育人，为族争光；世代繁衍，子孙兴旺；家族昌盛，国富民强。训示如此，务必遵彰！

◉ 家诫　家法　家风

丁氏家诫 1. 戒游手好闲，贪吃懒做。2. 戒任意放，荡寻衅闹事。3. 戒色淫醉酒，耗资损身。4. 戒聚众赌博，扰乱社会。5. 戒崇尚异端，乱搞迷信。6. 戒恃强凌弱，逞强霸道。7. 戒争强好斗，酿成祸害。8. 戒逆忤家训，遗老弃少。

丁氏家法 不许逆亲灭伦，犯者除送官拟律外，仍公逐出族。凡为子者，欺欧嫡母、继母及弃而不葬者，同此不宥。不许欧辱长上，犯者禀族长合众赴祠重责痛罚，不禀命父兄而私典卖房地者重罚。擅伐林内树木与当卖林地，法有不贷，在国既为顽民，在家即为败类，如有犯此者，族房长先会议责罚，然后送官重治。祖茔林地务招异姓人佃种看守，不许族人霸种，犯者重罚。不许以子女卖予人为奴、为妾及卑贱人为妻，若有窘迫无依乞养于族中，亦不许以奴仆看待，其命分依旧不可混称，如有偷为典卖合族公赎，犯禁人仍重罚。族人中有节孝贞烈力不能禀官族表者，族长宜约族众代为呈请，不可使之泯没。不许此居匪人，轻弃祖业，犯者重罚。

程氏家法 凡遇会之日不请如不到者，以不孝论，午时必到，如公事不得已回家补祭，必送帖到，不至仍以不孝论。大宗之礼究治自会，不许失言，以大欺小，凌辱宗祖，更不许以小欺大，以大作小，有乘名分失言，辱骂本家，同会之日不可过醉言及私事。

李氏家风 家和孝道，尊老爱幼；勤劳争气，尽责奋进；后德节俭，友善包容；本分求是，正派诚信。

大事纪略

◉ 天藏寺兴衰

相传赵宋时（960—1127），有西僧卓锡到天藏寺地，恋此风水佳地，苦无水，乃于石壁手书“天一”二字。去后，石上翕然水出，庙祝因凿石为井，虽不满尺，而资用不竭。从此，古代僧人从三山的峡谷中填石数丈之高，砌成石砰，方圆数亩，垫为平地，建天藏寺于其上。

清光绪《宿州志》载：天藏寺，在黄里集。明天启年建。现存碑刻考证，天藏寺经过明朝、清朝及中华民国时期四次扩建与重修。第一次于明天启三年（1623）癸亥孟秋，系萧县儒生周复振、宿县痒生孟遴，丁时泰、周起潜等八人募资重修扩建。第二次重修在清康熙五年（1666）。第三次是在清道光十年（1830）。第四次是1916年濉溪口人陈万春的母亲陈丁氏等佛门教徒，劝化集资续修。

解放前，寺内有住持僧人敬斋和弟子真戒、真惠3人，有庙产二十余亩土地，十多亩石榴园。每年农历四月初五黄里古庙会，四乡群众络绎不绝，庙内香烟缭绕，钟磬齐鸣，声闻数里，盛况动人。

“文化大革命”期间，古刹遭劫。1966年8月，天藏寺一夜之间被破坏殆尽。只剩断壁残垣，断碑乱石。僧人真戒于“文化大革命”时期搬进黄里村，真慈先到了九华山上禅堂，后去百岁宫。

1987年后，天藏寺原住持僧真慈（俗名李文道）筹划重修此寺。2002年5月，取得相山区人民政府和宗教局的认可；2005年11月11日，又得到黄里村村民委员会无偿划拨的土地支持（天河桥以东至山谷）。淮北市相山区经济发展和改革委员会以相发改〔2006〕54号文件批准同意在渠沟镇黄里村境内规划建设活动场所。项目包括：三门、天王殿、大雄宝殿、藏经阁、念佛堂、斋堂、老年安养院以及配套设施。项目占地面积约3000平方米。2007年，真慈带徒弟果缘（俗名赵德喜）在天藏寺原址的下端建念佛堂4间，斋堂13间。重新放置佛像西方三圣、十八罗汉、地藏王菩萨等数十尊。恢复庙宇，广结善缘。如今的天藏寺四方乡邻前来烧香拜佛者往来不断，每逢农历初一、十五，烧香拜佛者更多，可谓“庙小香火旺，寺新名远扬”。

◉ 丁氏由蒙城迁徙至黄里

明天顺年间（1457—1464），居于蒙城的黄里丁氏四世祖丁贵，使气尚侠，箫剑合一，儒释道兼修，太平无事，晚年“常往来于宿蒙”，被相山西凤凰山美景和黄里人文吸引，遂迁黄里定居。黄里巨富郭氏慕丁贵人品高洁，留居府上，请其“包馆授教”。

之后，四世祖贵公长子丁朋随父举家迁到黄里（当时为宿州相乡黄里集）。六世祖朋公之子丁文秀与姜氏太太生四子：禄、伦、礼、祯。黄里著名人士郭西桥见七世祖丁禄品貌皆优，遂起怜爱之意，以长女许配之，喜结秦晋之好。丁禄“接贤内郭氏鼎助，得柏林之地”。明景泰三年（1452），丁禄遵爷爷嘱念，将丁氏三世祖丁意与“刘氏太太”仙灵“迁葬宿州相乡黄里集凤凰山之南”。柏林实为黄里丁氏之祖林。

◉ 黄里石榴美名扬

据《濉溪县志》记载：明朝嘉靖年间，士大夫吴梦骞所著《随年》中已有黄里

黄里石榴（2016 年）　邱玉田　摄

石榴“颜色鲜美，气味芬芳，粒大籽软，汁甘而浓”的记载。中华民国年间，远销南京、上海等地。1958 年秋，经安徽省林业厅鉴定，在全省石榴中品质居最上等。同年，邮寄到北京，向中共中央报喜。1989 年，濉溪县将原辖区内的黄里石榴花作为县花。2000 年，黄里石榴种植面积 2000 亩，30 多个品种。2001 年，在首届中国石榴主产区科技协作会上，黄里石榴被评为优质果，其中，黄里软籽 4 号因籽软、汁甘味甜而位居榜首。2002 年，在前黄、后黄等村建立石榴生产基地。2006 年，农民承包治理荒山，种植杂果，营造黄里千亩石榴园。2011 年 10 月，黄里软籽 2 号在中国园艺学会石榴分会年会暨第二届全国石榴生产与科研研讨会上获银奖，黄里软籽 1 号、3 号获优秀奖。2012 年 9 月，黄里软籽 1 号在中国园艺学会石榴分会年会暨第三届全国石榴生产与科研研讨会上获优秀奖。2015 年 9 月 19 日，在河南荥阳市举办的第一届中国石榴博览会上，黄里软籽 3 号获银奖。截至 2015 年年底，黄里种植石榴面积达万亩。

◉ 丁仰斋嫁接培育笆斗杏

民国初年，黄里技师丁仰斋以黄里优质杏面杏、关公脸等为母本，嫁接培育笆斗杏，因其形状似笆斗而得名。笆斗杏个头大，产量高，果皮光滑，色红黄，肉质厚，酸甜适口。黄里笆斗杏始栽于清朝年间。笆斗杏种植大户丁仰斋侄子丁在喜听村里老辈人说，笆斗杏最早从陕西临潼移来，原本口味并非如此。当年其祖上颇有资财，走南闯北搜罗各地奇珍异果，植于自家园中，聊以自娱。其祖当年在临潼一尝此杏后，就决定将此树移栽自己园中。怎奈路途遥远，数月方能往返，恐果树难以存活，于是将果条置于西瓜之内，快马运回。路途中不知用了多少西瓜，才终于让笆斗杏在黄里落地生根。

◉ 黄里土地改革

土地改革时，黄里划有地主 19 户、富农 7 户、小土地出租者 4 户、贫农 321 户、中农 193 户。后又有调整，出现游民、劳动者、雇农等成分。地主富农拥有土地较多，人均为贫雇农的 4~6 倍。

黄里地主土地多，牲畜、农具多，人力少。耕种土地主要靠雇工，有的地主自己也参加劳动。雇长工，地主管吃，一年给 150~250 千克粮食。雇短工，譬如夏收时，农民地少，麦子收割完毕，便拿把镰刀去给地主家割麦子，地主按天计酬，管吃，一天给 2 千克粮食，女工给 1.5 千克。秋收、秋种、春种忙时也是如此。大多有少量土地的农民，因为没有耕牛或大型农具无法耕种，便靠出卖劳力无偿为地主干活，换取使用地主的牲畜农具来耕种自己的地。

还有一种临时雇工，类似于当今的劳务市场。只要是无劳力的家庭，都会早上到黄里集（后黄小学老校址西大门外南北街上）临时雇工。时间和报酬双方当面议定。有月工和日工两种，管吃不管住。有本村的村民，也有附近村庄的村民。

1952 年 5 月，土地改革全面展开，没收征收地主富农的土地，分配给雇农，变封建土地所有制为农民土地所有制。土地改革后，黄里村人口大约 2400 人，人均土地 2.47 亩。

1953 年冬季，根据上级要求，开始出现自发地临时性、季节性和常年性互助组。临时季节性互助组的特点是种时、忙时互助，闲时解散。规模三户至五户不等。俗称“搁具”，也就是“你出个牛我配个驴，你配个犁子我出个耙，合作生产”。常年性互助组，土地统一耕种，牲畜、农具统一使用，劳动实行分工协作，男女同工同酬，收益按“劳二地八”分红，土地所有权归农户所有。季节性互助组则随农时季节变化，农忙集中结合，农闲分散。1953 年黄里村共成立各类互助组 60 多个，其中常年性互助组 26 个。互助组大大方便群众，1954 年便有超过 70% 农户纷纷加入互助组。不少临时性、季节性互助组也转为常年性互助组。

◉ 50 年代建立合作社

1954 年年初，开始成立初级农业生产合作社。后黄以丁在臣为主成立第一个初级农业生产合作社，称“先锋社”。下街以田学云为主成立第二个初级农业生产合作社，称“红旗社”。前黄以李守仁为主成立“前进社”。初级农业生产合作社规模在 30 户以上，土地统一耕种、管收。牲畜、农具折价入社统一使用管理，集体劳动。收益按“地四劳六”分配。1955 年 8 月，相西高级农业生产合作社成立。除黄里村外，还有周边任井村、任庄等几个小庄合并进来。大办高级农业生产合作社时间短，要求过急，规模过大，管理不善，后期出现闹分社和退社的现象。

◉ 黄里村挖井 34 眼

1956 年，潍溪县大办高级农业生产合作社，群众积极性高涨。时任相西高级农业生产合作社的领导们顺势而为，在黄里西湖可耕地规划打井 34 眼。依水位高低而定，井深多在 4~6 米。每眼井灌溉面积为井周边 4~6 亩不等的地块。

当时的打井几乎全部靠人力，后期才使用了一些简单机械，就是在井穴的四周用长杉木搭一个高大三脚架，最上面插上一面红旗，迎风招展，距四五里远都能看到，顶端固定一个空滑轮，井沿不远处地上再按一个空滑轮，一条钢丝绳绕过这两个空滑轮，通到离井约 10 米左右的一部绞车上，绞车是由 4 个劳动力推拉，通过钢丝绳空滑轮将井洞的泥土提上来。井洞的泥土、水等全靠强劳力轮流下井作业，非常辛苦。工效很低，打一眼井需要近一个月的时间。

◉ 成立人民公社

1958 年 9 月 29 日，濉溪县成立东风人民公社，实行军事化管理，共 41 个营，黄里属 36 营。黄里共分 4 个连：后黄、上街 4 个生产队为一连；圩里 4 个生产队为二连；下街 3 个生产队为三连；前黄 5 个生产队为四连。生产队称为排，平时以排为单位参加劳动。1961 年 3 月，成立黄里人民公社。1969 年 3 月，黄里人民公社并入钟楼人民公社。1980 年 12 月，原黄里人民公社更名为任土楼人民公社。1983 年 4 月，政社分设，原人民公社改称乡。

◉ 扩建整修“瞎河塘”

“大跃进”运动开始，一些水利项目相继展开。黄里因地制宜，把原相西高级农业生产合作社时任社长丁在臣领头于 1957 年冬修建的“瞎河塘”进行重新扩建整修。

“瞎河塘”，顾名思义，干涸无水，只是像盆地一样的洼地一片。当时的愿景是通过挖塘蓄水，既能养鱼，又能为旱地改水田提供水源，把黄里变成赛江南的鱼米之乡。

1958 年冬季，黄里村组织所有青壮年劳力，奋战在“瞎河塘”水利工地。当时各个连都以大兵团形式参加劳动，每个连、排都制有队旗，还备有大量彩旗，整个工地红旗招展，热火朝天，一派你追我赶、斗志昂扬的繁忙景象。瞎河塘总面积不过 30 亩，根本容不下 2000 多名民工，自然拥挤不堪，给施工带来很多不便。整个工地白天车水马龙、红旗飘飘，十分壮观，晚上还要挑灯夜战。

为营造“大跃进”氛围，每辆板车配 3~5 人，口号是“乌拉快跑劲冲天，鱼米之乡在眼前”。可实际情况是少装快跑叫得欢。一路快跑下来，车内的土被颠掉，到塘围堤上时，一车土也只剩一筐了。逢有上级领导来检查时，更是号子声响彻云天。花样百出搞竞赛，青年与青年比，壮年与壮年比，男与男比，肩挑两筐土，来回十趟所用时间少的为赢；男与女比，男十趟女九趟来回所用时间少的为赢。为提前完成工程，各个排都增添很多民工，连里还又另行组织以基干民兵为主的青年突击队、铁姑娘战斗队，每天吃住在工地，干活都在 14 个小时以上，最多时达 18 小时。因人手充足，一个月工期很快就完成了。

“瞎河塘”建成后，有水面积不到 10 亩，最深处也只有 2 米左右，无外来水，全靠地下泉水。如逢干旱，水面缩小，深可见底，更谈不上养鱼、灌溉。过了两三年，大量堤土被冲回塘底。大队采取种植白蜡条树来固土防流，但收效甚微。过了不到 10 年时间，“瞎河塘”就恢复了原来的模样，形成了一片干涸的洼地。生产队也拔去原来种的白蜡条树，开始改种农作物。原来的一片洼地变成了一片小土丘，再也找不到“瞎河塘”了。

◉ 旱地改水田

“大跃进”时期，黄里人听说种水稻能吃上大米饭，很是激动。积极响应上级号召，在大面积的旱地上改种水稻。村民们从未种过水稻，没有种植经验，公社统一聘请南方种稻的技术员，分配到各个大队，从选种、育秧、插秧、浇水、打药、逮虫等各个环节进行技术指导。

后黄村在村西边到湘西河东岸的大片土地上种植，下街村在下街与前黄村之间的大片地块上种植，前黄村打成格子田。育秧打畦子，畦子之间留有深沟灌水，畦床之上撒种育秧，插秧忙时还请过学校的师生们帮忙拔稻秧。小学生本就喜水，又觉得插稻秧很新鲜，一边干活一边嬉戏玩耍。

浇水是用最原始的方法：绑上一个水桶，两边拴上长绳，由两个人一起抖动泼水；有两个人用捣杆捣动的小型水车；有用上面架一横梁，四个人在上面，用双脚踏动踏板的大型水车（也称水龙）；还有用牲畜的拉的洋井，又名解放水车。

是年，水稻获得了大丰收。平均亩产在 175~200 千克，远远超过了种小麦的产量（当时小麦亩产不过 50 千克）。社员们第一次吃上亲手种的水稻打的米做成的大米饭，高兴之情溢于言表。有人还编了顺口溜夸赞旱地改水田——“大米饭，肉浇汤，生活一年更比一年强。鱼米乡，卫星田，共产主义在眼前。”

然而，旱地改水田并非一帆风顺。遇到的问题有水源问题、土壤土质问题以及种植习惯问题。

黄里水源并不十分充足，仅靠沟、河里的一些水灌溉。沟、河里的水受季节影响特别大。逢干旱季节，沟、河不深，根本满足不了大面积种植水稻的需求，便出现临渴而井现象，靠在田间地头临时挖井来解决水稻灌溉用水，只能解燃眉之急，致使一些田块因缺水导致水稻干瘪而减产。

黄里村土壤是二黄土，俗称漏风淤土，积水下渗耗特别快。第一天费时耗力才把几块稻田灌满水，第二天发现水已耗完，技术人员又要求给稻田灌水。一部分水车所分担的地块，根本循环不过来，前浇后干，不能保证水分供给，导致水稻大大减产。后来，水稻种植越来越少，又过了几年，再也看不见种水稻的了。

◉ 1978 年后黄五队分田单干

"文化大革命"期间，处处政治挂帅，口号一个接一个地被提出来。1974 年"批林批孔"；1975 年"全心全意学大寨，加快步伐赶郭庄"，粮食产量 1975 年要超纲要，1976 年要"跨长江"。1976 年，上级派来工作组，提出要"赶社会主义大集"，10 天才允许逢一个集，其余时间不允许农民赶集进行交易，商店也不准营业。黄里村在工作队领导指挥下，成立民兵小分队，到处去"割"资本主义的尾巴。"宁要社会主义的草，不要资本主义的苗。"社员自留地种的小青菜被铲，栽的茄子、辣椒被拔掉，几乎一扫光。甚至不允许社员在新分的宅基地上盖房，黄里就有几户房子盖好后被扒。在此情景下，生产队长不敢抓生产，田间管理等各种农活半死不活，社员的劳动积极性受到严重挫伤。

在这样的大形势下，偏偏村里五队又出现了问题。黄里第五生产队组织的外包工小分队丢失了 800 元现金。这在当时可是个不小的数字，一个劳动力一天打工才挣 2~3 元，此案一直未水落石出，造成人与人之间互相猜疑，互不信任，同时也加深了家族之间的矛盾，对本队生产也造成严重影响。可季节农活不等人，总不能看着一地的庄稼被草吃完。1978 年 6 月的一天晚上，老队长丁配刚召集丁配宣、丁怀书、丁在其、丁在忠、丁怀法、丁怀元、丁仰杰、丁怀邦等人在五队菜园屋里开会，既然大家不和，就分家另过看行不行，即分成几个组单干。这种做法在当时是不符合形势要求的，于是他们采取暗分明不分，对外仍是丁配刚当队长，各生产小组独立进行田间管理、独立核算。公粮、征购粮按人口地亩分担，一粒不少，如数上缴。当被问到如果上级被问责怎么办时，丁配刚就讲："不用怕，我是党员，我负责！”大家意见统一后，就分出东、西、中 3 个组，牲畜农具折价按人、按地占比分配，兼顾耕种作业实际需要。都不过分强调多与少，以团结大局为重，分组顺利成功。

中、西组基本上是以家族近房为主体。别名外姓的、年轻家庭不懂种地的，包括其他所有户便凑合在一起都归东组，所以东组人多，中、西组人少。

东组开始还可以，人心比较齐，为了争口气，工作还比较好开展，但根本问题没有解决，干活依然效率很低，积极性调动不起来，出工不出勤。集体经济又没有收入，各种应支出的款项却没有钱解决，不到一年时间，组内所有男劳动力几乎人人都当过组长，出现轮流坐庄的现象，干不一段时间就辞职不干，另找他人。问题越积越多，就连组里牲畜的饲料问题都无法解决。会计丁仰杰兼饲养员，只好用自家的粮食暂借给组里做饲料，先记账，到最后分开单干也没有还。

1979 年 7 月的一天，时任东组组长的丁怀邦便召集丁仰杰、丁怀元、丁在彦、刘加增、陈继言、丁在才、武文斌等人商讨对策，有人提出实在没有好办法就再分开单干。这可是要担政策风险的。你一言我一语，有人就说：“咱该交的交，该拿的拿，一分不少，一两不差，任何人都不准耍赖，咱怕啥？！”丁怀邦是复员军人、共产党员，当时就说：“大家别怕，要是上级追问，就说我带头分的，我拿党籍作保，大不了开除我的党籍。”结果到了种麦时，便真的单干了。土地、牲畜、农具全都分开，自己想种什么、怎么种，全是自己当家做主。施肥增加，麦种良种化，机械化（小四轮）耕作，田间管理再也不用干部操心费神。投入的加大必然带来好的收获。1980 年的夏收，东组家家户户不论单产、总产都超过以前正常年景的好几倍，平均亩产在 250 千克以上。丁在炎、潘家林的 6 亩地收获小麦约 2250 千克，平均亩产约 375 千克。分田单干给社员们带来了实实在在的好处。后来听公社书记牛立云讲，上级领导知道后，也是“睁一只眼、闭一只眼”，佯装不知，乐在心上。

1980 年秋季后，后黄五队其他两个组也相继分开单干。1981 年，整个黄里村 16 个生产队先后全都经历先分组后分田承担单干。1983 年，山林果树也全部承包到户。后黄五队较濉溪县普遍实行以包产到户为主要形式的农业生产责任制早将近两年时间。按黄里五队开始分组的 1978 年算，跟全国著名小岗村分田单干的时间刚好是同一年。

◉ 推行家庭联产承包责任制

中共十一届三中全会后，农村推行家庭联产承包责任制。1979 年，黄里实行“包产到组，以产计工”以及“大包干到组增加”口粮田，分配饲料地等办法。1980 年 9 月，中共中央发布《关于进一步加强和完善农业生产责任制的几个问题》后，黄里村剩余 15 个生产队也先后承包到户。农民有了自己的承包土地，劳动积极性大大提高。1982 年，小麦最高亩产达 500 千克以上，最低也有 400 千克，平均亩产增加 150 千克以上。劳动产品除缴纳土地税和集体提留外，其余归农民支配。老百姓高兴地说：“缴够国家的，留够集体的，剩下大头全是自己的。”1983 年，山林果树也全部承包到户。

2006 年 10 月，落实《中华人民共和国农村土地承包法》及有关政策，维护广大农民承包经营权，稳定农村土地承包关系，完善土地第二轮承包合同，做好土地承包经营权证补换发工作。2007 年 11 月，黄里村第二轮土地调整方案获得渠沟镇人民政府批准。各家各户逐块核实登记承包田块名称、地理位置、面积，建立农村土地承包清册，填写土地承包确权表，确权确地到户。

◉ 农村税费改革

20 世纪 80 年代初，推行家庭联产承包责任制，提高了生产效率和农民生活水平。到 80 年代中后期，随着向农民征收税费的项目和比重不断增加，农民负担有所加重。除“三提五统”（村提留，是村级集体经济组织按规定从农民生产收入中提取的用于村一级维持或扩大再生产、兴办公益事业和日常管理开支费用的总称。乡统筹费，是指乡、镇合作经济组织依法向所属单位即乡镇、村办企业、联户企业和农户收取的，用于乡村两级办学，计划生育、优抚、民兵训练、修建乡村道路等民办公助事业的款项）外，还要承担“摊派”“集资”等各种负担，甚至人均负担超过收入的三分之一，严重阻碍了农村各项事业的发展。1994 年 5 月，后黄村征收教育附加费 23600 元，优抚费 7316 元，民兵费 3068 元，村干部费 3540 元，计 37524 元。前黄村征收教育附加费 22600 元，优抚费 7006 元，民兵费 2988 元，村干部费 3390 元，计 35984 元。

2000 年，农村税费改革在安徽试行，实行“三取消、两调整、一改革”（“三取消”，即取消统筹费、农村教育集资等专门面向农民征收的行政事业性收费的政府性基金、集资，取消屠宰税，取消农村劳动积累工和义务工；“两调整”，即调整农业税政策，调整农业特产税政策；“一改革”，即改革村提留征收使用办法）政策，被称为是 1949 年以来继土地改革、家庭承包经营制之后的中国农村的“第三次重大改革”，是减轻农民负担的治本之策。

2005 年，延续 2600 多年的农业税退出历史舞台。农民不用再缴纳农业税及其附加，且种地每年每亩还有补贴 58.4 元，农民生活水平大幅度提高。黄里村民有句顺口溜：“现在党的好政策，自己种粮自己得。农民不缴税和费，国家反而贴补给。”有人还作了打油诗：“党把‘三农’放前头，惠民政策家里头，群众冷暖记心头，干部服务到田头，农民种田有劲头，奔向小康有盼头。”

◉ 黄里封山育林

在“文化大革命”期间，由于缺乏管理、乱砍乱开，加之自然灾害，黄里山区昔

群众开展植树造林活动（1992 年）　　邱玉田　摄

日峰青岗翠、碧绿如洗的美景被严重毁坏。改革开放以来，响应市委、市人民政府“建设绿色家园”的号召，对黄里山区实行封山育林。1992 年，黄里山区 5500 亩荒山基本完成绿化。1999 年，后黄村委会决定全面禁止开山采石。2002 年 6 月，淮北市人民政府发布通告，作出在黄里封山育林的决定。2004—2008 年，先后绿化前黄、妈妈山、天藏寺周围、拖拉山、寨墙山等山场。黄里山区的绿化覆盖区不断扩大，原始生态林和古树得到有效保护。石榴、葡萄、杏和蔬菜园不断扩大，黄里已变成淮北市的菜篮子和果园子。

◉ 黄里行政区划调整

1992 年 3 月，撤区并乡时，将属濉溪县的任土楼乡划归淮北市相山区。前黄村、后黄村改属相山区渠沟镇管辖。2007 年 10 月，小村并大村，前黄、后黄合并为黄里村。2011 年 8 月，行政区划调整，市人民政府批准将渠沟镇黄里村划入曲阳街道；9 月，曲阳街道部分社区行政区划调整，撤销黄里村建制，设立前黄、下街、黄里、后黄 4 个社区。2017 年 3 月，再次进行行政区划调整，前黄、下街合并为前黄社区，黄里、后黄合并为后黄社区。

◉ 2011 年黄里荣膺“省级生态村”称号

2008 年，相山区在全区开展生态村创建活动。黄里村制定《相山区渠沟镇黄里村生态建设规划实施方案》，组建创建省级生态村领导工作小组。投入资金 200 多万元硬化村道公路 5 千米，巷道 3 千米，投资 70 万元建设村民活动中心。整治房前屋后环境 16800 平方米，美化农房 12500 平方米，整修下水道 2500 米，建存放垃圾周转箱点存放池 15 处，种植行道树 3600 株。为村民营造了舒适的生活居住条件，对全村的道路、供水、供电等各项设施建设进行全面规划，并针对脏、乱、差的现象进行大力整治。2010 年，全村人均年纯收入 6300 元。村容村貌整洁，生态环境优美。2011 年 8 月，相山区渠沟镇黄里村被安徽省授予“省级生态村”称号。

◉ 果农丁在喜“一种软化石榴硬籽的方法”技术获国家发明专利

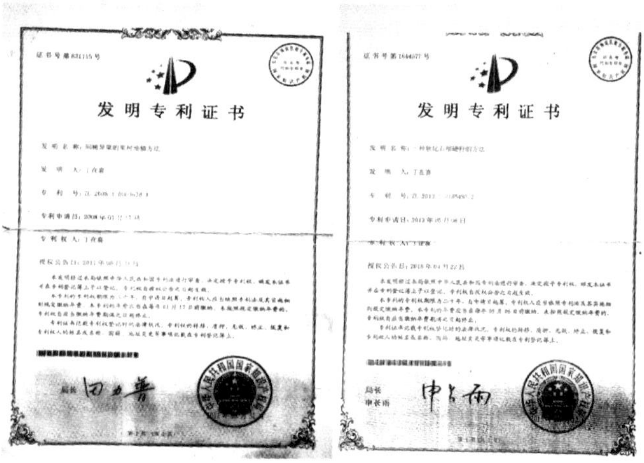

丁在喜获得国家发明专利证书（2016 年） 邱玉田 摄

2011 年，果农丁在喜的“同树异果的果树培植方法”获国家发明专利。2015 年，丁在喜“一种软化石榴硬籽的方法”技术通过国家知识产权局的审核，再获国家发明专利。黄里石榴在清朝曾是宫廷贡品，为全国珍奇果品。丁在喜是一位地地道道的果农，1968 年就开始种果树，和石榴打了四五十年的交道，对果树的深厚感情。石榴有软籽、硬籽之分。黄里当地果农普遍种植的是硬籽石榴，价格偏低。软籽石榴虽供不应求，且价格是硬籽石榴的 3 倍到 5 倍，但软籽石榴的产量不高。丁在喜经过多年的摸索与实验，最终找到硬籽石榴的软化方法。该种软化技术不仅能将硬籽石榴软化成软籽石榴，还能提高石榴含糖量，让果皮更加艳丽，且产量是一般软籽石榴树产量的 3 倍左右。从最初的软籽 1 号到如今的软籽 4 号，倾注了丁在喜的所有心血。2015 年 9 月，他的第二项发明通过国家知识产权局的审核，并获得发明专利授予权。

◉ 2016 年黄里笆斗杏被确定为国家农产品地理标志登记产品

黄里笆斗杏起源于民国初年，技师丁仰斋采取嫁接法，将黄里当地品种进行改良，其中最好的一种杏形似笆斗，故称为“笆斗杏”。其特点为果皮光滑，色红黄，肉质厚，酸甜可口，果香宜人，食而不厌，是健胃养身之佳品。为有效保护笆斗杏这一具有地域特色、风味和形状独特的农产品，2016 年，相山区启动了农产品地理标志申报登记工作，8 月通过省级评审后，顺利通过农产品地理标志登记专家评审，被确定为农产品地理标志登记产品。

◉ 主要参考文献

1. 纪健生点校 :《光绪 · 宿州志》(点校本),黄山书社,2014 年。

2. 安徽省淮北市地方志编纂委员会编 :《淮北市志》,方志出版社,1999 年。

3. 濉溪县地方志编纂委员会编 :《濉溪县志》,上海社会科学院出版社,1989 年。

4. 淮北市地方志编纂委员会编 :《淮北市志 (1991—2012)》,方志出版社,2014 年。

5. 淮北市相山区地方志编纂委员会编 :《淮北市相山区志》,方志出版社,2015 年。

◉ 编纂始末

2013年11月12日，淮北市地方志办公室、相山区地方志办公室和曲阳街道办事处在黄里社区召开《黄里村志》编纂工作会议，标志着《黄里村志》编修工作正式启动。受诸多原因及客观条件限制，编修工作一度停滞。2014年6月，时任黄里社区第一书记的丁仰振积极推动村志编修，成立黄里村志编委会，并下设编纂办公室。退休教师丁在炎、黄里小学退休校长许福昌、退休教师樊俊田和热心公益事业的老高中生丁威参与修志，另指定熟悉村情的村民丁仰义、丁在杰等担任资料顾问。黄里社区书记郭剑英、丁威负责拍摄和搜集图片。编委会专门腾出两间房子作为办公室，丁仰振出资3万多元购置电脑、照相机等办公设备，建立健全各项工作制度，编纂人员按时到位，村志编修工作正常推进。

《黄里村志》编纂按照志书编纂体例全面搜集资料，分设自然环境、村落、村庄建设、地方组织、经济发展、文化、社会、人物八大篇。通过走访熟悉村情民意的老人、入户调查、电话采访等形式广泛搜集资料，撰写初稿。至2015年年底，形成数十万字的初稿。由于村志编纂者来自基层农村，缺乏专业修志经验，稿件不能达到志书质量要求。为加快编纂进度，提高志稿质量，2016年年初，市地方志办公室专门安排修志专业人员刘曼旬协助村志编修。按照中指办字〔2015〕22号文件《中国名镇志文化工程实施方案》的要求，从传统典籍文化中汲取营养，突出黄里村的“名”“特”，加大微观资料的记述，注重乡土气息和地域文化色彩，“详市县志所不能详”，将篇目调整为千年古村、黄里风光、名特产、农业生产、乡村经济、村政组织、社会事业、村民生活、民俗方言、艺文、大事纪略、附录等十余章。至2016年5月，完成16万字的初稿，150余幅随文图片。充实一些微观资料，丰富了村办企业、联产承包等多个专题，调整了民俗的记述角度，志书质量有所提高。2016年10月，《黄里村志》参加中国名村志文化工程实施方案（讨论稿）和篇目研讨会篇目研讨会。专家们把脉问诊，提出了诸多中肯的修改意见。市地方志办公室随即组织人员认真研究篇目，结合黄里“生态村”的特点，把握“名”和“特”两条主线，重点突出历史悠久、风景优美、生态环境好等特点，重起炉灶另开张，拟定新篇目，补充大量资料。组织人员拍摄随文图片资料，增加反映黄里村生态的美图，于2017年1月形成终稿送省地方志办公室及中指组审查。2017年3月，根据省地方志办公室专家意见，再次对篇目进行调整，使志稿更加突出黄里特色。同时，邀请摄影专家对图片进行审查，大大提高了图片质量。6月，正式申报全国首批“中国名村志文化工程”，志稿经中指组专家审定后再次进行了修改，对篇目进行进一步优化调整，同时对语言风格、文字表述、图片等进行深度处理。

在《黄里村志》编纂过程中，安徽省地方志办公室主任朱文根、巡视员刘成典，市县处副处长史五一、市县处主任科员章慧丽，淮北市地方志办公室主任张继玲、副主任张红等亲自到黄里指导编纂工作。黄里社区第一书记丁仰振竭尽全力为村志编纂排忧解难。淮北市方志办主任张继玲，对《黄里村志》的特色定位、篇目设计、内容修改等工作尽职尽责，付出了心血。2016年8月，初稿完成后，对村志的修改完善、补充资料、图片收集及整理等工作全部由淮北市方志办承担。书稿进入出版流程后，方志出版社李江、朱姝老师不辞辛苦，逐字逐句对志稿进行修改、审核。

其间，《黄里村志》数易其稿，终成其书，全志图文并茂，29万字。特色鲜明，重点记述了黄里这座千年古村自新中国成立以来特别是改革开放以来，在自然生态、人文生态建设和保护方面所取得的成就。

由于时间仓促，编纂人员水平有限，虽潜心编纂，数易其稿，但纰漏难免，恳请专家学者给予赐教。因本书中所选照片及诗词文章众多，部分作品未能在出版前及时联系到著作权人，请著作权人看到后与我们联系。另对关心支持黄里村志编修的各级领导、专家和有关方面表示诚挚的谢意！

编　者

2017年4月

希望的田野 陈庆松 摄